白色死亡

苏芬战争1939—1940
Finland Against the Soviet Union

[俄] 拜尔·伊林切耶夫 著

胡烨 译

WAR OF THE
WHITE DEATH

台海出版社

WAR OF THE WHITE DEATH: FINLAND AGAINST THE SOVIET UNION, 1939-40 by BAIR IRINCHEEV
Copyright:© 2011 by BAIR IRINCHEEV
This edition arranged with Pen & Sword books Limited through Big Apple Agency, Inc., Labuan,
Malaysia.Simplified Chinese edition copyright: 2019 ChongQing Zven Culture communication Co., Ltd
All rights reserved.

版贸核渝字（2015）第 288 号

图书在版编目（CIP）数据

白色死亡：苏芬战争 1939—1940 /（俄罗斯）拜尔
·伊林切耶夫著；胡烨译 . —— 北京：台海出版社，
2019.4
书名原文：WAR OF THE WHITE DEATH: FINLAND
AGAINST THE SOVIET UNION, 1939-40
ISBN 978-7-5168-2325-5

Ⅰ . ①白… Ⅱ . ①拜… ②胡… Ⅲ . ①苏芬战争（
1939）－史料 Ⅳ . ① K512.54

中国版本图书馆 CIP 数据核字 (2019) 第 068824 号

白色死亡：苏芬战争 1939—1940

著　　者：[俄] 拜尔·伊林切耶夫　　　译　　者：胡　烨

责任编辑：员晓博 童媛媛　　　　　　　策划制作：指文文化
视觉设计：王　轩　　　　　　　　　　　责任印制：蔡　旭

出版发行：台海出版社
地　　址：北京市东城区景山东街 20 号　　邮政编码：100009
电　　话：010 － 64041652（发行，邮购）
传　　真：010 － 84045799（总编室）
网　　址：www.taimeng.org.cn/thcbs/default.htm
E － mail：thcbs@126.com

经　　销：全国各地新华书店
印　　刷：重庆共创印务有限公司
本书如有破损、缺页、装订错误，请与本社联系调换

开　　本：787mm×1092mm　　　　　　 1/16
字　　数：273 千　　　　　　　　　　 印　张：16.5
版　　次：2019 年 5 月第 1 版　　　　　印　次：2019 年 5 月第 1 次印刷
书　　号：ISBN 978-7-5168-2325-5

定　　价：89.80 元

前　言

　　2010 年是芬兰与苏联间的冬季战争结束 70 周年。西方世界习惯把这场战争称为"冬季战争"，而苏联称之为"芬兰战争"或"苏芬战争"。这场战争虽然仅持续了 105 天，却在芬兰和苏联历史上留下了浓重的一笔。这场战争让还未抚平内战伤痛的芬兰社会各阶层紧密团结在一起。苏联和（苏联）红军虽然为这场战争付出了高昂的代价，却也从中得到了宝贵的经验教训：这是和更可怕的强敌——纳粹德国进行战争前的一次真正的实战摸底考试。

　　第二次世界大战结束后，苏联研究人员几乎不再关注冬季战争。在芬兰，对这场战争的研究也仅限于芬兰方面的文献和档案，毕竟当时苏联档案从各个方面都处于保密状态。即便时至今日，冬季战争也许仍是第二次世界大战诸次战役中研究最少的领域。在俄语、芬兰语和英语世界，与冬季战争相关的书籍仍充满各种谜团和错误的信息。这是很正常的，因为芬兰语和俄语并非世界上最常用的语言（也非最易学的语言！）。为研究芬兰军事档案和相关文献，我用了八年时间学习芬兰语。在当代，俄罗斯档案终于向全世界的研究人员全面开放。不过，语言差异和遥远的距离还是给冬季战争的研究带来不小阻力。各种因素交织，造成西方对冬季战争研究观点片面，希望本书在一定程度上纠正这种片面的观点。在本书中，我将以苏、芬两国的视角向读者呈现战争全貌，让世人了解冬季战争普通参战士兵自己的看法。

　　限于篇幅，本书无法全部详述沿 1300 多公里战线发生的各次战役战斗，因此部分战斗会被略写，部分战斗将尽可能地被详述。苏芬两国视角尽在书中。本书另一个目的是诠释苏联红军各次战役战斗的情况，并揭开苏联军队在冬季战争（初期）失利的原因。世人都知道苏联军队在进攻计划制定上犯下了可怕的错误，但没有人知道造成这个错误的确切原因。

本书以地面战役为主，海空战斗将在另一本书中重点提及。我将尽可能在各次战役战斗描述中引用双方老兵的回忆加以补充。众所周知，这是一场在极寒天气下进行的战争，了解作战双方普通士兵的真实感受也同样重要。

战场地形——苔原地和森林密覆的荒原——决定了战争的性质。苏联红军各部沿着苏芬两国贯通的公路挺进，只有卡累利阿地峡才有连贯战线。战争演变成了一系列的孤立战斗，各个战场往往相距甚远。苏联一个师或一个步兵军只能沿着一条公路进入芬兰，而芬军也竭力组织抵抗。沿着公路的进攻正面宽度顶多5—10公里，剩下的全是针叶林和沼泽地。双方都根据自身的训练、技巧和资源采取一切手段实施迂回战术。这也是本书按照不同的战场和战役时间分成不同章节的原因。

最后，为避免阅读上的混乱，书中所有的事件描述统一采取莫斯科时间。

拜尔·伊林切耶夫

2009 年春夏，赫尔辛基—圣彼得堡—卡累利阿地峡

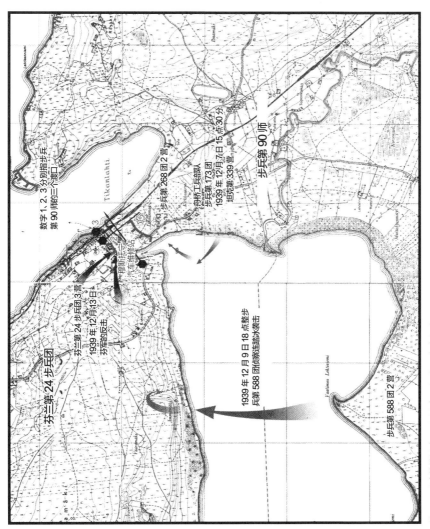

地图 1 强渡基维涅米, 1939 年 12 月 7 日至 9 日

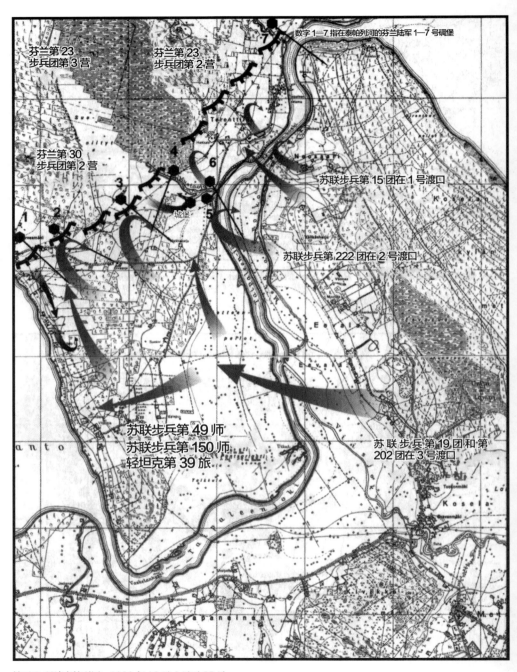

数字 1—7 指在泰帕列河的芬兰陆军 1—7 号碉堡

芬兰第 23
步兵团第 3 营

芬兰第 23
步兵团第 2 营

芬兰第 30
步兵团第 2 营

城堡

苏联步兵第 15 团在 1 号渡口

苏联步兵第 222 团在 2 号渡口

苏联步兵第 49 师
苏联步兵第 150 师
轻坦克第 39 旅

苏联步兵第 19 团和第
202 团在 3 号渡口

地图 2 强渡泰帕列河，1939 年 12 月 6 日至 25 日

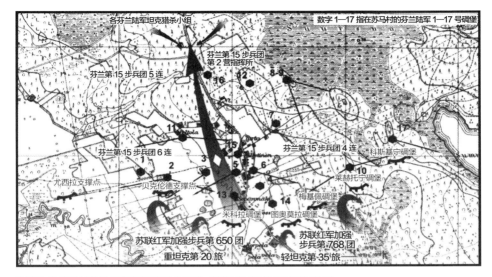

地图 3 步兵第 138 师对苏马村的进攻态势图，1939 年 12 月 17 日至 19 日

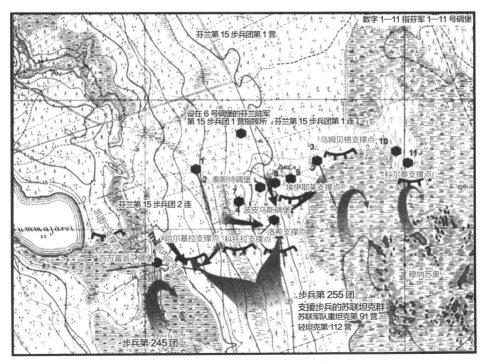

地图 4 步兵第 123 师对莱赫德地区的进攻态势图，1939 年 12 月 17 日至 23 日

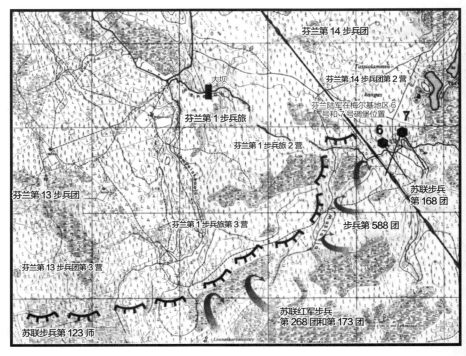

地图 5 步兵第 90 师对梅尔基地区的进攻态势图，1939 年 12 月

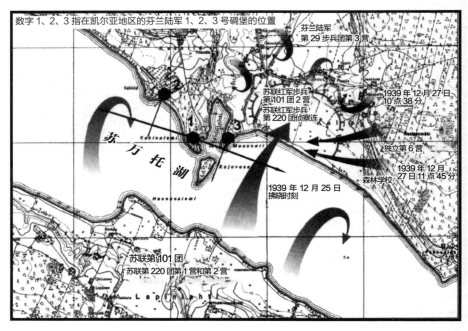

地图 6 凯尔亚地区的圣诞之战，1939 年 12 月 25 日至 27 日

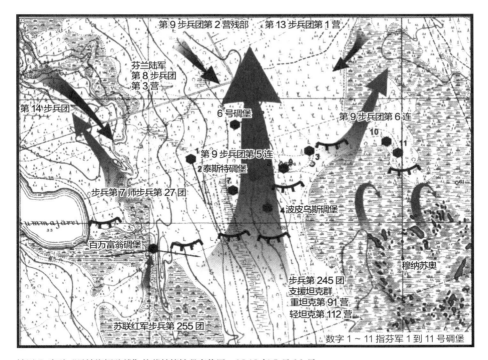

地图 7 突破"曼纳海姆防线"的莱赫德地段态势图, 1940 年 2 月 11 日

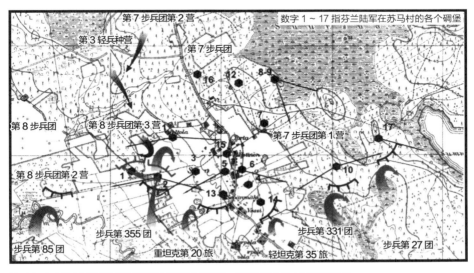

地图 8 步兵第 24 师对塔肖拉梅特地区的突击态势图, 1940 年 2 月 11 日至 15 日

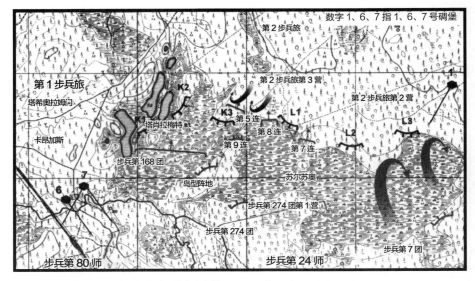

地图 9 步兵第 24 师对塔肖拉梅特地区的突击态势图，1940 年 2 月 11 日至 15 日

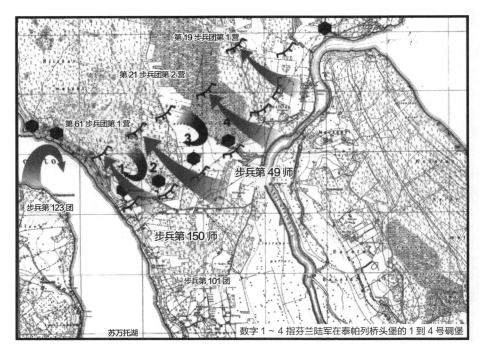

地图 10 泰帕列桥头堡的苏联军队攻势图，1940 年 2 月 11 日至 18 日

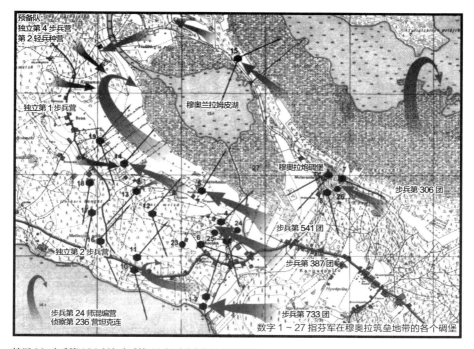

地图 11 步兵第 136 师和步兵第 62 师对穆奥拉筑垒地带的突击态势图，1940 年 2 月 21 日至 28 日

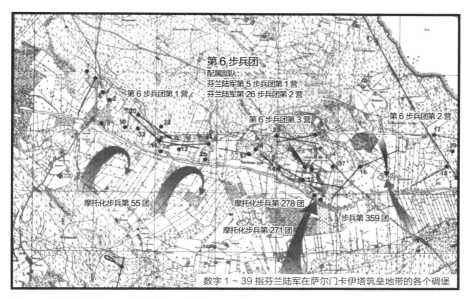

地图 12 摩托化步兵第 17 师对萨尔门卡伊塔筑垒地带的突击态势图，1940 年 2 月 21 日至 28 日

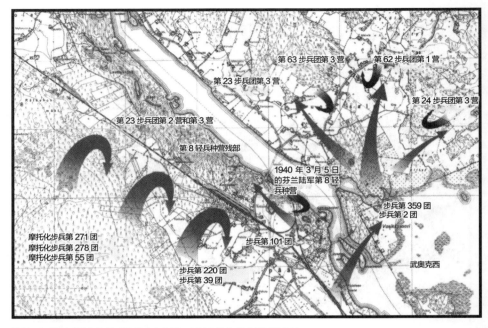

地图 13 埃伊雷佩山岭最后的战斗态势图，1940 年 3 月 1 日至 13 日

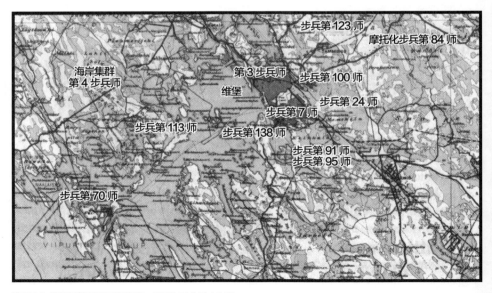

地图 14 停战时维堡周围态势图，1940 年 3 月 13 日

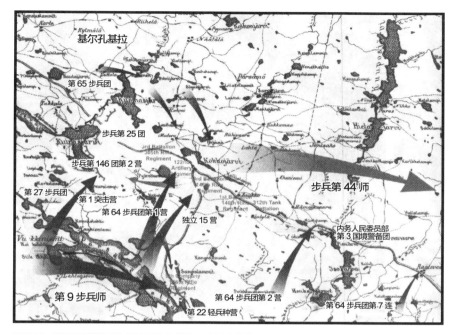

地图 15 芬军对苏奥穆萨尔米地区的步兵第 44 师反击态势图

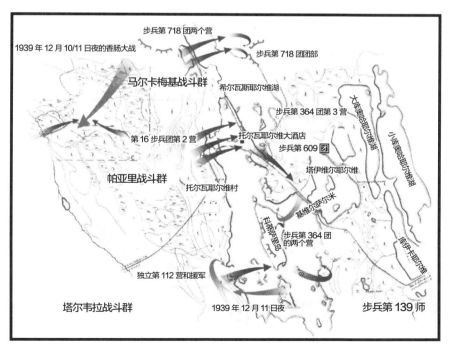

地图 16 托尔瓦耶尔维之战态势图

目　录

第一章
计划与准备

　　20 世纪，芬兰和俄罗斯之间有一段恩怨情仇，这得追溯到中世纪时期。自 13 世纪起，卡累利阿地峡、芬兰和波罗的海沿岸一直都是两个新兴的地区霸权大国——瑞典王国和沙皇俄国的战场，两国战争连年不断。无论何时，国境线的进退总是有利于胜者或军队更强大的一方。双方之间的战争和边界冲突贯穿整个中世纪。1293 年，瑞典王国建起了维堡，依托维堡不断在卡累利阿地峡和波罗的海沿岸扩张势力。

　　虽然芬兰是瑞典王国的传统领地，但随着沙皇俄国的兴起，（沙皇俄国和瑞典王国的）边界线却往斯德哥尔摩方向移动。最终，1808—1809 年的战争决定了芬兰的百年命运：瑞典王国在最后一次对沙皇俄国的大规模战争中战败，沙皇俄国吞并瑞典王国的属地，并建立了一个新行省——芬兰大公国。沙皇亚历山大一世授予芬兰大公国充分的自治权和行政权。为表示对这个新行省的重视，亚历山大一世甚至亲临维堡庆贺芬兰大公国的成立。19 世纪末，新沙皇亚历山大三世为了让他的帝国在语言、政府、官僚机构和其他方面更为统一，废除了亚历山大一世给芬兰的大部分自治特权。亚历山大三世对芬兰政策的调整让芬兰精英阶层感受到了巨大威胁，认为沙皇此举是对芬兰国家文化和自治权的重大侵犯。于是，像当时许多欧洲君主制国家那样，芬兰的民族独立运动也开始席卷全境。

　　1917 年 11 月 7 日，俄国十月革命爆发，推翻了沙皇俄国，芬兰首次获得了独立机遇。1917 年 12 月 6 日，芬兰宣布独立，彻底脱离沙皇俄国。

　　然而，宣布独立并没有给芬兰带来真正的和平。1918年，芬兰内战爆发。瑞典、德国支持的白军和苏俄支持的红军展开残酷厮杀。最终，战争以芬兰红军的失败而告终。在这场内战中，芬兰白军总司令曼纳海姆发表了著名的"拔剑出鞘"的演说，他声称只要苏俄不归还卡累利阿地峡东部地区，芬兰就永远不会收回出鞘的利剑。战争期间，芬兰白军的极端右翼势力为向苏俄施压，逼迫苏俄把卡累利阿地峡东部"交还"给芬兰，于1918—1920年对卡累利阿地峡东部的苏俄红军组织了几次袭击。然而，卡累利阿地峡东部的当地军民因惧怕芬兰白军施暴，在这几次袭击事件中坚定地站在红军一边反击芬兰白军。

　　1920年，随着芬兰内战的结束，苏俄和芬兰政府在爱沙尼亚第二大城市——塔尔图签署和平协定。当时，苏俄红军仍在和邓尼金、高尔察克指挥的白军作战。为集中精力应付国内战争，列宁领导的布尔什维克在和平协定中作出让步，承认芬兰独立，并划定了有利于芬兰的两国边界。在具有重要战略地位的卡累利阿地峡方面，两国边界线沿着姐妹河（芬兰方面称之为"界河"）而划。但这么一来，苏联的第二大城市，也是俄国十月革命圣地的彼得格勒（后改称列宁格勒）距边界只有32公里。出于离苏芬边界太近和战略纵深浅的考虑，列宁在1918年将苏俄的首都从彼得格勒搬到莫斯科。

　　值得注意的是，虽然苏芬两国已经建交并划定边界，但两国的关系还是闹得很僵。意识形态的对立、沙俄时期的统治阴影和芬兰国内强烈的民族主义反俄运动都促成了这一现象。

　　随着苏联恢复欧洲军事大国的地位，斯大林也开始着手扩大苏联在波罗的海沿岸的影响力。苏联领导人照会拉脱维亚、立陶宛和爱沙尼亚政府，要求允许苏联军队驻军三国，在三国境内建立陆海军基地。与此同时，苏联也照会芬兰，提出类似要求。此外，苏联还要求租借汉科半岛作为海军基地，苏联领导人甚至还提出重新划定国界，把边界线从姐妹河北移，将包括维堡在内的整个卡累利阿地峡划归苏联。作为补偿，苏联政府愿意割让面积三倍于卡累利阿地峡的领土给芬兰。然而，这种看似公平的领土交换，对芬兰来说却意味着重要的卡累利阿地峡的丧失，这里不仅有完备的国防筑垒地带，还有芬兰第二大城市维堡。双方为这个问题在莫斯科举行了几轮谈判，但均未达成协议。最后，1939年11月初，斯大林和苏共中央政治局常务委员会决定采取战争的方式，逼迫芬兰割让卡累利阿。在斯大林的命令下，苏联军队匆匆开始进行战争准备。政治上，斯大林把流亡在苏联境内的芬兰共产党组织起来，成立一个傀儡政府，并组建芬兰人民军。与此同时，芬兰陆军也在 1939 年 10 月秘密动员预备役人员，展开一连串演习，并在主要防御地带展开兵力。

1939 年 11 月 26 日，苏联制造马伊尼拉村事件。他们声称芬军炮兵对苏联边界小村马伊尼拉进行炮火袭击，炸死七名红军战士。芬兰方面驳斥苏联的所有指控，并要求国际社会介入调查以正视听，但被苏联政府拒绝。不仅如此，苏联方面还大造舆论声势，号召苏联红军一劳永逸地剪除"屡造麻烦"的邻国政权，并宣称红军的到来会向芬兰国内被压迫的劳苦民众伸出援手，还芬兰民主和自由。

1939 年 11 月 30 日，苏联不宣而战。苏联空军轰炸芬兰境内包括首都赫尔辛基在内的多个目标，接着苏联红军跨过国界，苏芬战争正式爆发。战争伊始，全世界都认为这场战争顶多持续两个星期，并将以红旗高高飘扬在赫尔辛基的总统府官邸而结束。但战争的进程却让所有观察家大跌眼镜。全世界都以敬畏的眼光目睹芬兰战士为捍卫独立自由和领土完整，一度击败并挡住苏联红军。战争的具体进程将在随后的章节予以描述。

交战双方

冬季战争常被描述为"大卫和哥利亚"的战争，事实上，芬军和苏联军队之间的人力资源和武器装备差距惊人。不过，值得注意的是，苏联过分乐观地计划仅以列宁格勒军区的部队粉碎芬兰。实际上，列宁格勒军区的兵力和技术装备十分有限，这经常被错误的说成是冬季战争之初芬兰就要面对整个苏联红军。

两军的基本单位都是步兵师（在苏联红军叫"来复枪"师）。苏芬步兵师的基本成分相同：每个师下辖三个团，以及支援炮兵和其他兵种。最大区别是两军步兵师的火力和作战支援部队的技术装备。芬兰陆军一个步兵师编制一个三营制的炮兵团，三分之二的火炮是轻型 3 英寸（合 76.2 毫米）榴弹炮，这还是沙皇俄国陆军留下的遗产，剩下的三分之一是重型榴弹炮。此外，芬兰陆军每个师还编制一个轻兵种营，含一个骑兵中队、一个自行车连和一个重机枪排。

苏联红军一个步兵师编制一个炮兵团和一个榴弹炮兵团（大部分是大口径榴弹炮）。每个师还拥有一个装备12门45毫米多用途反坦克炮的反坦克营。除师属两个炮兵团外，每个步兵团编制内还有装备4门3英寸（合76.2毫米）加农炮的团属加农炮连和一个装备6门45毫米多用途反坦克炮的反坦克连。总的来说，苏联红军一个步兵师的实力是芬兰陆军一个师的两倍以上。不仅如此，苏联红军每个步兵师还拥有一个坦克营，但它们的编制大相径庭。每个步兵师属坦克营拥有10—40辆坦克不等，主要装备轻型坦克：T-37、T-38两种水陆两用坦克和T-26坦克的各种改进型。和芬兰陆军步兵师编制中的轻兵种营对应的是由骑兵、装甲车连和自行车连组成的师属侦察营。苏联红军和芬兰陆军步兵师编制具体对比状况表见本书的附录1。

芬兰陆军的重型炮兵主要由四个独立重型炮兵营组成。相比之下，苏联红军的炮兵下辖重型炮兵、军属炮兵和最高统帅部预备役炮兵团以及各个独立炮兵营。这些重型炮兵部队配属给集团军和步兵军，以加强主要推进方向。这些炮兵部队装备各种口径火炮和最大口径280毫米的臼炮。

芬兰陆军坦克兵以独立坦克连的形式存在，装备32辆维克斯6吨重坦克和许多过时的雷诺FT17坦克。苏联军队参战的独立坦克兵部队主要为重坦克第20旅（以S.M.基洛夫的名字命名）和许多轻型坦克旅。每个旅由3—5个坦克营组成，装备100—200辆坦克以及许多技术兵种和后勤兵种。

苏联坦克营还有不少诸如"化学坦克"和"遥控坦克"等特种装甲战斗车辆。化学坦克是以T-26轻型坦克为基础研制的，装备空气压力喷火器，可以对目标喷射化学毒剂、毒气或燃烧液体和净化液体。各独立坦克营编制30—40辆化学坦克。在冬季战争中，苏联军队主要将它们当喷火坦克使用，喷火射距为50—100米，视坦克型号而定。

遥控坦克或许是20世纪30年代末期苏联坦克装甲武器库中最奇特的高科技武器了。遥控坦克就是使用无线电操控的化学坦克，可以在无人的情况下投入战斗。每辆遥控坦克都有一辆控制指挥车，坦克手们就在控制指挥车里遥控指挥这种世界首款作战机器。一辆遥控坦克和一辆控制指挥车形成一对战斗组。遥控坦克时常也被当作常规化学坦克使用。从外观上看，遥控坦克和化学坦克也没有太大区别，唯一的区别就是炮塔上有双层接收天线。独立坦克第217营在 1939 年 12 月到 1940 年 2 月的苏马战役中使用了 8 对遥控坦克战斗组。这些独立坦克营分别加强给各个坦克旅或配属各个步兵师作战。

值得注意的是，20 世纪 30 年代苏联红军的膨胀和同一时期大量指挥员的流失，导致指挥员平均训练水平和素质下降，许多步兵团都是少校而不是上校或中校指挥部队，合格的师级指挥员十分缺乏。然而，更值得注意的是，苏联旅级及其以上的指挥员大多对战争并不陌生：他们都在沙俄陆军中以普通士兵或士官身份在第一次世界大战中获得丰富的经验，并在内战期间晋升为苏联红军的中高级指挥员。

在本书中，笔者提及苏联红军时不用"军官"和"士官"这样的词。因为这些术语直到 1943 年都为苏联红军官方用语所禁止，以区别于沙皇俄国陆军的用语。红军试图尽量同沙俄陆军保持距离，使用"高级指挥员"或"指挥员"一词来指代指挥军官，而"初级指挥员"通常指代士官阶层和初级军官。

苏联红军的政委和政工制度始于俄国内战时期，以这种制度确保前沙皇军官对苏维埃政权的忠诚。随着时间的推移，部队政委和政工的角色却逐步转换成进行政治教育、鼓舞士气和进行宣传工作的职位。在营连一级，基层政工人员（主要是指导员和营政委）还要亲自和部队一起参加战斗，并时常接替在战斗中伤亡的营连长指挥战斗。事实上，连级指导员的伤亡率有时甚至和连长一样高。

苏联红军的计划

苏联红军很早就拟定了对芬兰的作战计划。不过，在 1939 年秋，所有的计划都已过时，急需重新拟定。显然，苏联领导人意识到无法通过和平谈判与芬兰达成协议的方式取得卡累利阿地峡，遂在战争前命令列宁格勒军区司令员基里尔·梅列茨科夫重新拟定对芬兰的作战计划。

对芬作战被策划为一次由列宁格勒军区实施的局部军事行动，作战计划假设芬兰陆军因实力有限无法进行有效抵抗。在这种情况下，梅列茨科夫的计划是在边界突破战役中就摧毁芬兰陆军主力，然后沿着连接苏芬两国的主要公路迅速突入芬兰心脏地区。整个计划从 1939 年 11 月初开始匆匆草拟，到 11 月中旬完成，历时不过半个月时间。梅列茨科夫拟调动四个集团军沿着南起芬兰湾北到佩特萨莫苔原地之间的整个苏芬边界展开兵力，发动战争。

第7集团军在雅科夫列夫（二级集团军级）的指挥下，负责对卡累利阿地峡的芬军主要防御地带实施突击。开战之初，第7集团军投入九个步兵师（步兵第70、第24、第43、第49、第90、第123、第138、第142和第150师）和四个坦克旅（重坦克第20旅、轻坦克第35旅、轻坦克第39旅和轻坦克第40旅）。集团军还得到几个重型炮兵团的加强。坦克第10军（辖轻坦克第1旅、轻坦克第13旅和摩托化步兵第15旅）是集团军预备队，准备发展步兵部队在前线的胜利。第7集团军的任务是突破卡累利阿地峡的芬兰防御，歼灭芬军部队，抵达维堡—武奥克萨河（Vuoksi）一线。然后，第7集团军再继续朝拉彭兰塔（Lappeenranta）、拉赫蒂行进，最终向赫尔辛基进攻。

虽然苏联红军意识到了芬军会在卡累利阿地峡组织防御，但他们的最新情报还是在1937年获得的，并不完整，特别是其大部分重要的筑垒和火力点是在那之后所建。此外，芬军筑垒地带的地图送达军队太晚，而且准确度太差以至于无法使用。

按照梅列茨科夫的设想，整个战争持续时间不会超过三个星期。这意味着苏联红军突破速度为每日20公里——这几乎是苏联红军一个步兵师和平时期行军速度的标准。

哈巴罗夫（师级）的第8集团军将从拉多加湖向北突击。集团军下辖步兵第139、第56、第168、第18、第155师以及轻坦克第34旅。该集团军得到几个重型炮兵团的加强。第8集团军的任务是前出到索尔塔瓦拉（Sortavala）—约恩苏（Joensuu）一线，并继续向西和西南突击，深入芬兰心脏地带，包抄到卡累利阿地峡的芬军主力背后，配合雅科夫列夫的第7集团军，围歼芬军主力。

M.P. 杜哈诺夫（军级）的第9集团军组建于1939年11月15日，在第8集团军北面展开。该集团军下辖四个步兵师：步兵第44师、步兵第54师（山地步兵师）、步兵第122师和步兵第163师。战争爆发时，步兵第44师仍在从乌克兰的日托米尔赶往前线的路上。第9集团军的任务是夺取卡亚尼（Kajani）和奥卢（Oulu），从芬兰国土最狭窄的蜂腰部位将芬兰国土一分为二。

V.A. 弗罗洛夫（二级集团军级）的第14集团军将在最北面推进。第14集团军下辖两个步兵师和一个山地步兵师，但大部分部队仍在开往前线的途中。

第 14 集团军的任务是在红旗北方舰队配合下，夺取佩特萨莫（Petsamo），并阻止西方盟军在科拉半岛实施登陆，防范英法联军从挪威发起攻势。

苏联军队作战计划的拟定实在是太仓促了，甚至在战争爆发前，部分指挥员还心存疑虑，认为计划仍存在不少缺陷。然而，盲目自信却在苏联红军中占了上风。这一年，苏联红军连战皆捷：不仅远东诺门坎战役中击败精锐的日本陆军关东军，还在波兰战役中伙同纳粹德国，将西乌克兰和西白俄罗斯并入苏联。冬季战争爆发前，苏联红军参加的战役都取得了辉煌胜利，欣喜若狂的苏联宣传机构开足马力，大肆吹嘘红军的"传奇和无与伦比"。他们宣称，苏联红军装备有最现代化的武器装备，是苏联的骄傲。然而，20 世纪 30 年代的指挥员大规模流失，沉重地打击了苏联红军的士气。一批毫无经验的指挥员被迅速提拔，部分经验丰富的指挥员被清洗。

芬军的应对

独立后 20 年的时间里，芬兰陆军总参谋部一直致力于完善本土作战防御计划。1939 年，为应对欧洲复杂的政治和军事形势变化，芬兰共拟定完善了两个作战计划，代号为 VK1（对苏作战 1 号）和 VK2（对苏作战 2 号）。

VK1 假设形势对芬兰非常有利。方案假设苏联红军主力被迫在苏联欧洲部分的西部国境全线展开战斗并被牵制，无法投入足够的兵力对芬兰作战。在这种情况下，芬兰陆军计划不仅要保卫国土完整，还要从它东面的邻居身上咬下一块来。根据这个计划，苏联军队对芬兰的进攻将被阻挡在芬兰卡累利阿地峡。然后，芬兰陆军转入反击，恢复边界线，甚至越境攻入苏联本土，占领有利防御地带。

北面，芬兰陆军也将从拉多加湖的皮特基亚兰塔（Pitkäranta）—苏奥耶尔维地区（Suojärvi）组织反击，突入隶属于苏联境内的卡累利阿地区和图洛科斯萨（Tuloksa）—韦德洛泽罗（Vedlozero）—夏莫泽罗湖（Syamozero）地区。

再往北，芬兰陆军将从列克萨（Lieksa）—库赫莫（Kuhmo）地区实施反击，夺取苏联境内的列博雷（Reboly），然后继续深入苏联本土，朝列戈泽洛（Rugozero）实施突击。在苏奥穆萨尔米（Suomussalmi）方向上，芬兰陆军的滑雪部队穿过国境线，夺取沃克纳沃洛克（Voknavolok），并继续朝摩尔曼斯克铁路线实施突击。这一计划很大程度上在1941年夏季的续战中得以实现，当时苏联陷入与纳粹德国的苦斗，无法展开大量军队对付芬军的进攻。

VK2则是一份较为消极的计划，推断形势对芬兰不利，因此，其本质更倾向于防御。计划要求在尼基莱（Inkilä）—哈特亚拉赫登恩耶尔维（Hatjalahdenjärvi）—穆奥兰耶尔维（Muolaanjärvi）—武奥克西河—苏万托湖（Suvanto）—泰帕列（Taipale）组织坚固而连贯的防线。在拉多加湖北面，芬兰陆军可以视战况发展，选择在任意三个地带组织主要防御。不过，计划要求芬兰陆军必须在拉多加湖北面击退苏联的攻势，然后转入反攻。芬兰北部的部队没有特别的计划，他们将按照VK1计划行动。

最重要的是，1939年秋，芬兰决定以特别演习的名义动员全体预备役人员。事实上，这次演习意味着芬兰陆军秘密完成了战争动员。出于显而易见的原因，芬兰陆军没有使用"动员"这个词（因为动员军队几乎等于宣战），不过他们仍设法将兵力集结到主要防御地带。1939年10月和11月，芬兰陆军还不断加修火力点和工事，并展开密集的营连排班战斗训练，进行实弹射击和紧急教授战术课程，针对苏联军队前出主要防御地带堑壕的反击战法演练一再进行。如此这般，在战争开始的时候，主要防御地带事实上已经成为芬军的家：他们熟悉战场的每一寸土地，就像自家后花园那样印在脑海。很快，我们就将看到，这两个月的训练和准备在1939年12月的战斗中扮演了关键角色，在很大程度上促成了苏联军队的战败。

1939年秋，芬兰陆军成立野战军和迟滞部队。野战军的主要任务是守住主要防御地带，伺机实施反攻。野战军由得到支援炮兵配属的各个步兵师组成，1939年10月初沿着主要防御地带展开兵力。迟滞部队的主要任务是在苏芬边界和主要防御地带之间地带展开迟滞阻击战斗，为主要防御地带的野战军争取时间，杀伤苏联红军有生力量，粉碎苏联军队的战役突然性。芬兰陆军总部以在国境线周围县份和村落的预备役兵员为核心，组建迟滞部队。迟滞部队的基干部队通常是一个独立营，由一个村或教区的预备役兵员组成。除预备役兵员外，迟滞部队还有机动部队——各个猎兵营和自行车营以及"乌希马"龙骑兵团和"海梅"骑兵团，它们将得到力量薄弱且装备陈旧的各个独立炮兵连的支援。总的来说，迟滞部队还是训练有素、机动灵活、战斗积极性高昂的。对芬兰陆军总司令曼纳海姆元帅和各将领而言，最大的难题就是如何有效使用迟滞部队——究竟是使用迟滞部队尽可能久地守住国境线呢，还是让它们打一个坚决的阻击战，然后迅速撤到主要防御地带后方？最终，他们选择后者，希望让迟滞部队在完成任务后，完整地撤进主要防御地带，充当野战军的机动预备队。

芬兰各部队根据战区的重要性分配。卡累利阿地峡由芬兰武装力量主力把守。地峡西部由芬兰第 2 军负责，军长是哈拉尔德·厄奎斯特（Harald Ökvist）中将。地峡东部由芬兰第 3 军把守，含第 8、第 10 步兵师。

芬兰第 4 军负责把守拉多加湖的北部地区。芬兰的战前计划认为北方的其他战区不重要，仅以迟滞部队的小股兵力驻防。

总的来说，冬季战争的芬军作战防御计划很简单，就是要不惜一切代价守住主要防御地带。由于反坦克武器的缺乏，芬兰陆军的战术设计也受到一定影响：芬兰守军的主要任务是分割苏联的步兵和坦克，因为仅凭坦克是无法坚守既得地带的。丢失的支撑点将通过排、连或营级特遣队的反冲击予以收复。

卡累利阿地峡在所有计划中都是主战场。因此，芬军主力也都集中在芬兰独立后修建了 20 年的卡累利阿地峡的主要防御地带。"曼纳海姆防线"的故事足以单独成书，读者可在作者官方网站 www.mannerheim-line.com 找到更详细的资料。

第二章
1939 年 12 月：苏联军队
在卡累利阿地峡受挫

　　苏联第 7 集团军司令员雅科夫列夫在 1939 年 11 月 30 日拥有两个步兵军和一个坦克军。他的部队将从卡累利阿地峡沿着两个战略进攻方向朝维堡和凯基萨尔米（Käkisalmi）推进。其中，斯塔里科夫（师级）的步兵第 19 军向主要目标维堡推进。该军得到两个榴弹炮团和一个重型炮兵团加强。戈列连科（师级）的步兵第 50 军，在大本营最高统帅部预备队两个炮兵团的加强下，朝凯基萨尔米实施突击。第 7 集团军拟用四到五天的时间彻底突破芬军主要防御地带。达成突破后，第 7 集团军将用五天时间追击败敌，然后夺取维堡和凯基萨尔米。坦克第 10 军将在步兵第 19 和第 50 军突破芬军主要防御地带后投入战斗。夺取维堡一周后，第 7 集团军各部将进入芬兰首都赫尔辛基，结束军事行动。

　　按照战役计划，第 7 集团军的突破速度是每天 20 公里，预计不会遇到芬军大的抵抗。苏联军队很乐观地估计芬兰的工农阶层不会向"阶级兄弟"开火，甚至会加入苏联红军。然而，事实证明这个估计大错特错：全体芬兰人抛弃政治观点分歧，共同对苏联的入侵进行了坚决抵抗。

　　值得一提的是，苏联第 7 集团军的步兵兵力几乎和芬兰第 2、第 3 军总和相等。这意味着，即便苏联第 7 集团军突破卡累利阿地峡的芬军主要防御地带，也没有预备队发展进攻。另一方面，卡累利阿地峡的芬军却有足够的预备队封闭缺口，并对苏联军队突破口实施反冲击。

　　苏联作战计划的另一个缺点就是完全无视芬兰的地形特点。由于芬兰的地形特点是森林覆盖率高，苏联坦克机械化部队只能沿着有限的公路挺进，但卡累利阿地峡最好的公路网也无法在 1939 年 11 月 30 日承载苏联红军的坦克、炮兵牵引车、装甲车辆和卡车通行。交通堵塞、混乱和误点时有发生，严重制约了苏联军队的战役后勤保障。这反过来导致苏联军队对卡累利阿地峡的"曼纳海姆防线"和拉多加湖以北的首次突击失败，一场灾难正在浮现。

地峡东部：希望破灭

按照原作战计划，苏联第 7 集团军的主攻方向指向维堡，然后是哈米纳（Hamina）和科特卡（Kotka），最后是赫尔辛基。然而，芬兰陆军迟滞部队的阻击成效超出了雅科夫列夫的估计。在地峡西部，国境线离芬兰主要防御地带较远。在地峡东部，国境线到主要防御地带仅 25 公里，芬军在那里部署的迟滞部队也不多。

步兵第 50 军在东面迅速前进，六天就触及芬军主要防御地带。因此，列宁格勒军区司令员梅列茨科夫把第 7 集团军的主攻方向转移到劳图—基维涅米—凯基萨尔米方向，沿着高速公路和拉多加湖西岸展开。军区的战役预备队也将投入这一地带。梅列茨科夫还下令组织一个先头集群，代号右翼集群，由之前担任第 7 集团军炮兵主任的 V. D. 格连达尔（军级）负责。右翼集群下辖步兵第 150 师（师长 S.A. 科尼亚兹科夫旅级）、步兵第 49 师（师长 P.I. 沃罗比约夫旅级）和步兵第 142 师第 19 团。

1939 年 12 月 5 日，列宁格勒军区发布第 11 号作战命令，确定了步兵第 50 军和右翼集群的进攻目标。这些大型部队将在基维涅米穿过苏万托湖，在科乌库涅米渡过泰帕列河。步兵第 50 军步兵第 142、第 90 师从基维涅米推进到雷伊塞莱（Räisälä），然后转向切入基尔武（Kirvu）—希托拉（Hiitola）铁路线。右翼集群以两个步兵师对泰帕列河北岸实施突击，迂回包抄芬军的侧背。坦克第 10 军将在步兵第 50 军和右翼集群后方展开，准备跟进打击，扩大战果。

海因里希少将的芬兰第 3 军防守地峡东部。该军由维内尔（Winel）上校的第 8 步兵师（扼守基维涅米周围地区）和考皮拉（Kauppila）上校的第 10 步兵师（负责苏万托湖和泰帕列河防务）组成。其中，梅里卡利奥（Merikallio）中校的第 24 步兵团驻防基维涅米；瓦尔蒂奥瓦拉中校的第 29 步兵团要守住哈伊泰尔马到维拉卡拉之间宽大的防线；西赫沃宁中校的第28步兵团负责泰帕列河畔防务。劳里拉中校的第23步兵团充当第3军预备队。（摄于1989年的著名苏芬战争电影《冬季战争》一片讲述的正是该团英勇奋战的事迹。）

芬兰海军也负责把守拉多加湖两岸和周围岛屿，其包括耶里塞维（Järisevä）、卡尔纳约基（Kaarnajoki）两地海岸炮兵连和苏万托湖要塞炮兵在内的海军部队，统一归设在泰帕列的芬兰海军"卡累利阿地区"司令部指挥，该司令部直接对芬兰第3军军长海因里希少将负责。

负责第3军核心防御地带——泰帕列河畔的芬兰第28步兵团，得到了强大的炮火支援（按1939年芬兰陆军的标准）。支援炮兵包括第10炮兵团第1营和第2营、独立第4重炮兵营以及卡尔纳约基和耶里塞维两地的海岸炮兵连。总之，支援芬兰第28步兵团的火炮总计有12门6英寸炮（其中4门在卡尔纳约基要塞阵地上）、8门122毫米榴弹炮、16门俄制3英寸炮和耶里塞维海岸炮兵连的1门120毫米要塞炮。特别要强调的是，卡尔纳约基海岸炮兵连是要塞炮兵，其射击诸元在战前便已测算好。该连火力惊人地准确，该连战时被称为"泰帕列的天使"。

在梅特塞皮尔特蒂的迟滞部队撤回主要防御地带后，独立第2炮兵连将6门87毫米火炮（1895年造）部署到芬兰第28步兵团防御地带，但这些十九世纪末的老式火炮能在1939年的冬季战争中发挥多少余热很成问题。无论如何，这么多火炮对1939年的芬兰陆军来说已经算奢侈了。芬兰炮兵精准、密集的火力，是他们在1939年12月泰帕列河畔防御战斗中取得防御战胜利的因素之一。

1939年11月7日，芬兰陆军野战军下达作战命令，强调主要防御地带将沿着泰帕列河展开。这意味着芬军决心粉碎苏联军队登陆泰帕列河北岸的意图，同时要不惜一切代价守住科乌库涅米（Koukkuniemi）。尽管野战军作出了明确的指示，但第10步兵师还是允许第28团拒不理会上级的命令，而是根据地形特点，把主要防御地带撤到基尔韦斯梅基—泰伦特蒂莱，只在科乌库涅米冰原留下少量兵力警戒。实际上，第10步兵师的做法是对的。如果按照野战军的命令，第28步兵团两翼将暴露在渡河苏联军队的火力打击下，要守住科乌库涅米无异于痴人说梦。

流经科乌库涅米角的泰帕列河宽约200米，河水流速快且缺乏有效的渡场，严重制约了苏联军队的渡河作业。泰帕列河原本是卡累利阿地峡人民自古以来的母亲河，卡累利阿地峡人民在两岸繁衍生息。1939年冬到1940年春，泰帕列河背负了可怕的名声，两岸爆发的激战贯穿整场冬季战争。

寒冻急流：渡过泰帕列恩约基河

1939年12月6日下午，苏联步兵第49和第150师前出到泰帕列恩约基河①，准备在宽大的正面兵分三路渡河。

科乌库涅米的芬军迟滞部队迅速撤回主要防御地带，芬军各个炮兵连向推进中的苏联部队投送了毁灭性的炮火，正在造桥的工兵和舟桥工兵（步兵第49和第150师的师属工兵营以及舟桥工兵第6和第7营）损失惨重。沿泰帕列恩约基河南岸的大片开阔地和科乌库涅米角的平坦地势，构成了一片绝好的杀戮地带。

尽管伤亡惨重，苏联步兵第49和第150师还是渡河成功，并在科乌库涅米角和泰伦特蒂莱村的森林学校建立起一个稳固的桥头堡。12月6日到11日，步兵第49师和第150师连续击退芬军的反冲击，不断扩展桥头堡。围绕科乌库涅米原野的战斗一直持续到12月13日，芬军当天最终撤回了主要防御地带。

在芬军撤退的同时，苏联两个步兵师各团开始渡河。步兵第15团拟从1号渡口的浮桥渡过泰帕列恩约基河，负责1号渡口的是战斗工兵第1营营长I.A.济金大尉。

步兵第222团拟在科塞拉的2号渡口过河，渡口指挥员是工兵第1营参谋长A.E.舍尔科夫中尉。

步兵第212团和第19团打算在维斯约基河口，也就是3号渡口过河。这里的负责人是步兵第142师工兵营参谋长。

按照原计划，三个渡口都要在1939年12月6日中午启用。然而，舟桥单

---

① 译注：这条河名称中的"约基"（joki）是支流的意思。

位尚未抵达南岸就被芬军炮火击中，出现了延迟、损失和混乱的状况。

13 点整，I.A. 济金大尉的工兵第 1 营还在出发位置就遭遇炮击，2 辆满载架桥设备的卡车被炮火摧毁，2 人牺牲，18 人负伤。工兵们一度陷入混乱和恐慌。营长 I.A. 济金大尉和营政委马尔克洛夫直到 15 点才设法稳住军心。作为表率，I.A. 济金大尉和营政委马尔克洛夫亲自带车队赶往渡口。然而，抵达渡口时，他俩才发现所有的橡皮艇都被弹片打坏，无法再用。第 7 舟桥工兵营也顶着芬军猛烈的炮火拦阻，一路开到河边，然后和工兵 1 营一起开始架桥。在两支工兵部队的努力下，1 号渡口很快架起一座浮桥，步兵第 15 团两个连于 18 点整踏上北岸。然而，这两个连刚刚渡河成功，1 号渡口就暂时关闭。这两个连在河流的芬兰一侧坚守着小小的立足点，也就是佩尔西嫩森林。

芬军第 28 步兵团第 3 营在卡尔·拉盖尔勒夫（Karl Lagerlöf）上尉的指挥下，立即进攻这两个连，试图把他们赶下河，但没有成功。接着，作为团预备队的第 2 营又在毛诺·冯·斯克勒维（Mauno von Scroewe）上尉的率领下投入战斗。激战持续整夜，到了天明，芬兰人报告说林中已无敌踪。不过据苏方记载，苏联军队又设法把步兵第 222 团部分兵力送过了河，与步兵第 15 团两个连一起牢牢控制着佩尔西嫩森林和学校森林。

在 2 号渡口，携带橡皮艇的苏联工兵第 1 营还没靠近河边，就被穆斯塔奥亚（Musta-oja）地堡的密集火力击中，损失很大。尽管如此，这些战斗工兵坚持向渡口推进。他们进入河里时，被水流带入地堡的射界。据两个碉堡的指挥官卡赫嫩少尉的回忆，泰莱帕河水流湍急，随时可以把人卷进地狱。橡皮艇连带里面的人在 50 米外被撕碎，20 艘橡皮艇中仅有 3 艘完好，其他 17 艘均被击毁，工兵 2 人牺牲、17 人负伤，步兵损失不明。在芬军密集的火力打击下，2 号渡口的渡河作业也在 18 点整被迫叫停。

在 3 号渡口，步兵第 212 团和第 19 团在蒙受重大损失后，顶着芬军猛烈的拦阻射击强行过河。步兵第 19 团下士 V.V. 特卡乔夫写道：

> 情况是这样的。我们从中央的渡口过河，并在两翼各设一个假渡口诱敌。渡口前是一片开阔地，约半公里宽。一条新挖的交通壕穿过开阔地直通渡口。突击开始。我们战士进入开阔地，奔向渡口，芬兰人的大炮在不

断怒吼，弹片不断击中我们的战士。所有人都只能尽量压低身子前进，减少暴露面。当时，我就在堑壕旁侧行进。沿着交通壕，我们终于来到了岸边，发现牺牲的工兵战士的遗体横七竖八躺倒在地，可浮桥仍没架好！河岸太陡峭了，我们干脆滑了下去，突然惊喜地发现几艘船就在下面。"动，跟上，快动！"我们跳进各艘船里，疯狂划桨，但我们在对岸能做什么呢？当时，我们每人携带15发子弹和1枚F1手榴弹，对一名战士来说并不多！我们中有32人最终踏上对岸。前面有成排的原木。我下令："隐蔽！"我们马上散开队形，隐蔽在原木后，芬军炮火猛烈轰击原木！其间，一发榴弹贯穿三排原木，其他榴弹最终落入河里。其间，我一直担心整个木堆会被炮火掀翻入河，顺便也把我们抛进河。

不过，苏联部队还是在维斯约基过了河，并穿过对岸原野进入森林隐蔽。截至午夜，工兵总算在3号渡口架起一座浮桥，两个步兵团和榴弹炮第116团过河。在苏万托湖岸边的基尔韦斯梅基高地，苏联部队终于触及芬军主要防御地带。

西赫沃宁（Sihvonen）中校命令独立8连和9连对科乌库涅米角实施反冲击。18点15分，芬军两个连展开反击，但很快就被苏联军队猛烈的火力压制。一次受挫后，西赫沃宁并不甘心，命令所部在午夜再次冲击，还是没有取得进展。梅特塞皮尔特蒂国境警备队徒劳无功地反复冲击时，第10步兵师也把预备队投入一线。阿尔马斯·凯姆皮（Armas Kemppi）中校带着芬兰第10步兵团急行军30公里赶往一线，准备参加对苏联军队的反冲击。

雅克·索赫洛（Jaakko Sohlo）少校指挥的芬兰第30步兵团第1营两个连首先赶到基尔韦斯梅基山。12月7日凌晨5点整，芬军第30步兵团第1营不等还在赶路的第3连，直接以第1连和第2连对苏联军队发起攻击。在这次冲击中，虽然索里（Sorri）少校通知第30步兵团说莱梅基农庄仍在芬军之手，但第1营在战斗发展阶段却查明该地已落入苏联军队之手。在夜战中，芬军两个连曾一度将苏联步兵击退，但苏联军队很快组织反冲击，顶住了第1连的冲击。不过，芬军第30步兵团第1营第2连还是顽强地向前攻击，又往南前进1.5公里抵达努蒂拉农庄。然而，对这些情况毫不知情的雅克·索赫洛少校却"自豪"地向团部报告说第 1 营已经前进了 2 公里，仅遇微弱抵抗，目前正继续发展进攻。直到 12 月 7 日中午，雅克·索赫洛少校才了解到反击受挫的实情，赶紧命令部队停止攻击、撤回主要防御地带。在这次失败的反击战斗中，索赫洛少校的第 1 营 33 人战死、36 人负伤、8 人失踪。梅特塞皮尔特蒂国境警备队 15 人战死、22 人负伤。12 月 7 日下午，芬军第 30 步兵团第 2 营终于赶到基尔韦斯梅基，但这次反冲击被取消了。

12 月 8 日，苏联援兵——步兵第 150 师所属步兵第 469 团和第 674 团抵达维斯约基桥头堡。加农炮第 331 团和炮兵第 334 团所属的四个炮兵营也迅速过河。在 12 月 6 日、7 日两天的战斗中损失惨重的步兵第 19 团从一线撤下来。然而，增援部队和换防撤下来的部队却发现渡口没有足够的空间隐蔽和展开兵力。结果，双方在科乌库涅米原野挤成一堆，造成严重的交通拥堵。芬军炮兵抓住战机，对苏联军队的 3 号渡口进行猛烈的炮火急袭。步兵第 150 师参谋长列文上校和通信主任佐林少校被芬军炮火炸死，几名参谋主任也负伤倒下。

12 月 9 日，站稳脚跟的苏联军队开始对芬军主要防御地带展开攻击，但没有取得进展。第二天，苏联军队又组织了第二次攻击，还是收效甚微。特别是步兵第 469 团在没有组织周密侦察摸清敌情的情况下就仓促强攻，导致全团遭到芬军主要防御地带密集的交叉火力打击，蒙受巨大损失。12 月 10 日 19 点，步兵第 469 团部战员们慌乱无序地逃出战场。代团长杜本（Duben）大尉身负重伤，很快牺牲；团参谋长谢缅诺夫（Semenov）大尉也负伤倒地，被指战员遗弃后冻死在战场上。该团所属的三位营长非死即伤，大部分连长也一样。由于损失太大，该团不得不撤出前线，被步兵第 756 团换下。

当然，苏联军队的进攻也并非一无所获。唯一的胜利是步兵第 222 团所属的涅特列巴（Netreba）大尉的步兵营，他们打下了穆斯塔奥亚小溪出口的三个芬军碉堡。12 月 10 日，芬军连续组织了多次反击，试图夺回这三个碉堡，但并没有成功。这个胜利对苏联军队而言，是有积极意义的。这意味着格连达尔的步兵和坦克已经为下一阶段进攻泰伦特蒂莱平原（Terenttilä）夺取了一个良好的跳板。与此同时，轻坦克第 39 旅也进入了桥头堡，预定在五天后配合步兵第 49 师和第 150 师对泰帕列河流域发起总攻击。

突击基维涅米

　　根据苏联第7集团军的进攻计划，苏联军队的进攻方向将转移到卡累利阿地峡东部，主要目标是泰帕列和基维涅米，预备队也往该方向集结。步兵第90师和军属炮兵第24团开赴基维涅米。步兵第50军参谋长在1939年12月6日03点整通过电话向步兵第90师下达作战命令。根据命令，步兵第90师各团转向东面，强行军15—20公里，12月7日清晨赶到基维涅米。

　　在基维涅米，苏联步兵第142师先头部队于12月6日清晨抵达该村，接着和劳图的芬军迟滞部队交火。5点35分，芬军工兵炸毁泰帕列河高速公路桥和铁路桥，然后快速撤退。然而，只有高速公路桥被完全炸毁，跌落河里，铁路桥仍有部分完好，可供步兵通过。

　　12月7日大约7点，步兵第90师师部接到步兵第50军参谋长的口头命令，准备在11点整渡河。部队渡河序列如下：步兵第461团首先过河，然后是轻坦克第35旅，随后是步兵第90师。步兵第50军参谋长通知所有参战部队，肃清南岸芬军的战斗由步兵第461团负责。步兵第90师师部和步兵第173团将在12月7日清晨冲到基维涅米。步兵第286团也按时抵达，可步兵第90师师属炮兵却因交通堵塞而耽搁了。

　　苏联第7集团军司令员雅科夫列夫和步兵第50军军部主要干部以及第7集团军工兵主任赫列诺夫（Khrenov）全部亲临基维涅米。诗人亚历山大·特瓦尔多夫斯基（Alexander Tvardovski）和许多军事记者也随同第7集团军一起前出到最前线。

　　出于一些奇怪的原因，步兵第461团报告南岸的基维涅米村部分房屋和苏沃洛夫要塞仍在芬军迟滞部队的手里。这究竟是误报还是真的有芬军残留呢？这个问题很难解释，芬军方面的资料显示，所有的芬军已经在昨天清晨撤过了河。新任步兵第461团团长的瓦西列夫少校经验不足，常常难以有效掌握部队。步兵第142师师长只得亲自带步兵第461团投入突击，以便改善局面。步兵第461团各营抵达激流南岸，他们是首批触及主要防御地带的营。与此同时，芬军集中机枪、迫击炮和榴弹炮猛烈打击该团。此前，步兵第461团仅仅遭遇芬军小股迟滞部队而已。因此，芬军的火力令指战员们大为震惊。这是芬军在卡累利阿地峡首次展示出战斗和保卫祖国的决心。步兵第461团的指战员在出乎意料的猛烈火力下难以坚持，慌乱撤出河流，步兵第461团团长瓦西列夫少校再次失去了对部队的控制。

目睹了这一幕的步兵第90师师长扎伊采夫（旅级），赶紧命令步兵第286团第2营立即展开攻击，打下这些芬军要塞，但也没有成功。另一方面，尽管做出了所有的努力，步兵第461团仍然无法恢复组织和建制，但第7集团军司令部确实是尽力了。很显然，步兵第461团需要相当时间的休整才能恢复战斗力。与此同时，苏联第7集团军司令员雅科夫列夫也等不及了——右翼集群已经在12月6日渡过了泰帕列恩约基河。

基维涅米的混乱和误时，迫使苏联第7集团军司令员雅科夫列夫做出一个致命决定：换下士气低落的步兵第461团，让步兵第90师两个团立即开始渡河。雅科夫列夫是在与步兵第90师师长扎伊采夫的电话讨论中下达这道命令的。接到命令的步兵第90师根本没有时间做计划，虽然雅科夫列夫下令苏联军队第5舟桥工兵营到位后，步兵第90师要迅速过河，但第5舟桥工兵营从列宁格勒出发以后却一直被堵在路上，何时到位尚在未定之日。扎伊采夫和师里参谋干部唯一能做的只能是迅速赶往指定渡河点，给部队下达作战预备令。对这道命令，扎伊采夫既不满又无奈，因为他没有时间等待炮兵赶上支援，更不用说展开周密的侦察和师里诸兵种协同作战了。

如果有人曾到过基维涅米——现在叫洛谢沃（Losevo）——可以看看这条河，他也许会问一个问题：是谁下令在这么湍急的河流上架设浮桥的？为什么步兵第90师师长扎伊采夫和他的参谋长没有拒绝这道极不合理的命令？战后的调查报告显示，适合架设浮桥的渡河点在计划指定点上游约500米处，也就是在武奥克西才有宽阔的渡场。第90步兵师报告指出："河水流速问题被忽视了。"显然，扎伊采夫也认为这根本不是合适的渡口，舟桥设备和水陆两用坦克都没法下水。但他也不敢把渡河点往西移动，选在冰封的湖面——因为他已经没有时间派工兵去查明湖面冰层的厚度了。

扎伊采夫（旅级）的渡河命令如下：步兵第173团第1营在师属坦克第339营一个T–37水陆两用坦克连的支援下，首先渡河；步兵第173团团属炮兵连和反坦克炮以及坦克第339营的T–26坦克群，在渡口前开阔地展开，直接给部队提供火力掩护；步兵第173团第1营打下桥头堡后，要对空发射信号弹通知；接着，步兵第 173 团主力和师主力将紧随第 1 营过河。

步兵第 90 师属炮兵和步兵第 50 军军属炮兵仍在路上。到 12 月 7 日清晨，仅有三个炮兵营到位。中午，第四个炮兵营也赶到了。但其余的炮兵还在路上，就是到位的炮兵也只携带了每日所需弹药的 50%，没有时间进行周密的炮兵侦察，没有架通电话线，如此仓促展开阵地根本不可能给步兵渡河行动提供有效的炮火支援。

关于北岸芬军的防御情况，只有一份 1939 年红军情报局下发的根据 1937 年对芬情报收集资料标注的芬军工事防御体系态势图，先前战斗失利的苏联第 461 团团部挥干部也没能说清北岸芬军的兵力部署和火力配系情况。由于清晨在南岸和芬军交火，步兵第 461 团的慌乱和舟桥工兵的延迟，步兵第 90 师直到下午才开始渡河。15 点 30 分，步兵第 173 团第 1 营抵达渡口边上。6 门团属加农炮和 12 门 45 毫米加农炮部署在岸边为部队提供直瞄火力支援。5 辆 T-26 和 12 辆 T-37 水陆两用坦克也开了上来。先导的第 5 舟桥工兵营卡车队也抵达了河边，并立即展开架桥作业。

16 点整，三套舟桥已经做好了准备。12 月 7 日日落时，苏联军队三个步兵排和一个机枪排奉命掩护舟桥。在岸边的 12 辆 T-37 水陆两用坦克只有 8 辆做好了渡河准备。然而，这些小型坦克在南岸却碰上了不小的麻烦。1 辆坦克被带刺铁丝网缠住，4 辆坦克卡在南岸的石滩上，只有 3 辆坦克开到舟桥边上负责护卫。不久，夜幕笼罩，天完全黑下来。

舟桥和水陆两用坦克进入河中央时，强大的水流把他们推向下游炸毁的铁公路桥。与此同时，芬军也打开探照灯，照亮渡口并立即对舟桥施以猛烈的机枪火力扫射，南岸的渡口也没能幸免。很快，芬军的迫击炮和榴弹炮也加入射击行列。看到北岸始终没有升起信号弹，步兵第 173 团第 1 营赶紧让第 2 连顶着芬军猛烈的拦阻火力在夜色中前往支援舟桥工兵。结果也好不到哪去：他们很快暴露在芬军探照灯的照射下，遭受猛烈的机枪火力射击，而北岸始终寂静无声。

尽管芬军拦阻火力密不透风，但第一批登陆部队还是有几十名勇士摸黑踏上北岸，对芬军阵地展开冲击。在激烈的战斗中，芬军第 24 步兵团第 3 营部分士兵被赶出阵地，苏联第 173 团第 1 营第 2 连战士们乘胜前进，又打下了基维涅米村的地窖和部分屋舍。夜间仍是一片混乱。12 月 7 日夜，第 24 步兵团用第 3 营换下第 1 营。

一名苏联排长通过破损的铁路桥穿过激流，报告了渡河的惨状。他声称水流湍急，所有舟桥都被激流卷到下游，推向被毁的铁公路桥。虽然他带着自己的舟桥工兵排勉强抵达北岸，但在芬军猛烈的火力打击下损失惨重。由于连长失踪，因此这位排长建议工兵营营长让第 4 连走破损的铁路桥过河。虽然他们做出了尝试，但芬军还是很快发现了这个举动，结果第 4 连遭到芬军集中火力交叉射击。在密集的火力打击下，第 4 连只得撤回南岸，转回旧的渡口，然后把剩余的三套舟桥调上来，继续往北岸架桥，可惜效果依旧不彰。清晨，三名水陆两用坦克的坦克手和几名步兵返回南岸，步兵第 173 团第 1 连连长也在其中。从他们的报告中可以明确看出这次渡河作战的灾难性。

在芬军机枪火力的打击下，舟桥开始沉没，被激流卷走，抛到了被毁的铁公路桥南岸。九座敷设的舟桥中只有四座架到对岸，大部分工兵倒在了中流。不过，幸存的指战员还是设法在北岸建立了一个桥头堡，突入村庄并依托地窖组织防御。由于连长在过河时不慎让信号枪落水，加上没有携带通信器材，没法把渡河成功的喜讯通告南岸部队。一辆水陆两用坦克渡河时撞上一块大礁石，倾覆沉没。剩余的两辆坦克虽然设法浮渡，但由于河面和岸基之间落差大和冰层厚而未能上岸，最终被激流卷走，沉进了河里。

12 月 8 日清晨，渡河作业被叫停。步兵第 173 团从渡河点撤回，步兵第 268 团顶上。步兵第 173 团报告说在第一夜渡河行动中有 144 人失踪，该团约有 30 人在对岸的地窖里死守，和主力完全失去联系。

尽管行动完全是一场灾难，雅科夫列夫还是向梅列茨科夫报告说步兵第 90 师有两个营仍在北岸死守桥头堡。这类谎言在冬季战争的初期屡见不鲜，导致莫斯科的苏联红军大本营最高统帅部误判形势，引起了大本营最高统帅部的愤怒和不满。查明这些报告存在着严重造假行为后，梅列茨科夫和雅科夫列夫都受到了严重警告。

夜间强渡失败后，步兵第 50 军要求步兵第 90、第 142 师师长继续利用剩下的三套舟桥过河，同时从列宁格勒紧急征调 250 艘民船。计划在 12 月 8 日清晨再次渡河。然而，讨论新渡河方案时，师、团级指挥员一致抗议并拒绝继续让战士们去送死。指挥员们都要求得到至少 24 小时的渡河准备时间以及强大的炮火支援和足够的渡河装备。步兵第 50 军军长不得不重视这些意见，答应了这些师级指挥员的要求。

步兵第 90 师拟在几个地段同时渡河，新作战命令如下：

· 12 月 9 日夜到 10 日凌晨，步兵第 90 师开始渡河。
· 渡河行动应该在宽大的正面于几个地段同时展开。
· 只有进行周密的准备和侦察，并得到强有力的支援后，才能展开渡河行动。

为查明冰层厚度，一个工兵侦察组从莱赫蒂屈莱翁（Lehti-kylä）角过河。炮火准备和以徐进弹幕支援推进军队的计划被拟定出来。工兵的侦察成效显著——他们报告冰层厚度为 5 厘米，部队足可从冰层过河。于是，步兵第 90 师决定兵分两路过河：一路以民船和舟桥在旧渡口过河，一路从莱赫蒂屈莱翁角冰封的河面徒步过河。两个渡河点相距约 2 公里。

12 月 9 日黄昏，苏联步兵第 588 团侦察连穿过冰封的湖面，同时第 2 营在南岸做好跟进准备。晚上，侦察连报告他们在芬军毫无察觉的情况下成功穿过武奥克西河，并在北岸占领了有利的防御阵地。正当苏联步兵第 90 师做好一切渡河准备的时候，步兵第 50 军却莫名其妙地叫停了渡河行动。

扎伊采夫和手下各位团长不知道的是，第 7 集团军司令员雅科夫列夫 12 月 8 日就失去了从卡累利阿地峡东部突破的兴趣。他向大本营最高统帅部请求回归到原来的计划上，以维堡作为主要突击方向。莫斯科虽然批准了雅科夫列夫的请求，还是因为他糟糕的表现而解除了他的指挥权。不仅如此，大本营最高统帅部一怒之下，还把列宁格勒军区司令员基里尔·梅列茨科夫降级，从军区司令员贬为第 7 集团军司令员。这一人事调整表明，大本营最高统帅部对列宁格勒军区和第 7 集团军在战争第一周的进展感到十分不满。

不过，正如前文所述，雅科夫列夫的计划还是获得了批准，大量军队将穿过地峡向西行进。步兵第 50 军军部、坦克第 10 军、步兵第 90 师、轻坦克第 35 旅和军属炮兵第 24 团将在 48 小时内重新部署到地峡西部。这些军队将在12月12日到位，再用三天做好战斗准备，拟对维堡以南芬军主要防御地带实施突击。

这次行军的组织糟糕透了，尤以交通管制为甚。显然，作战计划并没有考虑到规模如此庞大的兵力和技术装备仅仅依靠两条公路从卡累利阿地峡东部往西部调动所带来的问题，其结果就是大量的交通拥堵。其中，军属炮兵第24团甚至还没开始行军，道路就已经被轻坦克第35旅完全堵塞。该炮兵团参谋长极为不满地回忆道：

> 由于坦克旅缺乏交通管制员，导致部分满载补给品的车队转向朝马尔蒂卡而不是继续朝马尔蒂卡拉行驶。在朝着错误方向行进了3公里后，这些满载补给品的车队才意识到不对劲，又掉头返回拉特瓦—拉姆皮。步兵第90师的侦察营已经挤满了渡口边上的公路，导致指挥吉普车、卡车、坦克、炮兵牵引车分成三到四排，堵成8—10公里的长龙。

> 交通堵塞不仅使我们团无法按计划开始行军，甚至也没法从炮兵阵地转移。大量车队拥挤在公路上毫无掩护，暴露在芬兰空军的攻击下。幸好芬兰陆军重炮兵和空军实力不足，才使我们避免了重大损失。

> 大量军队沿公路往佩尔克—耶尔维行军——轻坦克第35旅、军属炮兵第24团、榴弹炮兵第302团、榴弹炮兵第116团第1营和第2营、军属炮兵第21团和独立高射炮营，但道路根本没有做好准备。步兵第50军还顾不上这些，该军要把自己的步兵第90师、第142师和第43师划归其他步兵军，而他们要接收的师还在前线其他地段。负责这次行军转移的交通管制的是第7集团军司令部，可他们的计划安排却糟糕透了。除了交通堵塞外，芬军沿路埋设的地雷并没有被排除干净，被毁的桥梁也没有完全修复，针对可能的空袭也没有任何掩护。在各种组织和管制十分糟糕的情况下，轻坦克第35旅的行军速度异常缓慢，阻碍着后面的军队。车组成员纪律不够严明，加剧了交通的混乱。例如，两辆损坏的坦克把军属炮兵第24团堵在屈莱埃蒂拉达四小时之久。由于积雪深厚，炮兵部队根本无法绕过这些坦克，也没有别的路可走。情况是如此糟糕，苏联军队的行军转移速度自然是极为缓慢的，形如蜗牛。12月11日夜到12月12日凌晨，

经过一整夜的行进，轻坦克第35旅终于走完屈莱埃蒂拉这段公路。

在基维涅米灾难性的渡河失败及苏联军队反复转移主攻方向，给他们自身作战造成了很大的影响。首先，苏联军队把兵力从基维涅米调到维堡旷废时日，使攻势被迫中断了一阵。其次，基维涅米地区平静了很长一段时间，直到1940年3月13日才重燃战火。如此长时间的休战使芬兰陆军可以自由往来调兵。第8步兵师从基维涅米迅速转移到受苏联军队进攻压力最大的地区，比如泰帕列（1939年12月）和埃伊雷佩（1940年3月）。再次，梅列茨科夫三周击败芬兰的战役计划失败，给苏联军队的战役计划制定者们带来了很大的麻烦和困扰，迫使他们重新紧张忙碌起来。对维堡以南"曼纳海姆防线"的首次总攻击，是在没有做好周密侦察和准备的情况下进行的。结果，苏联军队蒙受了巨大损失，梅列茨科夫的计划完全破产，苏联军队对卡累利阿地峡的攻势也被迫暂停了整整一个月。

再回头看看12月7日夜渡河的步兵第173团第1营第2连部分指战员。他们一直在北岸的地窖里顽强坚守到12月13日，连续击退了芬军几次反冲击。在此期间，芬军指挥官曾一度认为，渡河的苏联军队都被消灭光了，可在12月8日清晨，芬军巡逻队却突然遭到从穆斯托宁汽车维修站地下室一座当地药品仓库和餐馆射来的子弹"问候"。苏联战士顽强坚守着这几个地窖，对芬兰人而言，突击这些支撑点可不是一件轻松的事儿。更倒霉的是，苏联的炮兵也不时轰击芬军的进攻部队，给他们添乱。芬兰人不得不调来野战炮，对这些建筑进行直瞄射击，药品仓库被点燃，但汽车维修站的墙壁很坚固，野战炮没能贯穿。

12月11日，芬军第8步兵师参谋长萨尔格伦（Sahlgren）少校抵达基维涅米视察情况。他越过公路时，被隐蔽在汽车维修站地窖的一名苏联军队狙击手击中腿部。萨尔格伦倒地片刻后，第二发子弹击中他的头部，当场夺去他的性命，时间是11点30分前后。

12月12日清晨，芬军再次冲击汽车维修站。他们再次炮击隐蔽在地窖的苏联武器装备，不仅效果不大，还引来苏联步兵密集的火力还击，击毙了芬军6匹牵引野战炮的驮马。最终，16点整，芬军夺回餐馆，击毙13名苏联步兵，抓俘 1 人。23 点整，他们又夺回汽车维修站。这次战斗芬军打得十分巧妙，他们在苏联军队丝毫没有察觉的情况下悄悄摸进维修站，然后向里面砸手榴弹和燃烧瓶。虽然燃烧瓶没有点燃，但芬军还是迅速占领了建筑物，从 3 具苏联指战员尸体、武器和大量弹药边上踏过。可他们找了半天也没找到地窖门口。不过，一名会说俄语的芬军士兵听到了地窖里的俄语交谈声，并顺着声音找到了地窖门口。第二天，也就是 12 月 13 日清晨，芬军透过门口投入几枚手榴弹，地窖里传来芬兰语的求降声。28 名饥饿疲倦的指战员被俘，地窖里还有 2 具尸体。此外，芬军当天还在铁路桥附近抓获 7 名俘虏。至此，芬军彻底肃清北岸的苏联军队。在这次历时五天的搜剿战斗中，芬军也付出了 17 人伤亡的代价。

大规模苏联进攻战役

苏军步兵第 150 师和步兵第 49 师 12 月 13 日在科乌库涅米角建立了一个稳固的桥头堡，准备对芬军主要防御地带实施突击。梅列茨科夫也在当天下达了进攻命令，总攻击发起日定为 12 月 15 日。

桥头堡的步兵师基本满员。总攻前，步兵第 49 师拥有 13882 人，步兵第 150 师拥有 14764 人。列柳申科上校指挥的轻坦克第 39 旅和独立坦克第 204 营的 50 辆喷火坦克也进驻桥头堡，准备参加总攻击。

除了步兵第 49 师和步兵第 150 师各自的师属炮兵团外，榴弹炮兵第 116 团、加农炮兵第 311 团和重榴弹炮兵第 402 团第 2 营也参加炮火准备。不过，总攻前的苏联炮兵同样没有时间研究查明芬军的兵力部署和防御态势，只能在没有具体目标指示的情况下进行面积覆盖射击。通过地面和空中观测找出芬兰防御位置的尝试失败了。实际上，芬军防御地带各个火力点和碉堡、地堡都经过了良好的伪装。芬军将机枪火力点部署成侧射火力，使苏联军队很难在芬军射击暴露前发现目标。空中观察也因芬军使用雪橇和滑雪板对一线进行补给，而无法通过标定芬军的补给干线来跟踪查明芬军主防线的位置。事实上，为了检测预设防御地带是否会在敌空中侦察行动中暴露，芬兰空军在战前进行了多次飞行观测"检查"：如果芬兰飞行员发现任何一线部队暴露迹象，那么芬兰陆军总部马上会责成部队立即加强伪装措施，直到在空中观察下不再暴露为止。

　　苏联军队高层也意识到这次总攻面对的是芬军主要防御地带，因此特地命令部队要重视兵种协同作战，编成包括坦克兵、步兵和工兵在内的强击组。在桥头堡内集结准备参加总攻击的苏联军队总兵力为六个步兵团，他们得到轻坦克第39旅的59辆T-26坦克和独立坦克第204营大约30辆喷火坦克的支援。每个步兵团将分得一个坦克连伴随支援。

　　得到坦克支援的步兵部队11点整到11点20分进入攻击前出发阵地。炮火准备持续三个小时。如此猛烈的炮火准备给参战的苏联指战员留下了深刻印象，但几乎未能削弱芬兰人的防御。总攻击一开始，芬军随即组织各种武器，对攻击的苏联各团猛烈射击，轻易地压制了苏联进攻部队，分割了苏联军队的步坦协同。看到步兵滞后被打得抬不起头，冲在前面的坦克只得掉头返回，接应步兵继续前进，所以苏联军队的强击组战术从一开始就失败了。相反，芬军的防御战术非常有效。

　　芬军反坦克炮手有很好的机会射击在战场上来回徘徊，试图协同发起冲击的步兵的苏联坦克。他们巧妙地从侧翼在近距离朝苏联坦克开火，然后迅速转移炮兵阵地。很多情况下，苏联坦克手根本没法查明穿甲弹是从哪里打来的。一名坦克车长后来恨恨地回忆：

　　　　12月15日和16日的战斗中，敌人多次压制我们的步兵，分割我们的步坦协同。坦克只得在没有任何步兵伴随下越过防坦克壕，并在试图返回接应步兵时，在近距离（100—150米）被芬军反坦克火力打掉。

　　在炮火打击下，苏联军队不少单位仅仅前进了100米就遇到芬军防坦克壕，当部分坦克陷进壕沟的时候，大部分步兵就地隐蔽。坦克群设法填平防坦克壕继续前进，并在没有任何步兵伴随支援下，独自和芬军机枪手和反坦克炮手战斗。如果没有发现合适的目标，他们就用履带碾压摧毁芬军的带刺铁丝网障碍带。

　　进攻于17点整被叫停。轻坦克第39旅只有4辆坦克返回出发阵地，剩下31辆坦克直到第二天清晨6点整才撤下来或是拖带返回。

　　事实上，12月15日是轻坦克第39旅在整个冬季战争中最黑暗的一日：25名指战员牺牲，27人负伤，6人失踪。坦克损失也很大：参与进攻的59辆坦克中仅有16辆毫发无损地返回，16辆被芬军反坦克炮火打坏，28辆被遗弃在战场上，被击毁或重创。

　　12月16日，苏联军队继续展开攻击，但再次被击退。当天，轻型坦克第39旅以17辆坦克投入战斗，一天之内再损10辆坦克，坦克手7死7伤。

　　12月17日，苏联各部队继续进攻芬军阵地，还是没有取胜。各步兵团损失很大，但1939年12月并未安排伤亡登记，因此确切的伤亡已不得而知。苏联军队的进攻动能耗尽，损失巨大而收获甚微。芬兰人以局部反冲击肃清了苏联的所有突破，并顽强地守住了主要防御地带。12月19日，苏联红军总参谋长、一级集团军级沙波什尼科夫同意右翼集群暂停攻击，转入休整。

　　12月24日，苏联步兵第49师组织兵力对"曼纳海姆防线"进行了1939年度最后一击。这次进攻得到了在凯尔亚（Kelja）穿过苏万托湖的步兵第4师的支援，但这次进攻也被芬军击退。

　　根据第7集团军的计划，为支援对泰帕列的攻击，步兵第142师也在12月15日对基维涅米展开攻击。该师所属的步兵第461团试图在哈伊泰尔马（Haitermaa）突破苏万托湖，但在铁丝网地带遭到芬军密集的机枪火力封锁，被迫退却。苏联军队攻势受挫，迫使第7集团军司令员梅列茨科夫允许所部暂停攻击数日，调整部署，准备新的攻势。

　　在第一次总攻击失败并蒙受惨重损失后，苏军桥头堡内的步兵第49师和第50师士气低落。安插在部队中的秘密警察和在战斗中活下来的团级政工人员密切关注红军战士的士气。他们最常使用的监视方法包括在战士中间安插眼线，检查战士们寄回国内的家书（看看有无透露失败主义情绪）。在查获的士兵信件中，多数批评性意见来自步兵第49、第150师的战士。他们发现战士们普遍对高昂的损失感到震惊，抱怨苏联空军支援不力，并谈论芬军防线的坚固和抵抗的顽强。例如，步兵第150师的一位名叫丘金的战士，在给莫斯科的姐姐叶菲莫娃的信中谈道：

　　　　姐姐！从12月6日开始，我们就一直试图把敌人赶走，可惜没有成功。

原来身边许多亲密的战友，现在都不在了。这就是战争。我猜你听到这些一定觉得很恐怖吧？但这些事情就发生在我眼前：有些人哀嚎，有些人哭泣，有些人抱怨、怒吼，甚至在负伤后乞求一枪了结自己。连撒旦都难以理解这究竟发生了什么。

步兵第222团的斯波里科夫在给列宁格勒的波利雅科娃的信中写道：

> 纽莎！敌人伪装得实在太好了，给我们造成了沉重的打击。别相信报纸的鬼话——他们尽是在说谎。看看真相吧。七天的时间里，我们才前进3公里而已。渡河突击敌人防线的时候，我们损失了很多人。

步兵第469团的鲍里索夫在给斯摩棱斯克地区伊德什科沃村的妻子的信中写道：

> 我的妻子娜斯佳！我们团在12月6日打芬兰白军的战斗中损失很大，伤亡了大约70%的指战员。芬兰人拥有完备的筑垒工事系统，他们挫败了我们的进攻。我们不清楚芬兰人的损失。你的丈夫。

步兵第150步兵师的塔拉索夫在给库尔斯克的父亲的信中说道：

> 亲爱的爸爸！我们随时都会死去，有三次就差一点儿了：一次是遭到芬军战机的攻击，两次是我们遭到很猛烈的炮击。许多战友死伤。在几天的战斗中，我们已经伤亡了六七百人，卡车不分昼夜地疏散伤员。现在，我军的炮击已经持续十六天，但仍然没法把芬兰人赶出去。他们在工事顶部先覆盖11层土，然后是3米的混凝土，接着又是更多的土。如果你出现在那里，除非遭到敌军射击，不然根本不会注意到任何东西。射击孔伪装会掀开，随后朝着我们的步兵和坦克射击。我们的炮兵朝他们的碉堡工事开火，炮弹刚打到碉堡就被弹开了。许多战友牺牲，不少伤员是我军炮火所致。我们奉命撤进一片森林，并立即掘壕固守，防范芬兰空军袭击。

步兵第150步兵师炮兵第328团第9连的维列申克在给乌克兰的家的信中写道：

> 亲爱的！我们的进攻没有成功。我们每天都要打10万发炮弹，可毫无效果，相反我们死伤很大。

步兵第49师的科普洛夫在给列宁格勒的家人的信中说道：

> 亲爱的家人！芬兰人不断对我们进行猛烈的齐射，差点就送我回老家了。还有件事——似乎意大利人和德国人站在芬兰人一边。我们11月30日8点整投入战斗，但始终没看到一架苏联飞机，天上都是芬兰人的飞机。我们被告之空军因为能见度不佳而趴窝，可为什么芬兰人照样出击呢？如果我们像这样继续打下去，那么我们不仅无法按计划在六天内结束战争，甚至六个月结束也不现实。十二天的战斗结束后，我们无法从前线撤走牺牲者的遗体和伤员。接下来还会发生什么？我不知道。我们步兵第49师共有三个团，可十二天以后我们只剩两个团了。

尽管这些信的字里行间，透露着悲观和绝望的语气，但是大部分指战员还是不愿意多谈战争的恐怖性让家人担心。从一线寄回的信件中，只有很少一部分是消极或是悲观绝望的。为研究部队的士气，内务人民委员部进行了一项统计：

日期	检查信件（封）	积极（封）	消极（封）
1939年12月15日	4500	4363	147
1939年12月16日	10600	10329	271
1939年12月19日	4550	4421	121
1939年12月20日	4860	5028	178
1939年12月20日	4860	4707	153

最后的尝试：凯尔亚的圣诞节战斗

从列宁格勒军区司令员贬为第7集团军司令员的梅列茨科夫，对泰帕列的进攻结果十分不满。虽然步兵第49师和步兵第150师渡河建立了一个桥头堡，但并没有达成决定性的突破。而且，这个小小的胜利让苏联军队付出了巨大代价。只有越过冰封的苏万托湖面的迂回机动和从桥头堡的正面进攻相结合，才能对卡累利阿地峡东部地区实施一次快速而决定性的突破。

苏军新锐的步兵第4师的先头部队从白俄罗斯赶往卡累利阿地峡，12月16日抵达地峡东部。根据梅列茨科夫的计划，12月20日右翼集群的部队经过短暂休整后，恢复对凯基萨尔米的进攻。苏联各师将沿着基维涅米到泰帕列之间宽大正面展开攻击。

苏军步兵第142师的任务是从萨科拉东面发起攻击，吸引芬军的注意力并牵制芬军的预备队。新锐的步兵第4师以两个团的兵力（步兵第220团和步兵第39团）越过苏万托湖发起攻击，一个团为预备队。步兵第4师的主攻方向是凯尔亚—维拉卡拉方向，目标是帕托涅米和沃洛苏拉。步兵第150师和步兵第49师以六个团的兵力从泰帕列桥头堡跃出，同时对芬军展开攻击。

按照这个计划，桥头堡的苏联军队于12月24日14点整进行了两个小时的炮火准备，并沿着整个正面实施突击。各步兵团一度取得进展，多处撕开芬军防线，但很快被芬军组织坚决的反突击打退。12月25日和26日，苏联军队继续展开攻击，但还是没能取得哪怕一个决定性的突破。第7集团军军事委员会只得在12月27日命令右翼集群停止所有进攻，就地转入防御。这道命令也标志着苏联军队从基维涅米到拉多加湖之间宽大正面的进攻以失败告终。

12月25日清晨，步兵第4师也展开攻击。在他们进攻前，苏万托湖地区周围形势平稳，苏联军队仅以小规模巡逻队跨过冰封的湖面袭击芬军战线。这一带的芬军过得相当惬意，结果被步兵第4师的进攻打得措手不及。

苏军步兵第39团在沃洛苏拉和帕托涅米越过苏万托湖的冰层，建立了一个小小的桥头堡，但12月25日下午被赶回湖对面。芬兰火炮和帕托涅米堡垒的加农炮群令苏联预备队没法从湖南岸过来。在战斗中，芬兰第30步兵团第1营的反冲击旗开得胜，但营长亚科·索洛少校不幸战死。该营12月25日的总损失为46人，其中19人战死。

　　苏联军队在凯尔亚的进攻使芬军的防御态势复杂化。12 月 25 日清早，苏军步兵第 220 团第 2 营在步兵第 101 团一个侦察连支援下，悄悄穿过冰冻的苏万托湖面。这次进攻得到了苏联反坦克歼击炮兵第 80 营和步兵第 4 师师属炮兵团的全力支援。

　　在这一带实施防御作战的芬军指挥官完全忽视了有关苏联军队将再次组织进攻的情报。12 月 24 日傍晚，芬军一支巡逻队抵达苏万托湖南岸，发现南岸周围所有森林都驻满了苏联步兵。巡逻队返回后向他们的营长报告情况，但芬兰第 29 步兵团 3 营营长穆勒上尉却置之不理，没有采取任何措施加强湖北岸的防御。一些芬军方面的史料记载，该营主要参谋干事甚至开始准备大量美食和佳酿，欢度圣诞！时任芬军第 29 步兵团第 3 营的一名通信兵劳里·凯斯基宁回忆道：

　　　　平安夜过得出奇平静，圣诞节凌晨突然炮声大作。最初，我还感到十分惊讶——这才刚到圣诞节啊。也就是凌晨 2 点到 4 点左右，我们收到前线的一份报告，说俄国人很快就要发动进攻。接到报告，营长半天都没有反应过来！当时，营长一度对形势完全失去了控制。幸运的是，最终我们还是阻止了敌人的攻势。

　　苏方各先头排很快前出到北岸并击退了芬军前沿部队。来自湖岸周围的第一份战报向穆勒指出，苏方一个排已经出现在北岸。穆勒少校判断这很可能只是一支小小的搜索侦察队而已，因此没有做出反应。但接下来的报告却让他感到震惊，那就是苏方一个连已经扑了上来。芬军两个班在防化指挥官的指挥下，展开反击。14 点整，防化指挥官返回营部并报告说已经摧毁了苏联军队的桥头堡，穆勒少校立即向团部报告并转入休整。他的报告和实际情况有很大的出入：苏联步兵第 220 团第 2 营和步兵第 101 团侦察连仍在凯尔亚村周围牢牢地守住了一个宽 700 米、纵深 700 米的桥头堡。苏联步兵第 30 步兵团第 6 连从泰帕列行军赶到凯尔亚村，并在 20 点 30 分在夜幕掩护下发起攻击。但这次攻击被击退，短短几分钟全连就损失了四分之一的兵力：7 人战死、30 人负伤。第 6 连奉命再次攻击，但连长请求休整补充兵力。指战员们太疲惫了。

　　12月26日清晨，穆勒上尉发现情况有些不对劲。随着反击接连失败，芬军决心从基尔韦斯梅基调兵增援。当天，芬军第28步兵团第3营两个连赶到了凯尔亚战场。根据芬军的计划，17点15分，芬军第28步兵团第3营的两个连将在短促的炮火准备后，在机枪火力支援下发起攻击。攻击前一分钟，芬军机枪手猛烈开火，不过芬军的炮兵仍保持沉默。趁着苏联军队不备，芬军两个连展开了攻击。再一次，芬军的步炮协同出了很大的问题，芬军炮兵群在他们的步兵冲击时压根没有进行任何支援射击。尽管如此，芬军还是冲进了苏联阵地。发现情况不对劲，苏联指挥员立即对空打出三发红色信号弹，芬军第28团第3营的两个连立即遭到步兵第4师的72门榴弹炮和加农炮猛烈的炮火轰击。战斗中，芬军蒙受了很大的损失，不得不在夜幕的掩护下和苏联军队脱离接触，撤回基尔韦斯梅基。

　　虽然芬军在12月25日和26日连续组织的反突击并没有完全摧毁苏联军队的桥头堡，但芬军的炮火和凯基涅米堡垒的火力完全阻止了苏联军队任何企图跨越冰封湖面的行为。同时，芬军还组织火力，打掉了南岸和冰封湖面上暴露的大部分苏联火炮。

　　步兵第4师师长丧失了在自己的地段突破芬军防线的绝佳机会。苏联红军总参谋长沙波什尼科夫（一级集团军级）严厉批评了步兵第4师没有及时抓住机会把主力投入战斗，越过冰封湖面支援北岸部队。在北岸桥头堡的一个加强营根本不足以继续展开攻击，在芬兰人的反冲击下勉强能够坚守阵地。事实上，步兵第220团越过苏万托湖的加强营仅仅被视为侦察支队而已，而不是步兵第4师或步兵第220团主攻部队。

　　凯尔亚的事件给芬兰陆军提了个醒，他们加强了北岸封锁，阻止了苏联军队的继续渗透。最典型的战例莫过于步兵第101团跨过冰封的湖面增援桥头堡的尝试，该团第7连在一个机枪排和一个45毫米加农炮排支援下，冲上湖面在离北岸不到80米时，突然遭到凯基涅米要塞的火力封锁，苏方9人战死、13人负伤倒地，被战友遗弃在冰封的湖面上。

　　12月26日傍晚，步兵第101团再次试图穿过冰封的湖面，支援桥头堡友军。23点30分，第2营穿过冰封湖面，第3营在午夜，第1营在4点整投入战斗。全团试图前出到凯尔亚桥头堡东半部。虽然第2营抵达了北岸，但很快就被芬军猛烈的机枪火力压制，损失很大并退回南岸。第 1 营和第 3 营的表现也好不到哪里去。全团在这次战斗中共有 57 人战死、367 人负伤，其中 317 人没能从冰冻的湖面上撤下来，没人知道他们究竟是死是活，还是被俘。团政委别兹博洛多夫也在战斗中负伤，第 2 营指导员卢克扬延科牺牲，第 2 营营长负伤，几名连长也在战斗中牺牲。第 1 营参谋长也没能幸存，他手上有一份全团部挥干部的电台呼叫代号和密码本。

在萨雷莱宁少校的带领下，芬军独立第 6 营（该营绰号是"萨雷莱宁的猎犬"The Hounds of Saarelainen）赶到战场，准备对苏联军队桥头堡实施反冲击。这次进攻在第二天 9 点整打响。然而，该营战前没有做好充分的准备，因此不得不把进攻时间推迟到 10 点 30 分。芬兰军官又忘了将这一延迟通知炮兵。结果，芬军炮兵按原计划在 9 点整开火，比步兵突击时间早了一个半小时，白白浪费了大量弹药。战斗中，芬军独立第 6 营遇到了严重的火力支援问题：全营仅有 2 挺机枪占领了有利的射击位置。他们向 29 团第 3 营营长穆勒上尉求援时，各个机枪班却直截了当地拒绝提供压制火力支援，理由是担心夜间射击容易误伤友军。营属迫击炮排已经在 12 月 26 日傍晚占领了阵地，但一门迫击炮的底板却落在了劳图，也就是苏万托湖对岸。这意味着全营仅有一门迫击炮可以支援步兵冲击。

10 点 30 分，第 1 连和第 3 连穿过开阔地冲击。一个小时后，他们蒙受了很大的伤亡后不得不撤了下来。通信兵劳里·凯斯基宁（Lauri Keskinen）是这样描述战斗发展经过的："我的位置距离独立第 6 营的攻击出发阵地有 200 米，我目睹了他们的冲击。这次冲击简直就是疯狂的举动，许多人白白牺牲。看着这一幕，我很无奈。"

尽管第一次反击失败，但 11 点 45 分芬军又来第二次。这一次，独立第 6 营沿着苏万托湖岸边冲进了苏联军队阵地。战斗立即演变成肉搏战。

在凯尔亚受挫的同时，苏联第 7 集团军司令员梅列茨科夫已经对右翼集群的进攻失去了兴趣。他的部队没能获得哪怕一次快速而决定性的突破。整个攻势被迫叫停，仍在桥头堡坚守的步兵第 220 团第 2 营奉命在 12 月 26 日夜到 27 日凌晨回撤。然而，芬军密集的火力封锁让许多苏联指战员撤不下来，只能留守在桥头堡里，掩护其他战友撤出。经过相当时日的激烈战斗和肉搏后，芬军将桥头堡残余的苏联军队全部赶到了冰封的湖面：芬军再次恢复了主要防御地带的完整。战斗结束后，芬军目睹了最后一批守军的坚韧：一名苏联机枪手尸体已经被冻僵了，仍在战壕里笔挺地端着机枪站立不倒，他周围堆满了空空如也的子弹箱。

残余的红军指战员各自为战，继续在苏万托湖北岸抵抗，12 月 28 日从周围的谷仓和干草堆射击，最后多数被俘。这样，步兵第 220 团第 2 营基本损失殆尽。根据芬军冷静的观察，只有 11 名苏联军人设法穿过了湖面。库兹缅科夫中尉就是这样的幸运儿，他在回忆录中写道：

> 我们在战壕里苦苦死守了 48 小时，吃的喝的都没有。最终，我们奉命撤退。夜间，我们开始撤退，可没法带上库克索夫中尉的遗体，我们不得不把他留了下来。战斗结束后，我们营只剩 22 人活了下来，其他的人非死即伤。

独立第 6 营 12 月 27 日也蒙受了很大损失：计 49 人战死、101 人负伤。该营的军官损失率最高。战斗中，芬军一共缴获 140 挺机枪和 1700 支步枪、12 门反坦克炮，以及从战场和湖面缴获的大量军需品。1942 年，当地农民返回凯尔亚村时，发现自己的村庄到处都是苏联军队的烈士墓。坟墓上的文字表明这里一共埋葬了步兵第 4 师的 850 名指战员。

这次失败是苏联军队在 1939 年度对卡累利阿地峡东部进行的最后一次突击。接着，双方进入相持阶段。苏联军队不断派出侦察分队，查明芬军的兵力部署和火力配系，准备发动新的攻势，同时学习总结 1939 年 12 月进攻失败的教训。芬军也没有放松警惕，他们时刻严密监视苏联军队的动态，并在后方加紧组织第二道防线。双方都很清楚，第二轮较量很快就会拉开帷幕，第二次总攻击随后将至，苏联军队一定会洗刷耻辱，企图重新恢复自己的荣誉。1939 年 12 月卡累利阿地峡东部的战役结束了。

地峡中部：新的推进方向

早在 12 月 8 日，苏联红军最高统帅部大本营就批准了前第 7 集团军司令员雅科夫列夫将主攻方向从凯基萨尔米转移到维堡的计划。新计划打算调动苏联坦克第10军、步兵第90师、轻坦克第35旅和支援炮兵，从12月9日到12月12日，用三天的时间完成往卡累利阿地峡西部的战役集结。这些部队抵达后，用五天时间准备新的攻势，并仔细侦察芬军的阵地工事系统。这次总攻击拟于12月17日展开，几乎和泰帕列地区的攻击时间一致。

实际上，从卡累利阿地峡东部的转移距离更长。12月16日傍晚，最后一批苏联军队赶到指定位置时，离攻击发起时刻只有几个小时了（这是导致总攻击彻底失败的原因之一）。主攻围绕苏马村周围的公路展开。同时，苏联军队还对莱赫德、梅尔基、塔肖拉梅特、苏尔涅米、奥伊纳拉和穆奥拉教堂村等地实施辅助突击。

梅尔基地段——铁路线上的沼泽地

12月6日，步兵第24师在轻坦克第40旅的支援下抵达佩尔克—耶尔维火车站，然后沿着铁路线继续进攻。当天的战斗中，步兵第24师师长维舍夫（Veshev，旅级）牺牲，加里茨基（Galitski，旅级）接替指挥。步兵第90师抵达前，步兵第24师沿着宽约9公里的正面，即西起穆纳苏奥沼泽地东到穆奥兰湖西岸之间的地带展开进攻。然而，步兵第24师在战斗发展过程中没能和左翼的步兵第123师取得联系。由于攻击正面过于宽大，该师不得不把所属的三个团兵力一字排开，以步兵第168团沿着铁路线攻击前进、步兵第274团居中突击塔肖拉梅特、步兵第7团进攻穆奥兰湖西岸。轻坦克第40旅所属的坦克第175营配属给步兵第24师。12月8日，各步兵团再次突击芬兰防线，但始终没能撕开突破口。轻坦克第40旅当天遭到了芬军猛烈的反坦克火力拦阻，损失12辆坦克。步兵第168团也没能击退科森约基河沿岸铁路线上防御的芬军部队。12月8日以后，所有的进攻都被叫停，步兵第24师等待步兵第90师抵达，后者仍被堵在从基维涅米赶来的途中。

步兵第90师赶到后，步兵第24师重启进攻，但未能达成有意义的战果。12月8日，步兵第7团在坦克第157营第2连的支援下，又转向朝韦赛嫩（Väisänen，穆奥兰湖西岸的一个小农庄）实施突击，却受阻于芬军密集的反坦克障碍带，同时还遭到了芬军极为猛烈的反坦克火力打击。一辆坦克被击毁并遗弃在战场上，另一辆坦克连续两次中弹，不过还是设法驶离了战场。

第二天，步兵第7团在坦克第155营第1连和第3连支援下反复攻击，结果6辆坦克被击毁，4辆坦克被遗弃在战场上，1辆坦克完全烧毁，5名坦克手牺牲，6人负伤。尽管付出了那么大的代价，步兵第7团也还是没能前进一步。更为糟糕的是，步兵第24师还是反复进行类似冲击，除了损兵折将外，没有任何意义。至12月底，芬军轻松击退了步兵第24师所有的冲击，牢牢地守住了阵地。

与此同时，步兵第90师终于从基维涅米赶到，并接过了步兵第24师一半防御地幅，于24师左翼展开兵力。步兵第90师拟以两个团的兵力准备对芬军主要防御地带实施突击：第588步兵团在波格丹诺夫少校的指挥下对穆斯塔奥亚小溪两岸实施突击，第713步兵团在邦达列夫少校的指挥下突击拉姆佩斯泰诺亚小溪（Lampestenoja Brook）附近的44.8高地。坦克第160营第3连负责支援步兵第173团；步兵第286团在步兵第173团背后充当预备队，随时准备在任一个达成突破的方向上投入战斗，扩大战果。步兵第90师所属的坦克第339营以一个8辆T-26坦克和12辆T-37坦克组成的坦克连留在佩尔克—耶尔维村担任预备队。步兵第90师师属工兵营和侦察营也留作预备队。师属反坦克歼击炮兵第66营的45毫米加农炮群也加强给步兵第173团和步兵第588团。遗憾的是，苏联军队的部署和计划仍有很大的漏洞——步兵第173团和步兵第588团之间缺乏联络，步兵第173团也没能和左翼的步兵第123师取得联系，该师正在突击莱赫德地区的芬军防御地带。

步兵第90师抵达新地段时既没有汽油，也没饲料，口粮也不多了。该师的后勤部队因交通堵塞没能到位。这给步兵第90师在作战中使用驮马和挽马带来了很大的负面影响。至少得等上一周的时间，补给形势才会逐步改善。目前的补给形势糟糕透了，指挥员告诉战士们，人饿上一两天还能活，可马匹却不一样，营养不良就没法干活。类似"人挨饿一两天还能挺住，可马挨饿就无法负重随行"这样的报告在冬季战争的苏联文献中屡见不鲜。

12月16日，T-26坦克连被配属给步兵第588团第1营，以支援该营对穆斯塔奥亚湖的攻击。雷区和障碍被清理后，突击立即开始。如同基维涅米进攻一样，步兵第90师没有足够的时间进行准备和侦察芬军防线。

与步兵第90师对峙的是芬兰第13步兵团第3营和第1旅所属的各个独立营。芬兰人在阵地前方布设了大片雷场、障碍带和带刺铁丝网群。芬军还扫清了阵地前沿的射界，因为整个地段几乎全被森林覆盖。在第13步兵团第3营的地段，防线主要建在沼泽地上，战壕由土层和原木建造。在沼泽地这种湿地，挖工事确实很伤脑筋。据参战的芬军老兵描述，这些野战工事其实都很脆弱。由于时间不足和沼泽地形，芬军没法在这一带修筑坚固的防线。另一方面，负责这一带守备的芬军各营也缺乏有效的反坦克武器和手段。第13步兵团第3营的托伊沃·阿赫蒂默（Toivo Ahtimo）回忆道：

> 和平时期，我们接受的打坦克训练在战斗中根本用不上。作战手册告诉我们，可以通过往负重轮间塞原木或大的木塞让一辆坦克停下！第7连的一名战友，来自洛伊马的维埃诺·洛伊姆（Vieno Loimu）就在拉姆佩斯泰诺亚的战斗中试图使用这种方式挡住一辆苏联坦克，一阵恐怖的巨响后，撬棍飞了出来，坦克却毫发无损。接着，维埃诺·洛伊姆又往坦克的负重轮间塞了一根厚厚的原木，但坦克仍继续前进，塞进去的原木被轮子碾压成百余根类似牙签大小的木屑。坦克继续前进，直到被我们用炸药包炸毁。
>
> 作战手册上的第二种打法就是鼓励我们用猎枪在直瞄距离内射击坦克的观察孔！确实有些人遵从了作战手册的建议，把家里的猎枪拿上一线，但我从未听过在战争中我军有人用这种方式干掉过坦克。
>
> 战争爆发后，我们收到了新的反坦克作战手册。总的来说，手册就是说坦克不是什么可怕的东西。上级也建议我们拆除后方的路标，这样敌坦克突破我军前沿阵地后就会在我军后方迷路。

在卡累利阿地峡中部，积雪深达30—40厘米。寒冬已经到来，1939年12月17日清晨，温度下降到零下4摄氏度。

当天，步兵第90师以两个团的兵力展开攻击。其中，步兵第588团穿过芬军用原木布设的陷阱带和带刺铁丝网群，对穆斯塔奥亚展开攻击。坦克连的8辆T-26坦克滞留在攻击出发阵地，用坦克火力支援步兵冲击。由于工兵没能在芬军障碍带中开辟一条安全通道，因此坦克难以前进一步。战斗中，芬军设法击毁了一辆苏联坦克。步兵第588团团长波格丹诺夫少校下令团属76.2毫米加农炮抵近射击，在直瞄距离上压制芬军火力点，支援苏联步兵冲击。

该团第1营和第2营在没有坦克支援的情况下展开突击，在带刺铁丝网前被芬军火力所阻。苏军所有继续攻击的企图均告失败。这次战斗中，共有23名指挥员和88名初级指挥员、战士负伤。碍于持续不断的激烈战斗，步兵第588团无法清点核实牺牲人员数目。此外，2门团属76.2毫米加农炮也被芬军迫击炮打坏。

与此同时，步兵第173团也在坦克第160营第1连的支援下突击44.8高地，不幸饮恨而归。芬军组织密集的火力压制了苏联步兵。坦克冲进芬军战壕时，他们在50米距离上遭到芬军反坦克炮的直瞄射击，4辆坦克被击毁，瘫痪在战场上。只有2辆坦克突破了芬军防御地带，后来在芬军后方被击毁。

12月18日，苏军继续展开进攻。波格丹诺夫少校从他的团抽调兵力组织突击队，任务是在雷场和障碍带开辟一条安全通道，但他的突击队没有成功。步兵第588团各营只得在团属76.2毫米加农炮、45毫米加农炮和迫击炮支援下，反复冲击芬军阵地。两门76.2毫米团属加农炮在朝芬军工事射了90发炮弹后被芬军火力打掉，45毫米加农炮也消耗了每日定额弹药的一半，坦克连损失3辆T-26坦克，但进攻还是以失败告终。在第588团亲自视察战斗发展过程的步兵第90师参谋长只得下令部队撤退。连战皆败让苏联军队蒙受了巨大损失。其中，步兵第588团第1营自战役开始以来共损失377人。

12月18日，步兵第173团第1、第2、第4、第8连连长也在战斗中负伤。第1、第2连各只剩一名指挥员。步兵第173团左翼的步兵第286团试图向左迂回绕过44.8高地，却被芬军火力所阻。

12月19日，步兵第90师所属的三个团继续实施突击，损失不菲。指挥员伤亡尤为惨烈，步兵第173团几乎损失了所有连长，第3营参谋长也负伤了，步兵第173团参谋长也没能幸免。

左翼的步兵第286团仍在坚持突击。该团的76.2毫米加农炮兵靠着自己的肩膀——因为挽马和炮兵牵引车在梅尔基沼泽地无法行进——采取人力机动的方式，分解加农炮，扛着各个炮件进入阵地，试图全力支援步兵冲击。第2

营迫击炮排靠前线太近，结果暴露在芬军密集的机枪火力射击下，全排覆灭。当天战斗中，步兵第286团战死15人，负伤41人（含5名指挥员）。

步兵第588团在当天的损失为第1营和第2营战死约80人。第1营参谋长负伤，副官战死。团防化主任涅恰耶夫（Nechaev）少校也战死了，第3营营长负伤。此外，团属炮兵连还有三位班长负伤。

12月20日，步兵第173团从一线撤离，和步兵第286团换防。换防后，步兵第286团继续组织冲击，但仅突破芬军第三道带刺铁丝网群就被迫转入防御，一天下来战死23人，负伤170人。第2营营长尼基弗罗夫少校和第2营参谋长库钦中尉负伤，团政委沃罗比约夫也负伤了。

波格丹诺夫少校的步兵第588团也展开了攻击。经过两个小时的炮火准备，步兵第588团再次突击穆斯塔奥亚的芬军防御地带。波格丹诺夫少校照例继续把第1营和第2营投入战斗，可苏联军队还是无法压住芬军的火力。其中，第1营第2连和第3连遭到芬军交叉火力打击，损失惨重被迫逃出战场。尽管损失巨大进攻受挫，但第1营营长库兹明少校向团长波格丹诺夫少校撒谎说第1营已经突破了小溪。然而，这个谎报很快就被拆穿，步兵第588团团长波格丹诺夫少校失去了耐心，亲自带第2营上一线突击。不过，第2营经过连续不断战斗，兵力下降到约百人，失去了所有的连排指挥员，第3营的机枪连也损失了几乎所有兵力。第2、第3营的指战员们就地挖工事，谁也不愿起身冲击。尽管如此，波格丹诺夫少校还是命令第2营继续冲击，非打下芬军阵地不可。第2营战士只得拖着疲惫的身躯又冲了三次，但都被芬军击退。第2营营长拉扎列夫中尉在最后一次冲击中负伤，第2营这才获准撤出战斗。

12月21日，波格丹诺夫少校打算在坦克和炮兵支援下，突击穆斯塔奥亚的芬军防线，但被迫取消了这次进攻。因为团属迫击炮排的各个班没有带足够的弹药上一线，坦克连连长沙尔塔诺夫中尉也不愿在芬军火力的拦阻下往返穿过沼泽地，他想尽一切办法找借口拖延不出。夜幕降临后，沙尔塔诺夫中尉通知波格丹诺夫少校，现在天色太晚，他的坦克连没法开上一线。波格丹诺夫虽然生气，但还是忍下这口气，把进攻时间推迟一天。波格丹诺夫少校斥责了团里的各个迫击炮班，并把沙尔塔诺夫中尉的官司打到了师长那里。

1939年12月22日清晨，步兵第588团清点兵力时发现只剩561人：第1

营325人，第2营125人，第3营仅111人。尽管损失很大，但波格丹诺夫少校还是坚持继续攻击。为突破芬军障碍带，步兵第588团组织突击队，试图放火烧掉芬军的原木障碍带，借助移动的火势引爆芬军陷阱带，却发现这些原木不易着火。怒火中烧的波格丹诺夫少校决心不惜一切代价硬攻。第2营在刚刚抵达战场的T–26坦克连（2辆装备火炮的坦克和4辆装备机枪的坦克）支援下，突击芬军防线。45毫米加农炮和步兵第588团直属的76.2毫米加农炮有力地支援了步兵的冲击。这一次，苏联炮手的射击诸元计算准确，先是有效压住了一个芬军机枪火力点，然后又用5炮干掉了第二个碉堡。但芬军防御体系和火力配系依旧完整，冲击的第2营指战员仍被芬军死死压制在小溪前。尽管指挥员和指导员一再动员和强迫部队冲击，战士们还是趴在地上拒绝起身。看到步兵如此"怕死"，坦克兵们决定帮第2营指挥员一把，动员步兵战士冲击：坦克连的指导员和一名排长爬出坦克，试图以身作则，带步兵冲击，但也没有成功。相反，坦克连指导员和坦克排长不幸负伤，两辆坦克开进沼泽地时履带脱落，两名坦克手试图修复时也负伤了。17点整，步兵第588团残部被迫在芬军的带刺铁丝网前挖战壕，继续和芬军对射。

　　12月23日，该师各团击退了芬兰人的反攻。战斗中，步兵第588团缴获3挺重机枪，以及1支冲锋枪、10个雪橇、86箱弹药、6个机枪三脚架和13支步枪。战场上清点到59具芬军的尸体，俘虏3名芬军士兵。步兵第588团的损失是18人战死、26人负伤、9人失踪。同一天，步兵第588团因损失太大奉命暂停攻击。

　　战斗结束后查明，芬军是从步兵第173团和步兵第588团之间一个无人警戒的缺口穿过，对苏联军队实施反突击的。两个团之间约有一片1公里宽的无人警戒森林和沼泽地带。为封闭该缺口，波格丹诺夫少校命令步兵第588团第3营营长列文少尉率部前去与步兵第173团取得联系。列文少尉亲自带着一个滑雪巡逻队摸黑寻找173团，却在森林中迷路，兜了一夜的圈子，结果在12月25日清晨又回到了原来的阵地。沮丧的列文少尉马上把这个情况报告给波格丹诺夫少校，本来就为连续进攻失利憋了一肚子火的波格丹诺夫干脆把火发到列文少尉的头上，当场撤了列文少尉的职，并让帕卢辛少尉接替指挥。令波格丹诺夫少校感到吃惊的是，帕卢辛竟拒绝履新。勃然大怒的波格丹诺夫少校干脆把两个人送到师部，让师长处分。或许是出于报复，波格丹诺夫少校在给师部的关于列文少尉的处分申请报告中对列文作出极为负面的评价："我把他交给您，因为他无法领导任何规模的部队。"

尽管击退了芬军的反突击，但苏联第90步兵师还得采取措施加强纪律和巩固防线。各级政委、指导员和指挥员不断下去找战士们谈话，谈守住阵地的重要性，斥责恐慌情绪，重申了不准后退一步的命令。各团恢复秩序，开始挖工事筑防线，加强巡哨和警戒措施。

12月27、28和29日，步兵第286、第588团一连三天突击芬军主要防御地带，还是无功而返，自身也蒙受了不小的损失。其中损失最大的是12月28日。一天之内，步兵第286团战死17人，负伤100人；步兵第588团41人战死，32人负伤，23人失踪。实际上，步兵第90师已经丧失了进攻能力。

当然，损失最大的莫过于步兵第588团。在1939年12月的战斗中，588团共蒙受了227人战死、611人负伤、4人失踪、788人冻伤的惨重损失。步兵第286团战死了101人、负伤662人、冻伤4人；步兵第173团战死156人、665人负伤、245人失踪（在基维涅米的致命渡河行动所致）、133人冻伤。

由于徒劳无益的反复冲击造成的高昂损失率，步兵第90师士气不振。坦克第339营的一名坦克手乌斯季诺夫（Ustinov）在给双亲的信中透露：

> 亲爱的爸爸妈妈！截至今天，我营已经牺牲了差不多一半的指战员。许多坦克淤陷了[1]。活下来的人要么失去手脚，要么也给冻坏了。我们只剩下寥寥几辆坦克，人也不多了。我们的大炮不分昼夜地轰击敌人，但就是没法把他们从工事里赶走。

12月30日，步兵第90师的补充兵抵达一线。一些拨给步兵第286团的新兵根本就没有受过任何军事训练！不过，梅尔基地区的战事总算是可以告一段落。步兵第90师除了加强对新兵的训练外，还积极组织对芬军主要防御地

---

[1] 作者注：指基维涅米的失败的渡河行动。

带的周密侦察，准备下一次总攻击。

时年 26 岁的技术中尉瓦西里·斯克沃尔佐夫，在 1939 年 12 月冬季战争爆发的时候还是步兵第 90 师的一名干部，负责指挥苏联反坦克歼击炮兵第 66 营的一个炮兵班。在给他的兄弟，军属炮兵第 67 团第 3 营参谋长叶夫根尼·斯克沃尔佐夫上尉的第一封也是最后一封信中写道：

> 他们的筑垒工事太坚固了——是用石头和混凝土修筑。哥哥，你们的火炮或许能帮上大忙（叶夫根尼·斯克沃尔佐夫的炮兵团装备了 152 毫米加榴炮和 203 毫米榴弹炮）。我想我们很快就会把这些重型火炮拉上来，不过目前我们只能尽量靠近他们的筑垒工事，在直瞄距离向他们开火。

1939 年 12 月 28 日，步兵第 588 团再次试图突破穆斯塔奥亚的芬军防御地带，瓦西里斯·克沃尔佐夫用他的加农炮直瞄射击，支援步兵冲击。芬军的一枚迫击炮弹片撕裂了他的胸部，他当场牺牲。这是斯克沃尔佐夫家庭在第二次世界大战中为苏联牺牲的第一人。他的兄弟叶夫根尼·斯克沃尔佐夫上尉和他的炮兵团于 1940 年 2 月抵达卡累利阿地峡。他的炮兵团在兄弟牺牲地点东面约 20 公里处参加了突破芬军主要防御地带的战斗。叶夫根尼·斯克沃尔佐夫上尉在战斗中拍摄的珍贵照片集也收入本书。

在卡累利阿地峡中部其他地带，芬军也轻松击退了苏联军队的冲击。在 1939 年 12 月卡累利阿地峡中部的战斗中，苏联各兵种战斗协同欠佳，导致进攻连番受挫，相反，芬军顽强坚决的防御打得十分完美。

例如，苏联坦克第 161 营第 1 连和第 2 连连续五次突击穆奥拉村，撕开了芬军的防线，但步兵第 43 师的步兵尚未赶到，坦克最终还是退出了小村。结果，4 辆坦克被打掉，第 5 辆坦克带伤跑回，一辆坦克突入芬军后方但还是被击毁了。步兵第 43 师负责从穆奥兰湖到瓦尔克耶尔维之间宽大正面发起攻击，但兵力过于分散，损失惨重却一无所得。

主攻：莱赫德和苏马村

来自海梅省的芬军第 15 步兵团两个营负责把守苏马村和莱赫德地区。其中，芬军第15步兵团第1营在精力充沛的奥诺·库伊里（Auno Kuiri）上尉的指挥下，负责把守莱赫德地区。该营于1939年10月抵达莱赫德地区，在战前花了两个月的时间进行密集训练和修筑防御工事。

除该地区预设的混凝土防御工事外，他们还沿着穆纳苏奥沼泽地到苏马耶尔维湖之间整个防御地带修筑了十八个土木机枪火力点。在穆纳苏奥沼泽地，芬军还开挖了一条防坦克壕。各排支撑点都修成环形防御，可以彼此提供掩护火力。在苏联达成突破的情况下实施的反冲击被一再演练。1939年10月，芬军还组织了实弹演习。

12月11日到12日，苏马村和莱赫德地区的苏联步兵第123师在斯坚申斯基的指挥下，开始和芬军主要防御地带接触。首先，苏联侦察队摸到芬军防御阵地前沿，然后在距芬军障碍带前沿约300米处挖散兵坑，做近迫作业。看到苏联军队正在构筑攻击前出发阵地，芬军毫不犹豫地把前沿警戒哨的兵力撤回主要防御地带。12月13日，苏联坦克兵也抵达一线，对芬军防线进行了详细侦察，然后对芬军反坦克障碍带发射穿甲弹。（这些障碍带由高70—100厘米的花岗岩组成，共分四排。）在苏联坦克群进行破坏射击的同时，芬军炮兵也试图用间瞄火力打掉部分坦克，但没有成功。看到坦克逐步破坏了芬军的反坦克障碍带，步兵第123师师长斯坚申斯基也命令步兵第245团1营打下65.5高地，然后沿公路发展进攻，但还没有冲到目的地就被芬军交叉火力所阻。黄昏，步兵第245团第1营撤到森林边缘，就地转入防御。步兵第245团第一次进攻失利后，又连续组织部分兵力在12月14日、15日、16日于一个轻坦克连的支援下进行战斗侦察，试图摸清芬军防御地带的兵力部署和火力配系以及各个火力点的准确位置。在12月15日的侦察行动中，芬军组织了有力的反坦克火力抗击，击毁3辆T-26坦克，其中2辆烧毁，1辆被车组成员遗弃在战场上。经过反复不断的火力侦察和渗透，步兵第245团和步兵第255团逐步突破了芬军主要防御地带前沿的带刺铁丝网群。

三天的战斗侦察未能查明芬兰防御工事，最大的碉堡也因为没有开火而未被探明。苏联步兵部队多少熟悉了些地形，但对当面的芬军防御工事了解不多，炮兵和坦克兵更是没有足够的时间完成战斗准备。只有重坦克第20旅一个营有一天的时间和步兵进行战斗协同训练，以及在紧急情况下（比如被击毁和出现技术故障）的车组成员处置训练。部分坦克还拖带着扫雷具。此外，师属炮兵团没能完成炮兵阵地和观察所的修筑，甚至连野战电话也没能拉完。大部分炮兵指挥员没法在进攻前给各炮兵营下达任何射击指令。

与此同时，步兵第123师各团也没有按计划完成攻击准备。师长斯坚申斯基不得不推迟进攻时间。12月16日下午，双方继续进行低烈度交火。苏联炮兵也组织了多次炮火袭扰，但他们没有组织对芬军防线的周密侦察。炮兵观察机也因为天气恶劣而停飞，炮兵指引员因塞车仍被堵在路上，炮兵直到进攻前也没有完成各炮兵营到一线各团之间的电话线架设。

12月17日2点整，苏联军队暂停了所有的射击行动。师长斯坚申斯基开始和各团主要指挥干部对表，开始进攻倒计时。6点45分，斯坚申斯基下达攻击命令，计划在9点整实施炮火准备，11点整打响总攻击。

8点40分，步兵第123师师属炮兵团开始对芬军主要防御地带进行炮火准备。猛烈的炮火打进了芬军的防御地带纵深处，芬军冷静地观察"到处都是密集落下的炮弹"。虽然弹幕像一阵火焰风暴似的刮过芬军的防御地带，但步兵第123师师属炮兵团实际上只有30%~40%的火炮开火，也就是炮兵第323团两个营和军属炮兵第24团两个营进行了炮火准备，其他的炮兵部队——炮兵第323团和军属炮兵第24团剩余炮兵营以及榴弹炮第320团仍在赶路。更不幸的是，四个实施炮火准备的炮兵营携带弹药仅为定额的50%，炮火准备只打了计划规定量的一半就停了。

整个第49军军属重炮兵第2团，只有茨维托夫上校及时赶到一线。步兵第123师炮兵主任瓦库连科没能和师属炮兵群取得联系并协调整个炮群。对这个失误，军属炮兵第24团参谋长科济耶夫少校回忆道：

> 步兵第123师炮兵主任瓦库连科少校和他的参谋长格里戈里耶夫少校事实上根本没能有效指挥该师师属炮兵群。在整个战斗中，我们都没有接到步兵第123师下达的哪怕一道具体指示步兵或炮兵射击的命令。唯一清楚的就是瓦库连科同志和师炮兵团团长茨维托夫上校以及军属炮兵第24团团长或参谋长（记不清了）在一起，反复交代一句话："明天的任务和今天一样。"

　　11点整，炮火准备结束，进攻开始。步兵第245团第4连紧随坦克冲击，越过铁丝网障碍带，突入芬军战壕。他们夺取了哈尔基拉支撑点周围70—100米的芬军战壕。战斗一开始，芬军少尉哈尔基拉就身负重伤，他的步兵排没能击退苏联军队的冲击。苏联坦克群轻易突破芬军的反坦克障碍带，完全出乎芬军意料。这证明了芬军的反坦克障碍带有几个致命的缺陷——首先，反坦克花岗岩障碍带没有伪装，完全暴露在外，这使苏联军队可以轻易在安全距离上用直瞄或间瞄火力逐个击毁花岗岩；其次，花岗岩体积小（两石间距大），经验丰富的T-28坦克驾驶员可以娴熟地从两个花岗岩石中间穿过去；第三，重坦克第20旅和轻坦克第35旅的坦克车组成员可以用坦克主炮炸毁花岗岩或是铁链拖带挪开花岗岩。

　　突破芬军的反坦克障碍带后，两辆坦克转向朝"百万富翁"碉堡，不慎陷入带刺铁丝网障碍。隐蔽在"百万富翁"碉堡附近的一个土木工事中的芬军37毫米反坦克炮以准确的射击，把它们全部击毁。为打掉这门37毫米反坦克炮，苏联一辆喷火坦克冲了上来，向哈尔基拉支撑点周围战壕喷射一条条火龙；接着，第二辆喷火坦克也朝哈尔基拉支撑点扑了上来，到处喷射火龙。抵达哈尔基拉支撑点前，两辆喷火坦克的苏联坦克手跳下坦克，用手枪对哈尔基拉支撑点出口开枪，威胁里面的芬军投降。此外，还有不少苏联坦克（芬军估计约为15辆）也冲进了芬军的后方。心急如焚的芬军立即组织反突击，试图夺回战壕，但在白昼这么做无异于自杀。各条战壕完全暴露在苏联坦克主炮和机枪火力下，在反冲击中，芬军第3连的一位排长米吕莱（Myllylä）中尉被苏联军队机枪火力射杀。

　　在喷火坦克的有力支援下，步兵第245团突破了舌形山南梢的芬军前沿阵地，并绕过沼泽地占领了舌形山南坡。接着，他们继续前进并占领了南面的芬军反坦克防御壕沟。芬军试图夺回据点，通过穿越沼泽（这是芬兰人自己打开马约亚基河水坝后造成的）迂回苏联步兵，但芬军踩破沼泽上的薄冰后陷了进去。

　　芬军防御地带中央的波皮乌斯碉堡情况也差不多，步兵第255团的指战员和T-26坦克密切协同，突破了带刺铁丝网群，夺取了洛希支撑点周围的芬军战壕。战斗中，洛希少尉身负重伤，他的步兵排损失很大，残部被迫沿着往东的交通壕退却，部分人逃进波皮乌斯碉堡里。然而，这个碉堡里挤满了人——100多名丢失阵地的芬军机枪手、步兵、反坦克炮手、电话接线员、炮兵观察员等。幸运的是，波皮乌斯碉堡和后方的电话联系依然完好，被围的芬军可以不断向后方报告情况。部分苏联坦克冲进了芬军防线纵深处，其他坦克与步兵待在芬军阵地前，用坦克主炮和机枪扫射战壕。芬军第15步兵团第2连连长奥伊瓦·波拉斯（Oiva Porras）少尉在回忆录中对12月17日的战斗记载如下：

清早，战斗打响的时候，我们全部蹲在战壕和机枪掩体里，等待着敌人可能的进攻。敌人的炮火打得很猛。大口径炮弹不断从我们的头顶飞过，从炮弹的尖啸声判断，炸点离我们的营部和第二道防线很近。部分小口径炮弹也在我们的阵地上落下。我们很容易通过爆炸声判断炮弹落点的位置。每当炮弹呼啸飞来的时候，我们都下意识地卧倒在冰冷的战壕基底，抱头贴地。敌人持续不断地对我军整个防御地带进行猛烈炮击。不久，左翼也响起密集的爆炸声。那是尤卡·科皮宁中尉的阵地遭到了猛烈轰击，右翼的苏马村方向也没能幸免。

在我连的阵地上，首先是哈尔基拉少尉和科利中尉的支撑点中弹。在我们的防御地带中央是Sj5碉堡／"百万富翁"碉堡，这是一个混凝土机枪碉堡兼隐蔽部。碉堡前面是指形山，由波奥斯少尉把守。我们的右翼是凯图宁中尉的步兵排。

建在沙质地上的哈尔基拉和科利支撑点，易攻难守，因为这一带适合苏联坦克突击。这就是为什么他们的阵地前沿要布设反坦克障碍带。我连防御地带内仅有一门反坦克炮，紧挨着"百万富翁"碉堡部署，它的侧射火力足以覆盖我连整个防御地带。相比之下，其他碉堡前沿都有沼泽地，不适合敌坦克突击。

我们一直盯着两军中间地带。当时，天色仍一片漆黑，前方的障碍带看得不是很清楚，我们只能靠巡逻队的手电筒到处照一下，检查有没有敌人渗透过来。远处，敌人的炮火闪光不断，弹群密集地砸在我们的阵地上。这次炮击远比以前猛烈多了。硝烟夹带沙尘在空中飞舞，阵地周围的地形是一片干燥的沙地和雪地。靠近敌人方向的地面仍然积着白雪。

　　我在哈尔基拉的支撑点里碰到了他。他告诉我，对面马达轰鸣声和坦克履带的碾压声持续了一整夜，很可能是敌人趁夜给坦克热车。

　　敌人似乎完全按照自己的野战条令展开作战。夜间，他们在我军防线多个地段实施火力侦察。指形山波奥斯支撑点前沿阵地的交火持续了一整夜。现在，他们开始用猛烈的炮火轰击来削弱我们的防御体系。可以肯定的是，一旦天明，他们肯定会在坦克的支援下展开冲击。敌人的任务就是要把我们这些挡在他们前进道路上的障碍统统消灭掉，然后朝芬兰的腹地开进。在战壕里紧张等待敌人的进攻是军人临战前普遍的体验。

　　我带着警卫员继续检查各排阵地，走进科利的支撑点时，我看到科利中尉站在那里，悲伤地目睹苏马村各座房屋燃起的大火和直上云霄的浓烟。他说："对我们来说，（第二天）将很难过。"他预测得没错，我不得不表示赞同。今天，我们的阵地遭到了敌坦克群（这是他们的王牌）的碾压。即使我们很幸运，也没法在只有一门反坦克炮的情况下击退敌坦克群冲击。而在白天使用炸药包和燃烧瓶于开阔地打坦克也是困难而危险的。唯一的办法就是击退敌步兵的冲击。在没有步兵伴随支援的情况下，敌坦克无法巩固和控制既得地段。

　　接着，我来到"百万富翁"碉堡，和机枪连连长凯内宁中尉以及待在碉堡里的炮兵前进观察员阿尔内·西皮莱（Aarne Sipilä）碰了一下头。碉堡里的各挺机枪都做好了战斗准备。战士们都压满了子弹，枕戈待旦。

　　晨光初露，敌人的进攻开始了。先是2辆重坦克从我军当面的森林驶出，接着3辆坦克冒出，很快，出现在战场上的坦克越来越多，排成整齐的队形。它们缓缓地朝我们阵地扑了过来，发动机马达轰鸣，履带当当作响。15辆坦克冲向哈尔基拉支撑点，用坦克主炮轰击。步兵也紧密地跟了上来，保护坦克。我们可以清楚地看到敌步兵在整个防御地带当面拉开散兵线冲击。他们要么拉开散兵线，要么成群，往往还一队跟着一队，踏着没及膝盖的积雪朝我们冲击过来。敌人的机枪手和扛着沉重弹药箱的弹药运输员也伴随步兵一起冲击。许多坦克也从森林里开出，跟着步兵冲上来。

　　一个念头突然在我的脑际闪现——未来几个小时的战斗将是决定性

的，我们之中的许多人也许没法活到战斗结束了。

我军各个阵地猛烈还击。"百万富翁"碉堡的机枪群也加入了我们的射击行列。我们的炮兵也怒吼开火，密集的榴弹不断在敌人步兵的战斗队形中爆炸。部分敌步兵开始依托地形地物趴下来隐蔽，剩下的高喊着口号继续前进。在200米内，敌人进入了我军机枪火力射界。冲击停止了，我们看到许多人趴在雪地里隐蔽，还有不少人尝试在冰封的地面上挖壕。

不久，敌先导坦克群和后续步兵冲进我军的反坦克障碍带。坦克左拐右弯地开始碾烂带刺铁丝网障碍带。接着，大量坦克冲进我们的战壕，继续朝我军的背后突击。这一切都来得太突然了。两辆坦克开始用喷火器扫荡哈尔基拉支撑点的周围堑壕。他们沿着战壕逐步行进，朝战壕里的我军喷射火龙。我走到林塔拉下士指挥的一门反坦克炮位，发现这两辆坦克仍在射程外。但其他正在碾压和撞坏我反坦克障碍带的坦克正巧进入我反坦克炮的射程。

我们的反坦克炮立即开火。我清楚地看到一发穿甲弹准确命中敌一辆坦克炮塔。中弹的敌坦克往左边一歪，就瘫在了战场上。装弹，瞄准，打！很快，第二辆敌坦克也中弹瘫痪。不久，这辆坦克的炮塔顶部舱盖打开了，我看到一名头戴软皮帽的坦克手的双手和脑袋刚刚钻出来，坦克就被大火给吞没了——坦克弹药舱殉爆，坦克被烧毁。

喷火坦克还在肆虐。其中一辆沿着交通壕一路行进，直扑哈尔基拉支撑点，另一辆喷火坦克也将科利支撑点周围的战壕里的我军消灭殆尽。不过，敌喷火坦克也不是次次都能逞凶，它们的火龙喷射有时只能在混凝土墙壁上留下黑黑的油渍罢了。当时，第二辆喷火坦克也朝掩体扑了过来。与此同时，另外两辆坦克被击毁在科利支撑点前。

"百万富翁"碉堡的机枪一开始就持续不断射击，我们也从各条战壕对敌猛烈开火。敌步兵不计代价地反复冲击我们的阵地。我军防线前方躺满了敌人的重伤员和战死者的尸体。为支援步兵冲击，敌人还把野战炮拉上来对我们的碉堡抵近射击。敌人的炮弹开始在我们的碉堡周围爆炸。炮弹爆炸声和我们的射击声交织在一起。一发炮弹炸死了机枪手亚科拉和西斯托，我想他们还没来得及反应就稀里糊涂的送了命。

中午，我发出一份报告指出哈尔基拉重伤，他的副排长战死。传令兵也跑来告诉我，哈尔基拉支撑点里的大部分将士非死即伤。由于外面敌坦克肆虐，我们没法把伤员撤下来。其中一辆坦克甚至开到了哈尔基拉支撑点顶部，还有许多坦克在我们的后方和补给干线来回碾压，同时，敌步兵也夺取了我军部分战壕。

形势迅速恶化。我们组织了多次反击，但都没法夺回敌人拿下的战壕段。反击战斗中，米吕莱少尉不幸战死——他仅前进了20米就被打死。敌坦克将我们的所有冲击扼杀在萌芽阶段。尽管如此，我们还是趁着敌人没有足够的兵力，封闭了突破口，这才给科利争取了整理哈尔基拉步兵排和组织侧翼阵地的时间。

波皮乌斯和"百万富翁"两个碉堡的机枪火力整日不断。其中，波皮乌斯碉堡的2挺机枪打掉20000发子弹，"百万富翁"支撑点的2挺机枪也打掉了40000发子弹。芬兰第15步兵团第3连的托伊沃·阿霍拉（Toivo Ahola）下士回忆道：

12月17日，星期天。7点整，敌人突然开始猛烈炮击，其激烈程度前所未见。接着，敌人沿着考克耶尔维公路两侧的林间沙地展开攻击。我方防御地带的能见度良好，至少有500米。阵地前沿敷设了一道带刺铁丝网以及反坦克花岗岩石。它们是我见过的最脆弱和最无力的反坦克障碍带，甚至表层连伪装都没有。更糟的是，只要一发俄国坦克的炮弹就能打碎这些淡红色的花岗岩。

敌人的炮火开始往我军后方延伸（一丝不苟地按条令来！），苏联军队各个兵种协同对我阵地展开攻击。游戏结束了，一切都来真的了。不过，我们也准备好迎接这些不速之客了。约50辆坦克冲到我们跟前500米处，最大的坦克长8米，宽3米，高3米。它们迅速驶过开阔地，用主炮和机枪持续开火，但毫无准头。大群步兵分成几波在坦克后面跟进冲击。虽然地面满覆积雪，但俄国人并没有身着冬季伪装服。这是我们的明显优势，可以清楚地发现目标。我们的炮兵对进攻之敌打了几个齐射，但他们要想发挥点儿作用的话，应该再发射十倍的炮弹！

我军的反坦克猎杀小组在开阔地设法打瘫了几辆敌坦克，一辆坦克也压上了地雷，但还是有大量坦克继续朝我们冲击过来。这些勇敢的坦克手们碾过我们的战壕，并冲进我们的后方。其他坦克也来回开动，碾烂我们的带刺铁丝网群，第3群坦克则停下来用主炮火力打击，以便从我们的反坦克障碍带打通一条安全通道。冲进我们后方的敌坦克暴露了自己的脆弱性，它们立即遭到我方反坦克猎杀小组的攻击。敌坦克的视界有限，隐蔽在战壕里手持炸药包或燃烧瓶的我军勇士，对它们来说都是危险的对手。

同时，我们的自动火力也阻止了敌步兵持续几个小时的冲击。对方的尸体堆积如山，躺满了整个战场。敌人在我们的阵地前损失惨重。夜幕降临，我们听到了伤员们的哀号，部分人"卫生员同志！"的叫喊声清晰可闻。两三辆突入我军后方的敌坦克也撤回了己方战线。

第3排排长米吕莱少尉也战死了。据我所知，埃斯科拉下士和洪卡拉下士战死，图尔韦、瓦海尔默、考里默和耶尔维宁等四名列兵战死。连里大约15人负伤。这天很特别，因为我的任务就是尽可能地消灭被叫作"智人"的生物。

营长奥诺·库伊里上尉听闻苏联军队突破的消息就离开了他的指挥掩体。朝着一线走不到50米，他遇到了五辆苏联坦克。他只能卧倒隐蔽在附近一个土木掩体里，直到夜幕降临才悄悄返回。结果，营长一整天都没能指挥战斗，营里谁也不知道他去哪儿了。营里的军官流言四起，谣传说他已经战死。在群龙无首的慌乱中，苏联坦克包围了营部指挥掩体和第3连的指挥掩体，并用炮口瞄准两个掩体大门。第3连的伊哈涅米中尉试图从掩体里钻出来，用炸药包干掉苏联坦克，不幸倒在了苏联坦克的火力下。为应对最坏的情况，营里的参谋开始烧掉机密文件。

随着夜幕的降临，形势终于有所好转。步兵第255团在白天的战斗中损失惨重，指挥脱节导致各营无法协同作战，冲到波皮乌斯碉堡周围就再也无法前进一步。这个失误葬送了整个攻势。黄昏，芬军才逐步回过神来，准备反击。

夜幕降临前，苏联坦克一直留在芬军后方，向空中发射照明弹并吹号，催促步兵跟上。意识到步兵没法赶来后，坦克群被迫回撤。来时容易，去时难。在撤回出发阵地过程中，大部分坦克都被芬军打掉。芬军宣称一天之内，苏联军队共有35辆坦克冲进了芬军防御地带，他们共击毁苏联坦克22—23辆。一辆T-28坦克翻进了科托拉支撑点周围的一条战壕，最后被车组成员遗弃。显然，这辆坦克是载上了其他被毁坦克的车组成员，所以成员多达9人。一名车组成员在逃生时被芬军击毙，3人在铁丝网地带穿行时也被打死，1人在附近芬军碉堡顶部被击毙，4人成了战俘。由于芬军在夜间忙着反击，没有组织对战俘搜身，被俘的一名苏联坦克手趁机掏出手枪在前往芬军战线后方时自尽。12月底，这辆完好无损的T-28坦克被拖回芬军后方。

在夜间反击战斗中，芬军设法夺回了哈尔基拉支撑点周围丢失的战壕。苏联文献在描述哈尔基拉支撑点周围战壕的丢失时惜字如金："在敌人反击的巨大压力下，第4连损失惨重，被迫放弃阵地退却。"

尽管当天的形势稳住了，但芬军还是没能夺回步兵第255团第1营和第2营拿下的洛希支撑点和埃伊耶莱支撑点大部分地区，波皮乌斯碉堡的包围仍未解除。12月17日夜到12月18日凌晨，芬军第15步兵团第3连组织反冲击，还是没能夺回丢失的支撑点。

同一天，也就是1939年12月17日，轻坦克第35旅失去了他们的旅长、一名俄国内战老兵卡舒巴上校。在试图协同步坦进攻时，他失去了一只脚。卡舒巴描述了接下来的战斗：

　　战斗打得特别激烈——这是我们坦克旅第一次对混凝土碉堡展开攻击，也是坦克和炮兵之间的对决。战斗的困难和复杂难以用言语形容。我目睹过内战期间的炮火攻击，但我从来没有见过像这样的坦克群对筑垒防御地带的攻击。这真是一个完美的景象：强大的火力——加农炮、榴弹炮和坦克主炮齐射。看起来，我们的坦克几乎同时对目标开火；敌人的碉堡也进行激烈还击。战场就像一个鲜活的庞然大物，正被烈火吞噬。不断爆出的粉红色火球照亮了整个战场。在隆隆的炮声中也夹杂着清脆的机枪射击声。当你从一方察看整个战场时，会发现全部坦克一排排停在敌花岗岩障碍带前，猛烈还击。

　　我爬出了坦克，命令坦克连长用铁链拴住这些反坦克花岗岩石，把它们挪开，给我们的坦克让开一条路。时任坦克连长的库拉布霍夫中尉，现在已经是一位"苏联英雄"了。下达完这道命令，我又过去请步兵支援我们。战斗还在激烈进行。敌迫击炮火力朝我们密集打来。爆炸一阵接一阵。我走到步兵部队那儿，要求他们支援。不一会儿，我看到两辆坦克已经突破了障碍带。我赶紧给他们鼓劲："为了祖国！为了斯大林！前进！"一边喊我也一边跑，步兵也跟上来了。突然间，好像有什么东西打中了我，然后往前一跌我就倒在了地上。当时，我不觉得有什么，只是想努力爬起来，但身体不听使唤。我模糊看到战斗还在进行，一辆坦克突破了障碍带，另几辆坦克也冲进了芬军的后方。随后，我开始处理伤口，一面包扎，一面求救。一名步兵赶上来的同时，一辆坦克开了过来，我要求他帮我把这辆坦克喊过来搭上我。这辆坦克开了过来，一级技术军士拉津从车上跳了下来，看到我这副伤势，急得都快掉泪。驾驶员也从坦克里走出来，试图把我抬进车子里，可我太重了，大约100千克。在小伙子们的帮助下，我才艰难地爬上坦克。

　　在敌人持续不断的火力打击下，我们最终还是退了下来。我注意到，在敌人筑垒地带，任何一棵松树都是一个路标。我很清楚，如果我们速度慢下来的话，坦克很容易被敌人打掉。我果断命令驾驶员说："开快点！"我们还是冲了出去，拉津把我带了出去。

12月18日，步兵第123师和支援作战的坦克群继续展开攻击。芬军炮兵观察员们数到苏联军队共有68辆坦克在开阔地集结，准备发起攻击。芬军充分利用了苏联坦克车组成员的这个失误，集中所有口径的榴弹炮对苏联坦克集结地进行炮火急袭，抢在坦克开始移动前打散了苏方的进攻队形。根据芬兰方面的记载，他们的炮火一共打中了苏联军队12辆坦克，其中8辆起火燃烧，躺在芬军主要防御地带以南约1.5公里处。芬军炮兵继续轰击坦克集结地，粉碎了苏联军队所有突击企图。在12月18日的战斗中，芬军宣称一共击毁苏联军队16辆坦克。相比之下，苏联军队的炮火还击力度却很弱，因为所有的炮兵团都严重缺乏弹药，后方各条道路依旧交通拥堵。16点整，军属炮兵第24团报告只剩200发炮弹。团里拉炮弹的卡车前往弹药库领取弹药，可直到12月18日傍晚都没见回来。最糟糕的是，军属炮兵第24团部挥所和弹药库之间没有电话联系（一辆苏联坦克因为偶然的炮击，炸断了所有的电话线），大部分电话机即便通过电线杆也无法恢复联系。在18日当天，苏联军队后方炮兵群只能够和一线的步兵第245、第255团取得联系，炮火支援也仅限于这两个团。

12月19日，冲击再次展开。苏联军队以12辆坦克突破了洛希和埃伊耶莱两个支撑点的芬军阵地，并冲进了芬军后方。苏方再次出现步坦脱节，步兵第255团没能在坦克群背后跟进，迫使突破成功的坦克群不得不撤回出发阵地。战斗中，芬军损失了一门部署在该地区的罗森堡37毫米野战炮，这门炮被2辆苏联坦克碾烂，但这2辆坦克也很快被芬军一门反坦克炮击毁。一天战斗下来，芬军宣称击毁苏联坦克9辆。19日傍晚，苏联军队组织突击队爆破波皮乌斯碉堡东部出口，但损坏并不严重。

12月20日，苏联坦克再次进攻：坦克群首先堵住了波皮乌斯碉堡出口，然后用直瞄火力轰击芬军的炮位。尽管苏联军队的炮火十分猛烈，但芬军还是顽强死守碉堡。傍晚，芬军组织反击，试图夺回丢失的两个支撑点。这次反击仅取得了局部胜利——波皮乌斯碉堡的守军和反击部队取得联系，并部分夺回埃伊耶莱支撑点。可洛希支撑点周围的苏联坦克群顺着埃伊耶莱支撑点周围战壕实施火力封锁，芬军反击部队就再也没能前进一步了。

步兵第123师师长斯坚申斯基上校指出了所部12月17日到19日犯下的一系列严重的错误。在下一道进攻命令里，他将努力改进战术。

然而，步兵第123师中级指挥干部损失很大，已经没人去带领部队展开新的攻击了。步兵第255团损失了三位营长：第1营营长格洛文大尉重伤，第2营营长祖耶夫大尉负伤，第3营营长瓦西里耶夫大尉牺牲，第1营参谋长利雅索夫大尉负伤。幸存的指挥干部也失去了对形势的准确判断："我们从一些未经证实的报告中得知，部分战士成了敌人的俘虏，第2营原本以第5连一个排守着阵地，可我们谁也不知道他们究竟去哪了。"

坦克营也蒙受了很大的损失。坦克第91营营长雅科夫列夫大尉在12月17日战斗结束后向旅长博尔济洛夫报告：

12月17日战斗结束后，我营失去了战斗力。7人牺牲，22人负伤，包括营长德罗兹多夫少校，16人失踪，含营政委杜布罗夫斯基。从战场撤下来的21辆坦克又有5辆被派去执行您下令的新进攻，2辆坦克送到维修站修理，其他坦克需要修理，目前正在维修中。4辆坦克在战场上被烧毁，1辆坦克淤陷，1辆坦克失踪（12月17日傍晚放弃的，后被芬军缴获利用）。剩余的坦克还满载油弹。在这次突击中，我军击毁了5门反坦克炮以及多达三个碉堡和大量的机枪火力点。我们前出到63.4高地南1公里处，但步兵没能前出到65.5高地的防坦克障碍带，该地区并未为我方控制。

我在等待您的命令。我已经接手该营，阿列克谢耶夫接任营政委，我们从后方维修站传唤了乌多多夫。

签字：坦克第91营营长雅科夫列夫大尉坦克第91营政委
一级技术指挥员阿列克谢耶夫

营代理政委、一级军事技术指挥员阿列克谢耶夫给旅政委提交了一份报告：

致重坦克第20旅政委库利克同志（团级职务）：

一级技术指挥员、旅部布尔什维克党委书记阿列克谢耶夫的简报：

我奉命向您报告，12月17日进攻战斗结束后，全营从战场上撤下来27辆坦克（25辆T-28和2辆BT坦克）。

1. 2辆T-28坦克被击毁、烧毁并在战场上发生爆炸。这2辆坦克的车组成员，连长列舍托夫和他的驾驶员叶菲莫夫同志以及另一人（姓名不详）都被烧伤，目前正送往后方的急救站救治。我没有关于其他坦克手的消息。

2. 我们没有关于这两辆坦克剩余车组成员的详细情况，他们很可能还留在战场上被击毁的坦克里。一个坦克排在一级技术官杜德科同志率领下，赶往战场收容。只有杜德科才知道这两辆坦克位置所在。

3. 一辆坦克倾覆陷入防坦克壕，由于敌人猛烈的机枪火力阻击，我们无法把它拖出战场撤下。车组成员、坦克的装备和武器都已撤走收容。

4. 撤回集结点的坦克群里共有6名指战员牺牲：第1连指导员诺维科夫，3名军事技术员列扎诺夫、奥尔洛夫和雷索夫，高级指挥员曼图罗夫和戈尔库诺夫。12人负伤，大部分伤势严重，这其中就有营长德罗兹多夫少校，他的双手和膝盖负伤。一级军事技术官克拉夫丘克头部负伤。所有的伤员都受到良好的救治，并被送往医院。截至目前，我们还没有营政委杜布洛夫斯基和第3连指导员博罗丁的消息，两人都没有从战场返回。

5. 我营剩下有战斗力的坦克不到5辆，10—12辆坦克需要小修，10辆坦克无法在营里完成修复（装甲被贯穿，受到重创），这还不包括留在战场上的坦克。

目前，我们正给坦克重新加油和补充弹药。我的头部也负了轻伤，我很惊讶自己还活着。我是最后一个离开战场的，带着两辆坦克和三名车组成员回到集合点。

我暂代营政委一职。我向营里的党员发表了一次简短的讲话，接着在营里开了个小会，动员战士们尽快让坦克进入战斗状态。我还指派了各连代理指导员，他们将随时填补营连指导员因伤亡带来的空缺。此外，我还新任命了第1连和第3连的代理指挥员。

总的来说，我营已经失去了战斗力，急需补充坦克和坦克手。坦克手们还是很乐观的，在受损的坦克修复后，他们准备再次投入战斗。

我还没有拟好嘉奖人员名单，但我目睹了坦克第91营指战员英勇地战斗，例如一级军事技术官杜多科、电信员波塔波夫和其他人。

稍后，我将从坦克第91营发来更详细和准确的作战报告。

除了上述坦克，以及机械化第10军给我们补充的5辆配齐车组成员的T-28坦克外，我营已经没有其他可用坦克。

签字：重坦克第20旅布尔什维克党委书记
一级军事技术官阿列克谢耶夫
1939年12月18日2点30分

12 月 17 日，芬兰陆军抓获的苏联坦克手中就包括了坦克第 91 营的驾驶员谢尔盖·拉廖诺夫。他的父母被告之他已经在作战中失踪。谢尔盖·拉廖诺夫的命运很糟糕，在 1940 年 4 月交换战俘后，他被苏联政府投入了伊万诺夫地区的拘留营，然后和其他释放回来的战俘一起送往诺里利斯克。迟至 1941 年 2 月，政府下了判决书："苏联人民内务委员部特别委员会鉴于谢尔盖·拉廖诺夫在战争中有投敌行为，判决五年劳改。"十五年后，苏联最高法院开庭审理了这个案件，撤销了人民内务委员部的判决。拉廖诺夫最终获得平反，并于 1962 年回到列宁格勒的家中。

芬兰第 15 步兵团迫击炮连连长帕沃·凯伊宁中尉，这样描述苏联坦克第 91 营一名指挥员的被俘。这次事件催生了冬季战争的一个神话：

> 我的传令兵雷伊诺·叙尔雅宁（Reino Syrjänen）下士是一位勇敢而独立坚强的战士。在 12 月 17 日到 19 日苏马村之战中，我派他去苏马村和弗朗斯·尤里斯·扬松上尉联系，因为电话线断了。叙尔雅宁到了扬松的指挥部，却没法离开，因为指挥掩体出口正被一辆苏联坦克主炮瞄着。叙尔雅宁只得在扬松的掩体里待了一夜，想办法在早上溜了出去，返回我们的位置。在森林里，他遇到了一辆苏联坦克。这辆坦克停罢不动，主炮被炸毁了。让叙尔雅宁好奇的是，为什么这个怪兽仍停在我们的后方。坦克一动不动，叙尔雅宁决定用一块石头敲打坦克舱盖。在敲打的同时，他手里还拈着一把上膛的手枪。他敲击坦克装甲时，坦克炮塔的顶部舱门打开，苏联坦克手把两只手伸出来表示投降。由于叙尔雅宁不会说俄语，他只得打手势命令坦克手下来。后者遵命爬出坦克，并举起了双手。叙尔雅宁命令战俘往前走。
>
> 一名哨兵拦住了叙尔雅宁和拖在后面的，较为年长的战俘。向我报告后，他邀请战俘和叙尔雅宁进入我的战壕。我用他们的母语欢迎苏联战俘的到来。他看起来有些害怕和疲倦，当我让他坐下来，脱下他的羊皮大衣时，他似乎才冷静下来。我给他递了根烟，并试着先给他点燃。看样子，这个俄国人很享受和喜欢我们的蒂厄米埃斯牌香烟。
>
> 我展开一张芬兰地图并取下一本俄语小词典，开始审问："你的部队

是哪个军或师的？"我收到的答案是他们对我方所有审问的标准答案（无可奉告）。我很想弄明白的是为什么一辆坦克会停在这么一个奇怪的位置。战俘告诉我，他一直往前开，直到汽油耗尽为止。他的车组成员放弃坦克后，都回到了己方战线。

我更详细地审问敌人的军官。他告诉我他们的攻势因为猛烈的炮火而失败，他命令撤退。他承认他害怕回到部队里，因此继续待在坦克里，以便一名芬兰战士把他干掉。我中止审讯，命令叙尔雅宁重新找到这辆坦克，把里面所有文件拿回来。

连里的驾驶员钻进我的掩体，从他的雪橇里给我带来了一些食物。我一边吃一边把部分食物分给了战俘，他竖起大拇指表示感谢。接着，我一边翻字典，一边继续和战俘交谈。在参谋学院毕业后，我快把俄语给忘光了！这位战俘递给我一根烟斗，但我一闻那味道就拒绝了。

正如我前面提到的，这位战俘很担心自己没开着坦克回阵地会受到处分。根据苏联的法律，损坏重要装备私自逃回要受到严厉的军法制裁。我问他："如果你只身回去的话，会有什么结果？"他给我比画了一个砍头的手势。

这时，大尉突然从他的袋子里掏出卢布和地图交给了我。我的传令兵拉开他的袋子掏出大堆卢布时，这名战俘开始解释：他的坦克里还有很多钱，因为他要给全营发月薪。本来今天是薪水发放日，可他还没有给部队发薪水就奉命参加了攻击。结果，他没能给哪怕一个人发薪水。听罢，我在想，这究竟是什么系统的人啊？

按照我的命令，叙尔雅宁再次跑回坦克，并从里面拎出了一大包各种面值的卢布。我把每种面值的卢布各留一张下来，然后让叙尔雅宁用雪橇押着这名战俘转往后方团部，并往我军后方展示战利品。叙尔雅宁押着战俘离开后，我又和团联络官瓦里马阿中尉取得联系，报告我已经向团部押解了一名战俘和一大包卢布。

我在俄芬词典第一页写上："这是1939年12月19日到20日在苏马村，战俘——俄军重坦克营营长瓦西列维奇大尉赠礼。"贴在了战俘送给我的状况图上。

　　据不同报告证实，叙尔雅宁还带来了一大包坦克第91营的信件。事后，芬军将士把苏联的T–28坦克比喻为"邮政卡车"或"邮政专列"。在芬兰人熟悉的美国西部电影里，邮政专列的确是用来进行邮政和运钞业务的，芬军借此讽刺T–28不干正事、尽干副业。当然，这是后话。

　　这位车长不可能是一名营长，因为在第一次苏马村战斗中，并没有坦克营营长牺牲或失踪。显然，苏联战俘在审讯时说的是假名字和假职务，他很可能是一位政工干部，给全营指战员发工资和家信是他其中一项职责。从苏联军队的失踪人员名单来看，他很可能是1939年12月17日战斗时失踪的坦克第91营政委杜布洛夫斯基。

　　这个苏联坦克营长因为部队损失惨重主动向芬军投降的故事仍然流传下来。许多芬兰和西方世界关于苏芬战争的著作里都记载了这个事件。西方著作经常不无夸张地将这一事件描述为叛逃，而且职务往往"上升"为旅长。

　　二次世界大战结束后服役于美国陆军的帕沃·凯伊宁（Paavo Kairinen），在他的回忆录中的配图里专门指出了这辆坦克的具体位置。他的说法得到了苏联红军坦克第20旅技术主任奥莱尼克一级军事技术员出示的地图印证。1940年3月，奥莱尼克走遍了苏马和莱赫德两个战场，并在地图上标绘了他的旅所有被击毁和遗弃的坦克的位置。其中，三辆坦克躺在战场的位置正好处于凯伊宁回忆录中插图标绘的位置——这些坦克都在马亚约基河边淤陷。芬军缺乏大型炮兵牵引车或拖带手段，无法将类似T–28的中型坦克拖回，因此大部分被击毁和遗弃的苏联重坦克留在了战场上。芬兰人所能做的不过是拆下电台、车载机枪、观瞄设备和所有小零件而已。

　　苏联重坦克第20旅在进攻战斗中也投入了无线电遥控喷火坦克，可惜没能突破芬军的反坦克障碍带。在遥控过程中，指挥控制车内的苏联坦克车组成员视野有限，看不清芬军障碍带的情况，以致操作失误，遥控喷火坦克被卡在反坦克障碍带里动弹不得。

　　12月21日，苏联军队继续展开攻击，还是没能压住芬军，他们对芬军第15步兵团第1连的进攻都被轻易粉碎。

　　与此同时，芬军也继续对洛希碉堡——由苏联步兵第255团的两个营把守——实施反冲击，力求夺回。芬军第15团第1营营长奥诺·库伊里的计划是从两翼，也就是东西两面，沿着战壕朝支撑点实施反击。

夺回战壕的首次尝试始于 12 月 22 日 2 点 30 分，但失败了——芬兰人用光了手榴弹，突击只得叫停。第二次冲击始于 4 点 30 分，还是被苏联军队的机枪火力打退。步兵第 255 团的作战报告也描述了自己伤亡渐大和逐步丧失战斗力的情况：

> 12 月 22 日 3 点整，芬军从四面八方包围了我团第 1、第 2 两营，接着展开协调一致的冲击。他们一边冲击一边猛砸手榴弹，第 1、第 2 两营组织火力抗击并呼叫炮火支援，但两个营在战斗中还是蒙受了很大损失：第 1 营营长格洛文身负重伤，营参谋长利亚索夫也负伤了，第 2 营营长生死不明。我们采取了一切紧急措施才守住了防线，但还是伤亡不小，我们急需兵力和弹药补充。

6 点 15 分，芬军开始第三次冲击，苏方大部分机枪都被压制或打坏，芬军逐步占得上风。与此同时，步兵第 255 团第 1 营和第 2 营余部奉命退却。

12 月 22 日清晨，经过五天夜以继日的战斗后，芬军将步兵第 255 团赶了出去，恢复了主要防御地带。苏联人对莱赫德的芬军主要防御地带的首次突击也宣告结束。芬军估计苏联军队在波皮乌斯碉堡周围的堑壕战斗中有 300 人被击毙，包括一名少校（芬兰人显然发现了步兵第 255 团第 3 营营长瓦西列夫大尉的遗体）。34 名红军战士和一名中尉成了俘虏。然而，芬军高估了苏联军队的损失。实际上，苏联步兵第 255 团 1939 年 12 月整月的损失是 23 人牺牲，全团在四个月的战争里失踪 236 人。与此同时，芬兰第 15 步兵团把守苏马村和莱赫德地区的损失却非常大，仅战死就达 90 人。损失最大的是团属炮兵连，该炮兵连装备 37 毫米反坦克炮和野战炮，不得不和数量占优的苏联坦克战斗，共有 11 人战死；一门 37 毫米野战炮损失于莱赫德地区，其他火炮均损失在苏马村周围的战斗中。芬军第 15 步兵团 1939 年 12 月 17 日以后的作战日志出现很大的缺口，因为没有人写作战日志。芬兰第 15 步兵团第 3 连的托伊沃·阿霍拉（Toivo Ahola）写道：

经过四个小时激烈的夜战，我们最终夺回战壕。幸运的是，我们损失不大。红军士兵的尸体堆满了堑壕基底，我们一路踏着他们的尸体跌跌撞撞。踩踏在那些还没有变硬的尸体上的感觉很怪异。随后，我们奉命打扫战场、清理堑壕内的死尸。这倒是没什么问题，因为我们阵地前方有不少深深的弹坑。这些弹坑就是他们的最后归宿。

12月23日，芬军第15步兵团第1营参加了第2军在卡累利阿地峡西部组织的大反攻。刚走了不到百米，芬兰人就被猛烈的机枪火力压制，第3连连长负伤。战斗结束后，芬军才查明步兵第123师的前沿阵地竟然设在距芬军障碍带仅几十码远的地方。

12月24日和25日，苏联军队的前沿警戒阵地和芬军主要防御地带之间继续展开激烈交火。苏联炮兵还组织了几次对芬军阵地的炮火突击，并放出炮兵观察气球侦测。12月25日，芬军在乌姆贝格的一个碉堡被两发炮弹直接命中，导致7死5伤。

苏联步兵第123师炮兵主任瓦库连科少校亲临一线视察时，被一名芬军狙击手射杀。瓦库连科少校牺牲后，步兵第123师以隆重的礼仪将他葬在佩尔克—耶尔维火车站附近的高地，他的周围是同样牺牲在前线的123师部挥员。在他的棺材缓缓下葬的时候，所有炮兵团向芬军阵地打出一轮齐射，作为对指挥员的最后致敬。

12月26日傍晚，两名筋疲力尽且饥肠辘辘的苏联红军战士向芬军投降。在12月22日清晨芬军的反攻中，他们藏在一辆被击毁的坦克里，不吃不喝地扛了四天四夜，等待友军赶来救援，两人都生出冻疮。

12月27日，芬军又有一座碉堡被命中，造成3死7伤，波皮乌斯碉堡也再遭突击。芬军估计进攻部队为两个步兵连，得到一个轻坦克排支援。芬军设法压制了苏联步兵，但坦克突入支撑点，然后停下来对周围目标开火射击。冲在最前面的是扫雷坦克。芬军击毁了4辆坦克中的3辆——1辆烧毁，2辆瘫痪。战斗结束于18点整。

接下来几天，苏联军队前沿警戒部队又组织了几次对芬军阵地的冲击，但都被击退。其中，洛希和埃伊耶莱支撑点是苏联军队的主攻目标。由于苏联军队对波皮乌斯碉堡火力射界早有所闻，红军战士始终徘徊在碉堡火力射程外，最终，芬军动用了迫击炮才勉强击退了苏联军队的冲击。

12月30日，苏联军队的一个炮兵连对波皮乌斯碉堡进行直瞄射击，但马上被芬军炮火压制。很快，前线恢复了平静，大规模战斗停止了。相互交火、狙杀猎射、侦察作战和散发传单成为苏芬双方新的战斗模式，这也标志着莱赫德地区的战事进入了相持阶段。

12月的苏马村

1939年12月初，芬兰迟滞部队仍在主要防御地带前沿进行艰苦阻击战时，弗朗斯·尤里斯·扬松上尉率领第15步兵团第2营在苏马村占领有利防御阵地，并开始筑垒。在苏马村居民的协助下，该营修筑了大量的防坦克障碍物和机枪火力掩体，扩大了主要堑壕的纵深，并用交通壕把各个主要堑壕贯通相连。村里的一些年轻人留下来照看村子的牲畜和财产，其余村民在战前就被疏散了。

在兵力部署上，芬兰第15步兵团第2营以第4连和第6连进入前沿防御阵地，机枪2连负责在防线的各个掩体展开，第5连作为预备队留在第二道防线继续筑垒作业。其中，防务最重的当数第6连，他们负责铁路线到2号碉堡之间诸如图奥莫拉、米科拉、贝克伦德和兰塔拉等重要的排级支撑点；第4连负责高速公路到苏马耶尔维湖之间的梅基佩（Mäkipää）、莱赫托宁（Lehtonen）、科斯基宁（Koskinen）和波拉斯（Porras）等诸多排级支撑点，每个支撑点都特地以芬军守备的步兵排排长的名字命名。

1939年12月5日，苏马村方向的芬军迟滞部队全部撤进了主要防御地带背后。为了让第15团第2营放心，他们撤进防线的同时特地通知第15团的人，主要防御地带前方已无芬军部队。第2营随即使用反坦克花岗岩封锁高速公路，并部署前哨和警戒，做好战斗准备。扬松上尉在营作战日志里简单地写道："现在轮我们上了。"

12月6日，芬兰独立日的当天，芬兰第15步兵团第2营奉命烧村。刚刚完成防御地带筑垒作业的村民望着15团第2营的将士们就这样把自己的家园变成一片灰烬，感慨万千。多年后，维尔霍·图尔塔（Vilho Turta）在回忆起这悲惨的日子时，无不心酸地描述道：

远处的炮声震耳欲聋，清脆的机枪声也不时传来。当时，我们正费力地将个人物品和物件装上马车。我正忙活的时候，利马泰宁却突然跑来告诉我，邻村起火了。一开始，我还以为他说的是雷波克尔皮。我们继续装东西，直到时针指到下午5点准备离去时，才惊异地发现，我们的村庄竟然燃起大火，一间间屋子相继被大火吞没。我们看到许多芬兰战士在埃韦斯蒂农庄周围走动，随意砸毁窗户。他们从谷仓搬来许多稻草，然后扔进农场里，点火燃烧。接着，他们又用同样的方式烧掉了我们的学校。我的出生地——维莱图尔塔农舍也在烈火中燃烧。这一幕给我的印象至今仍在脑海里，难以言表。曾经和我毕业于同一所小学，来自邻村卡尔亚莱宁的米科·利马泰宁朝我走了过来，他告诉我，他的房子也给烧了，我只能报以苦笑安慰。我俩伤感地聊了几句，话声都有些颤抖。然后，我们就离开了，永远地离开了苏马村。

12月5日到12月11日，红军部队并没有和该地段的芬军接触。往南沿高速公路侦察的芬军搜索队也向芬兰陆军15团第2营营长扬松上尉报告，没有和苏联军队遭遇。就这样，苏马村周围的芬军平安无事地度过了战争头六天。12月12日，首批苏联炮弹开始雨点般地落在苏马村周围的芬军阵地上。12月13日傍晚，苏联步兵第138师先头部队出现在芬兰第15步兵团第2营前沿阵地。第二天，苏联军队又出动强有力的侦察部队继续对芬军防御地带前沿进行火力侦察：大约60名红军战士在两辆坦克掩护下对科尔普拉农场（Korpela Farm）周围的芬军阵地实施冲击，芬军动用迫击炮击退了苏联军队的步坦试探性冲击。

12月13日、14日，一批记者采访了扬松的营。在他的16号指挥掩体一同享受了战地咖啡后，记者们上一线采访，拍下大量第2营战斗准备的实地照。其中，最为著名的当属一名芬兰士兵依托战壕摆出的射击姿势，这张照片成了战后"曼纳海姆防线"的象征，出现在所有有关冬季战争的著作上。这也难怪，因为这张照片也反映了曼纳海姆的声明：

> 如前所述，这条防线当然存在，但它是由少数机枪火力点和根据我的计划在堑壕间修建的两个新地堡掩体组成的。这条防线是存在的，但它缺

乏防御纵深。人们把这条防线命名为"曼纳海姆防线"，但实际上，这条防线的威力来自于我军战士的坚韧不拔和英勇顽强，而非纯靠工事。

不过，这张照片里没有苏马村的十七个钢筋混凝土掩体，曼纳海姆的回忆录也没有提到它们。

步兵第138师各团在火力侦察后也做好了总攻击的准备。12月15日到16日，苏联炮群先后对苏马村的芬军防御地带进行了三次密集的炮火突击，但丝毫没能撼动芬军的防御工事。步兵第138师是从最近的卡尔胡拉（Karhula）地段赶到苏马村的。

1939年12月16日，苏联步兵第138师师部签署第10号作战命令，规定师属各团、营的任务如下：

·步兵第768团，在坦克第108营第2连和第3连、独立工兵第179营第1连以及工程兵第45营两个工兵排支援下，对苏马耶尔维湖到高速公路之间的芬军防御地带实施突击。目标是夺取苏马耶尔维湖东北诸高地，然后继续向52.5高地发展进攻。配属该团的支援炮兵包括炮兵第295团第3营和军属炮兵第24团第1营。

·步兵第650团，在坦克第108营第1连、化学坦克第210营两个喷火坦克排、工兵第45营第2连和战斗工兵第179营两个排支援下，对塞潘梅基农庄和图尔塔农庄之间地带实施突击，然后继续朝高速公路方向发展进攻。炮兵第295团第1营和重型炮兵第302团第3营，负责给该团提供炮火支援。

·步兵第544团（欠一个步兵营），在坦克第436营支援下，在步兵第768团背后跟进，随时准备扩大战果。

炮火准备拟定于1939年12月17日9点整到11点整，持续两个小时。

和同一时期在其他战线展开攻击的步兵师一样，步兵第138师的大部分炮兵此刻仍在赶往战场途中。仅重炮兵第136团和炮兵第295团第1、第3两营在12月17日9点整做好了射击准备。然而，预定支援步兵第138师的剩余炮兵营虽然在12月16日傍晚也赶到了指定发射阵地，但都没有做好充分射击准备。昨天进行的火力侦察也仅仅查明了芬军主要防御地带前沿的反坦克花岗岩、带刺铁丝网群和防坦克壕。芬军火力点、堑壕带和掩体都没有暴露。步兵第138师仅知道苏马村高速公路沿线共有六个掩体，但准确位置不明。

12月17日清晨大雾弥漫，温度下降到零下3摄氏度。6点15分，芬军前沿警戒哨报告苏马村周围的高速公路发生两起爆炸。芬军第15团第2营第6连立即拉响战斗警报，全连官兵进入堑壕，做好战斗准备。在芬军看来，这两起爆炸意味着苏联军队一支巡逻队或战斗工兵小组闯进了芬军的雷场。事实上，苏联红军工兵第179营第1连少尉德罗兹多夫带领的一个战斗工兵组在芬军防御地带前沿进行破障作业，他们的任务是为坦克突破障碍带开辟安全通道，步兵第650团一个连负责掩护。8点整，芬军和步兵第650团巡逻队、工兵第179营爆破组展开激烈对射，苏联人被压制在反坦克障碍带北面。步兵第138师师长担心炮火准备会误伤正在破障的战斗工兵爆破组，遂取消预定在9点整开始的炮火准备，让各个团长自行决定他们地段的炮火准备开始时间。

9点25分，步兵第138师终于开始了炮火准备，断断续续一直持续到17点整。令各个炮兵营营长感到疑惑的是，他们根本就不知道步兵第138师各团的位置，不仅如此，一线也没有任何炮兵指示员，弹着点也乱七八糟，根本没有对芬军防御地带造成任何威胁。战后，步兵第138师部无奈地指出"事实上，我师的炮火准备一塌糊涂，完全没有任何效果。"

苏联的主攻方向直指在高速公路及其西面组织防御阵地的第6连。11点整，苏联三辆坦克冲到芬军阵地前沿，正式拉开了步兵第138师的攻击序幕。越来越多的坦克很快涌了上来。11点50分，芬军第15团第2营第6连报告击毁2辆坦克，另一辆坦克压上地雷。战斗中，芬军第15团机炮连也蒙受了首例损失：连长萨洛兰塔中尉和一名炮长战死，2人负伤。13点40分，在芬军的顽强抵抗下，苏联坦克第108营放弃突破芬军防御核心地带的企图。暂停冲击后，15辆苏联坦克在芬军防御地带前沿的反坦克花岗岩前一字排开，对芬军防御工事群实施火力打击。然而，芬军的火力还击也很猛烈，苏联坦克第108营损失3辆坦克后不得不撤下来，步兵第650团的红军战士也在芬军混凝土火力点精准的集中火力打击下士气低落。他们被火力死死钉住，没法前进一步。

15 点 30 分，部署在碉堡的第 2 营机枪第 2 连报告："10 号掩体周围战斗结束，一挺机枪打掉了半条子弹链。梅基佩支撑点的各挺机枪没有射击。6 号掩体机枪也没有射击。5 号掩体打掉了敌人一个机枪火力点。3 号掩体也对敌机枪火力点进行压制，但效果不明。2 号掩体朝高速公路方向射击。"

15 点 40 分，步兵第 138 师又开始进行新一轮大规模炮击。芬军第 15 团第 2 营第 6 连注意到"敌人的炮轰范围在不断扩大，第 6 连阵地前沿和后方都落下了密集的弹雨。"18 点整，苏联军队停止大规模炮击，转入炮火袭扰。

苏联军队对第 4 连防御地带的进攻却没那么戏剧性。芬军这样记载苏联军队 12 月 17 日清晨的炮火准备和步兵突击："敌人开始对莱赫托宁和梅基佩两支撑点实施突击。他们排成阅兵式般地密集队形冲击。我们捕捉战机，组织密集火力拦阻，遭到打击的敌人丢下 20—30 名倒地的战友，退到周围森林隐蔽。"12 月 18 日，苏联军队又以一个步兵连继续突击。芬军注意到："和昨天相比，敌人已经学会了如何利用地形地物隐蔽。"经过 45 分钟交火，苏联军队又一次撤进了森林。不过，几辆苏联坦克突破了芬军防御地带，将芬军的 12 号掩体团团包围，但始终没法打下来，随着夜幕降临，苏联坦克悻悻而归。接下来，对第 4 连的下一次突击 12 月 22 日才到来。突击队只有 60 人，"敌人以娴熟的动作，充分依托地形隐蔽冲击过来。"这支红军小部队虽然依托地形地物隐蔽，突入带刺铁丝网群，但还是被芬军火力钉死，被迫退却。

主要战斗在公路展开。步兵第 138 师在这个狭窄的地点集中全力。深谙其道的芬军也在 12 月 17 日夜巧妙地在苏联工兵一天前查明的小道布下了地雷。苏联军队方面，冲击失利的步兵第 768 团被撤了下来，换上了步兵第 544 团。

12 月 18 日 9 点 45 分，苏联炮兵开火，15 点 15 分，炮击演变成一场火焰风暴。当天，芬军只发现了 5 辆苏联坦克。16 点整，苏联军队开始冲击，16 点 25 分就结束了。17 点 15 分，苏联军队又进行第二次冲击，一支小规模的步兵部队搭载坦克群对芬军的图奥莫拉支撑点展开攻击，但也没有得手。虽然芬军轻松击退了苏联军队两次小规模冲击，但他们注意到苏方炮火在不断加强：16 点整到 18 点整，苏联军队猛烈的炮击达到了每分钟 30 发的落弹量，接着落弹量回落到每分钟 15—20 发。许多炮弹都是哑弹。18 点整，苏联军队暂停大规模炮击，转入炮火袭扰。

12月18日，为加强步兵第138师的攻击力，重坦克第20旅所属的坦克第90营奉命配属该师作战。苏联坦克第90营共拥有30辆中型T-28坦克。不仅苏联坦克第90营，甚至连装备三辆绝密试验坦克的特种坦克连也配属给步兵第138师，可见第7集团军对攻克苏马村的重视。根据苏方的记载，特种坦克连的三辆绝密试验坦克型号分别为T100、SMK和KV，它们的装甲厚50—60毫米，20世纪30年代的反坦克炮无法贯穿，苏联军队决定视实战表现将其中一种型号定为未来定型生产的苏联重型坦克。T100和SMK是苏联军队的两种巨型双炮塔坦克，双层炮塔不仅有两门主炮，还装备了许多机枪，每辆坦克的车组成员是11人。相比之下，KV坦克是单炮塔重型坦克，车组成员5人。这三辆试验坦克都是从列宁格勒的基洛夫兵工厂直接开上一线，它们要在实战中经受考验，苏联军队将视其表现，选择其中一款取代T35和T-28。

1939年12月19日，苏联军队对苏马村发起总攻击。9点整，苏联军队开始猛烈的炮火准备，半小时后，10辆坦克开始冲击米科拉支撑点前的反坦克障碍带。9点15分，芬军的梅基佩支撑点报告：

> 大群坦克冲上高速公路，部分坦克已经突破了反坦克障碍带，在第4连和第6连阵地间来回碾压，摧毁了我军的带刺铁丝网群。

11点整，苏联空军对芬军前沿防御地带投下密集的炸弹，更多坦克在11点30分加入战斗。11点18分，至少11辆坦克冲进佩尔托拉碉堡地区。12点40分，部分冲进芬军后方的苏联坦克被击退，13点55分，所有的苏联坦克都冲到芬军战壕跟前，用坦克主炮、机枪和喷火器猛烈攻击。

大量坦克抵达战场，但并未令芬兰步兵动摇。芬兰人坚守阵地，再次压制了步兵第138师的步兵，甚至火焰喷射器也未能赶走他们。

在与苏联两个坦克营展开的力量悬殊的战斗中，芬军这个机枪连几乎全军覆没。打掉芬军的反坦克炮后，苏联坦克群碾过战壕，一路冲进芬军后方。扬松上尉连连多次向团部求援，要求增派反坦克炮。随着苏联坦克群不断往纵深突破，扬松的请求逐渐变得语无伦次。扬松的恐慌也是有理由的：苏联8辆T-28坦克就停在扬松上尉的16号碉堡外。绝密试验坦克SMK触雷爆炸并停在扬松碉堡前 50 米处后，坦克群被迫停止前进。T–28 坦克群以 SMK 为核心围成环形防御阵，用主炮和车载机枪朝四面八方开火。在 T–28 的掩护下，SMK 坦克的车组成员试图修复这辆失去动力的试验型坦克。扬松在作战日志里记载了当时给团部的电报和电话记录："16 点 30 分，敌 8 辆坦克停在我碉堡外，正朝我们开火。"下午，SMK 坦克车组成员放弃修复努力，随同 T–28 坦克群撤了下去。这样，被打瘫的 SMK 试验型坦克此后一直瘫在 16 号碉堡前，供芬兰记者拍照。不过，大部分芬兰国内描述冬季战争的书籍里都把这辆坦克错误描述成 T–35。

13 点 45 分，10 号碉堡连中 10 弹，但受损不严重。与此同时，苏联坦克群发现了 5 号碉堡，并在直瞄距离对碉堡的射击台开火。14 点 30 分，苏联坦克射出的一发炮弹直接贯穿碉堡，炸死了芬军机枪手，并摧毁了 5 号碉堡的机枪。18 点整，芬军第 15 步兵团第 2 营第 6 连报告："（据佩尔托拉碉堡观察）至少 80 辆坦克冲到 5 号和 3 号碉堡之间。"

19 点整，大部分苏联坦克开始撤回己方阵地。不过，还是有部分苏联坦克决定留在芬军阵地后方过夜，等待苏联步兵跟进。这部分坦克绝大多数停在了苏马村北方的森林里。然而，他们的决定却给芬兰战士创造了夜间用近战武器——炸药包和燃烧瓶打坦克的绝好机会。芬军独立第 3 营奉命赶往一线遂行夜战打坦克任务。

一整夜，两辆苏联坦克都围着扬松的营部指挥掩体打转，用坦克主炮和车载机枪打个不停。午夜，其中的一辆坦克被芬军打掉。营长扬松上尉报告说，1939 年 12 月 17 日到 19 日的三天战斗中，全营一共击毁 18 辆苏联坦克。这一数字还不包括被击毁后由苏联军队拖回的坦克，扬松估计约有 10 辆。

芬军的所有报告都强调苏联军队的密集坦克冲击和猛烈的炮火打击，却很少提及苏联步兵冲击，足以证明步兵第 138 师的步兵和坦克兵战斗协同有多么差劲。在 12 月 18 日的 15 团第 2 营作战日志里，扬松上尉写道："一线各连都报告了敌人的猛烈炮击和密集坦克冲击，敌人步兵冲击相对较少。"

12 月 20 日，步兵第 138 师暂停了所有大规模冲击，仅组织一支精干小分队准备渗透进芬军阵地后方，抢回绝密的 SMK 坦克。不过，这支小分队仅能进入芬军的反坦克障碍带，就难以再前进一步了。另一方面，苏联军队的炮火继续轰击芬军阵地。至此，围绕苏马村的战斗仅仅持续了三天。"一场持续一周的血腥步兵攻坚战，红军战士手挽手高唱苏联国歌向芬军碉堡发起冲击"这类陈词滥调并未正确反映苏马村的战斗。截至目前，并没有芬兰或苏联方面的任何记载表明苏联红军战士唱着歌挽着手并肩冲击。可以确定的是，12月17日，苏联第768团两个连倒真的是排出密集队形冲击梅基佩支撑点，但第二天很快又调整回松散队形冲击。不过，高唱国歌以密集队形冲击的战例却发生在另一场"曼纳海姆防线"突击战中，笔者将在下一章详述。

1939年12月20日，芬军第15团第2营第6连作战日志上记载："我军遭到敌人强大炮火急袭，所有电话线都被炸断。"不久，这种规模的炮火袭击就经常见诸芬军的报告了。

虽然步兵第138师对苏马村的第一次进攻失败，但第7集团军还是决定在第二次进攻中把苏马村列为重点攻击目标。为此，苏联军队继续往苏马村方向调来大量重型榴弹炮兵，准备用密集的炮火突击削弱芬军的防御系统。

12月21日，一个苏联炮兵观测气球出现在空中。扬松上尉立即报告团部，称苏联炮兵观测气球在第2营射程外，请求芬兰空军战斗机前往打掉这个炮兵观测气球。从位置来看，苏联的炮兵观测气球在苏联军队战线后方约5公里处。一名苏联炮兵指引员手持高倍率望远镜，通过一根连通苏联炮兵指挥所的电话线保持联系。在晴空万里下，苏马村周围的芬军防御态势清楚地暴露在苏联炮兵指引员的视线内。在观测气球升空的同时，第一批苏联炮兵观测机也升空了。由于芬兰空军实力不足和高射炮不够，这些苏联双翼以40—50公里的时速在芬军阵地上盘旋。通过电台，坐在双翼炮兵观测机上的苏联炮兵指引员和地面各个炮兵连保持密切联系，不断给苏联炮群指引目标并修正弹着点。无奈的芬兰人只能讽刺这些苏联飞机为"懒家伙"或"蝙蝠"。

12月21日和22日，苏联重炮群集中火力，猛烈轰击苏马村高速公路沿线的芬军碉堡群。由于芬军防御地带从苏马村横穿而过，村内大量的地窖、被毁房屋的地下室和废墟在苏联军队眼里统统成为芬军的碉堡或隐蔽火力点。因此，苏联炮群不分青红皂白地对高速公路周围所有可疑点进行猛烈轰击。遗憾的是，事后证明，在苏联军队地图上标注的目标仅有不到半数是真正的碉堡。

除了空中观察，苏联炮兵还使用各种方式观察芬军防线，修正弹着点。比如，苏联炮兵指引员会使用战场上被击毁的坦克作为观察哨。芬军设法发现了其中一个坦克观察哨并予以摧毁。芬军的报告记载：

> 我军两名战士烧毁了村子酒窖前的一辆坦克。从外观上看，这辆坦克完好无损，所有舱盖都从里面反锁。一条电话线从坦克里引出，通往敌人战线方向，炮塔顶部还架起了天线。

不过，它也可能是芬军摧毁的苏联军队遥控坦克之一。苏联军队对苏马村的轰击一天也没有停歇过。

芬军第2营最大的损失是被一发大口径榴弹直接命中第5连掩体。当时，这发高爆榴弹贯穿顶壁并在里面爆炸，完全摧毁了掩体，里面的19人全部阵亡。仅有一名在掩体外警戒的哨兵和掩体出口的一名士兵幸免于难。和英军各营一样，芬兰陆军各营的构成也有很明显的地域性，每个营的兵源多为同一地义务兵。芬军第15团第5连几乎全体将士都来自哈梅恩林纳附近的卡尔沃拉小村。由于掩体离前线仅1公里，19名士兵的遗体无法收殓。12月21日傍晚，芬军第15团的一名牧师来到掩体废墟，为战死的19名士兵做了弥撒。事后，芬兰国防部宣布这个掩体废墟就是这19名士兵的墓地，并在掩体废墟上插了两段白桦树枝做墓碑。三年后（1942年），也就是续战期间，芬兰政府隆重地将战死的士兵遗体迁出，安葬在卡尔沃拉。20世纪90年代，俄罗斯一支探索队重新挖掘了这个掩体废墟，他们发现了第5连的不少枪支和其他野战设备。他们看到掩体废墟里的步枪已经扭曲，或许就是爆炸所致。

12月21日和23日，苏联空军轰炸芬军防御地带沿线各村，芬兰人损失甚微。12月24日，5号碉堡被直接命中，建于20世纪20年代的掩体旧墙壁发生坍塌。当天黄昏，图奥莫拉中尉报告一天之内他的排级防御地带就遭到了大约200枚重磅炸弹轰击，但三分之一是哑弹。防线上的战壕几乎全部被炸毁，图奥莫拉的人手太少，无法在当夜重新挖开战壕。6号碉堡土石夹层的墙壁被炸弹摧毁，碉堡正面主墙完全暴露在苏联军队眼皮下。芬军第6连和第2机枪连的战士们竭尽全力修复损坏工事；修复作业一直持续到凌晨3点整。然而，防御地带的损毁度太大了，不得不调来专门的工兵部队修复。芬兰第28战斗工兵连负责修复苏马村周围的碉堡、障碍带和战壕。每当夜幕降临，芬军工兵就不眠不休地展开修复作业。对芬军来说幸运的是，在工兵展开修复作业的头几周时间里，苏联军队没有在夜间组织炮火袭扰打断他们的工作。工兵劳累过度的时候，不得不把后方的步兵换来继续作业。

12月25日，圣诞节清早，苏联炮兵从10点整开火，一直持续到20点30分才停止射击。苏联炮兵圣诞炮击的结果是摧毁了芬军的图奥莫拉、米科拉和佩尔图拉支撑点（兰塔拉支撑点更名为佩尔图拉支撑点）周围的所有堑壕。芬军第15团第6连报告，5号碉堡完全被毁，营里的电话线断了一整天。不过，苏联步兵还是没有现身，深夜也只发现零星的巡逻队。

12月26日，弹幕射击继续进行，从上午10点一直持续到下午5点。这个规律很快就成了芬军内部流传的笑话，他们声称俄军炮兵是8小时工作日。15点整，3号碉堡被一发炮弹直接命中，碉堡旧墙体立即坍塌，一名芬兰士兵轻伤，其他人轻度脑震荡。庆幸的是，掩体的射击台和机枪毫发无损。

第二天，也就是12月27日，11号碉堡（佩尔托拉）也被几发炮弹连续命中。由于碉堡仍缺乏石土夹层保护，苏联的大口径榴弹直接从掩体顶部贯穿，炸死了碉堡里的两名士兵，并摧毁了掩体的中央供暖系统。下水管道也积满了水。虽然碉堡的射击台和机枪毫发无损，但碉堡守军不得不转移到距一线较远的第5连各掩体里。迟至1940年1月6日，芬兰工兵终于完成11号碉堡的修复作业。除此之外，苏联炮群还对图奥莫拉支撑点和6号碉堡打了200—300发大口径榴弹，虽然没有一发直接命中目标，但周围所有的战壕都被摧毁。

12月28日，形势一切照旧。当天唯一的闪光点就是15点45分，芬兰空军战斗机群临空，迫使苏联炮兵降下了炮兵观测气球。然而，这是整个苏马战役期间，芬兰空军战斗机唯一一次攻击苏联的炮兵观测气球。

12月29日，苏联军队继续进行炮火袭击。两个炮兵观测气球再度升空。与此同时，芬军也察觉到苏方战线频繁调动部队。图奥莫拉少尉报告4号碉堡一整个上午都遭到了苏联军队猛烈的炮火打击，掩体周围墙壁开始塌陷。虽然芬军没有遭到苏联军队冲击，但他们已经疲惫不堪。白天，一线的芬军将士们不得不在苏联军队持续不断的炮火打击下，卧倒在战壕或掩体里；入夜后，他们不得不修复损坏的掩体。将士们累得筋疲力尽，甚至连睡觉的时间都没有。

趁着芬军疲惫，苏联军队战斗工兵摸上来，对芬军第15步兵团第2营第4连防线前沿的一条反坦克障碍带组织爆破，但破坏效果甚微。

第二天，12月30日，战场相当平静。12月31日，苏联炮群于9点30分开火。两辆苏联坦克冲向芬军反坦克障碍带，用坦克主炮火力硬是轰开了一条安全通道。芬兰军官们再次发现苏方战线一反常态积极活动——步兵调动持续了一整天，坦克马达的轰鸣声也甚于以往。关于1939年12月的苏马村战斗情况，芬军第15团第2营第6连连长在作战日志中写道："我估计敌人在我们防区共有10—15名军官和300名士兵被击毙。"一发大口径榴弹击穿了6号碉堡墙角：墙壁塌陷，壁炉也被换掉，但掩体仍能战斗和生活。

新年前夜，苏联军队各级指挥机关都举行了欢庆活动。尽管对苏马村和莱赫德的"曼纳海姆防线"地段的第一阶段攻势以灾难性的失败告终，但士气并不像人们想象的那么低落。12月31日午夜，也就是1940年新年到来之际，苏联红军军属炮兵第24团对芬军阵地进行齐射，向他们的对手致以新年"问候"。

苏联军队对芬军阵地的轰击仍在继续，这成为苏马村地段的例行公事。1940年1月1日，4号碉堡又被直接命中数次并发生坍塌，把芬军中士欧内斯特·波赫约拉（Ernest Pohjola）埋在了里面。储存弹药的7号碉堡也在1月第二个星期被苏方炮火摧毁。芬军碉堡一个接一个被苏方炮火摧毁，其战壕系统和障碍带也不例外。整个1940年1月，苏联军队都在积极准备着下一次总攻击。

地峡西部：卡尔胡拉和尼基莱

芬军负责卡累利阿地峡西部守备重任的是第4步兵师及配属单位。其中，卡尔胡拉（Karhula）地段和哈特亚莱赫德恩耶尔维湖（Hatjalahdenjärvi）北部地区，由芬兰第10步兵团和来自赫尔辛基的第11"王牌"团据守。从库奥莱马耶尔维赶来的独立7营负责尼基莱地区守备。该营的将士多来自卡累利阿地峡西部，对他们来说这是真正字面意义的"保家卫国"。

由于这个方向是次要战场，该地段的苏联部队较弱。苏联第113师负责突击卡尔胡拉地区，红军步兵第70师负责对付芬兰第11"王牌"团，芬军独立7营对面是卡累利阿筑垒地域的一支特遣队。（"筑垒地域"是苏联红军的术语之一，意思是负责守备混凝土工事群构成的筑垒地带的营、团）。该特遣队为团级规模，配有几个独立机枪和炮兵营，但兵力稀疏，缺乏坦克和炮兵支援。为此，特遣队司令拉扎连科上校每天都在请求调拨支援部队和补充兵。

12月份，拉扎连科上校只有一天得到了帮助，重坦克第20旅所属坦克第91营的一个排三辆T-28坦克从苏马村地区赶来。三辆坦克在步兵的支援下，沿着泰里约基—科伊维斯托公路进攻芬兰防线。它们冲向阿赫文奥亚小溪北部的6号和7号碉堡。公路周围的地形并不适合坦克行动，它们被迫呈纵队在公路上行进。公路左侧是浓密的森林，右侧是一条与公路平行的陡峭山岭。

该地区的唯一一门芬军反坦克炮炮组对地形了如指掌，预计苏联坦克只能这样遂行突击。冲在前面的两辆坦克立即被击毁。第三辆坦克试图掉头逃跑，脱离公路时却不幸压上一枚地雷——这是一战沙俄海军使用的装药200千克水雷改造的地雷。巨大的冲击波把坦克炮塔炸飞，重重跌落在坦克车身残骸200米外的一户芬兰农庄园子里。1942年，这位农庄园主返回家园时，才发现了炮塔残骸。与此同时，苏联步兵也被碉堡和堑壕猛烈的机枪火力所阻。

胡马尔约基海岸要塞的芬军炮兵得知战况后，于1939年12月13日傍晚赶来检查战场。他们从两辆被击毁的T-28坦克上拆除了主炮，装到要塞里，打算使用这两门主炮防卫要塞。然而，维堡派来的一支战利品搜寻队却在第二天从他们手上"收缴"了这两门主炮。

这次战斗后，双方在卡累利阿地峡西部暂时恢复了平静。1940年2月初，芬军6号和7号碉堡再遭苏联军队猛烈炮击。7号碉堡顶部吃了一发命中弹，不得不紧急抢修。6号碉堡被苏联6英寸加农炮在直瞄距离上连续命中。结果，碉堡射击台周围焊接的装甲钢板坍塌，不得不用浇注混凝土墙加固。此外，公路和海岸沿线的芬军防御地带也遭到拉扎连科上校新组建的苏联步兵第42师和踏着封冻芬兰湾冰面而来的红旗波罗的海舰队红海军步兵的冲击。不过，芬军仍然守到1940年2月15日，才奉命撤退到中间防线。

红旗波罗的海舰队红海军步兵随军战地记者和作家列昂尼德·索博列夫，在芬军撤离后对尼基莱地区的6号碉堡描述如下：

> 厚厚的装甲钢板布满了裂痕、弹孔和疤痕。装甲钢板四周混凝土被炸开后，钢筋已经暴露在外。加固杆被扭曲和混杂得像肠子一样。射击台墙

角被一发直接命中的炮弹炸飞了。变形的装甲闪烁着金属的新鲜光泽，一条裂缝从炮口一直延伸到装甲钢板边缘。在波罗的海舰队水兵的直瞄火力射击下，装甲钢板没能撑住，最终坍塌了。

这座庞大的工事由厚1.5米的钢筋混凝土和厚0.5米的装甲钢板构成，装甲炮塔仿佛是从一艘战列舰上拆下来装在地面上的，芬兰人认为它坚不可摧。

这个双碉堡的强力阵地，更确切地说是要塞，历经了数年修缮。可以说欧洲最好的工程师的工艺和技巧都融合到了这个筑垒工事中，即便是欧洲一流的防御筑垒地带与之相比都要逊色三分。所有的要塞、碉堡、堑壕和单兵掩体互相掩护。然后，由训练水平最高的芬兰本土近卫军进驻这里，他们浇筑混凝土并安装装甲钢板，设置反坦克花岗岩，挖地道和埋地雷，给各个反坦克炮位做伪装，让狙击手上树埋伏，敷设十层铁丝网并储备充足的弹药。他们被告知："这个堡垒可以拖垮任何军队，击退任何强敌进攻，经受得起任何炮弹轰击。堡垒坚不可摧。在堡垒里，绝对不用担心被炸弹、炮弹弹片和手榴弹所伤。你们的工作就是仔细选择目标，然后冷静地从射击台将来犯之敌击毙，就像打猎一样。"

事实上，这里的确守了相当久。我军最大口径的榴弹在碉堡附近爆炸，其碎片也被装甲钢板弹开，没能造成什么伤害。甚至一发大口径榴弹直接命中，也不过是让这个可怕的巨壳摇晃一下，撕掉一层皮，拿它无可奈何。而且远程炮火命中全靠运气，概率可谓微乎其微。

步兵第70、第113师对芬兰第10步兵团、第11步兵团的进攻也没有成功。步兵第113师唯一的突破就是夺取了芬兰第10步兵团主要防御地带马尔亚恩佩隆梅基山脚下，别号为"鸟之歌"的芬军前沿战术支撑点。芬兰第10步兵团防御地带内的其他战术支撑点取了一堆和自然相关的古怪名字，诸如"狼穴""仓鼠洞"和"熊"。

芬兰陆军对卡累利阿的反攻

1939年12月20日，芬兰陆军总部判断苏联红军对卡累利阿地峡的进攻已经全线顿挫。情况很明显，苏联第 7 集团军蒙受了重大伤亡，而整个主要防御地带基本还在芬军之手。在莱赫德地区，芬军第 255 步兵团各个受到严重削弱的步兵营仍在被苏联军队包围下守住了波皮乌斯碉堡，芬军第 1 营营长奥诺·库伊里上尉在 12 月 23 日没有请求任何师、团预备队增援的情况下，解除了苏联军队的包围。受到这个胜利的鼓舞，同时也可能是个人野心驱使，哈拉尔德·厄奎斯特（Harald Ökvist）中将命令他的军发动反攻。曼纳海姆元帅也从他的预备队抽调第 6 步兵师参加反攻。芬军的战役企图野心勃勃，上来就要包围卡累利阿地峡中部进攻的苏联军队各师。

在这里，有必要看看 1939 年 12 月冬季战争其他地段的战场全景图。在托尔瓦耶尔维，塔尔韦拉上校指挥的芬军击败了苏联第 8 集团军步兵第 139 和第 75 师。曼纳海姆元帅亲自要求塔尔韦拉停止进攻，减少芬军伤亡，但塔尔韦拉的部队正准备突击埃格莱 – 耶尔维村。作为托尔瓦耶尔维防御战斗胜利的设计师，塔尔韦拉和帕亚里获得晋升并立即成为国家英雄。拉多加湖北岸，陆军第 4 军已经组织了一次成功的反击，重创步兵第 18 师的补给干线。地峡集团军在地峡东部和中部击退了苏联军队的总攻击。也许是不希望自己落后于其他将领，厄奎斯特走了这步险棋。然而，他高估了苏联军队的损失和卡累利阿地峡的补给问题。

根据厄奎斯特中将的计划，第 6 步兵师和第 4 步兵师从哈特亚莱赫德恩耶尔维出击，第 1 步兵师从韦赛嫩—莱伊佩苏奥出击展开攻击。两支铁钳将在考克耶尔维湖南梢会师。这意味着将步兵第 113、第 138、第 123 和第 90 师，轻坦克第 35 和 40 旅，以及整个坦克第 10 军和重坦克第 20 旅包围起来。以及，歼灭韦赛嫩的步兵第 24 师和哈特亚莱赫德恩耶尔维的步兵第 70 师。芬军第 11 步兵师将对奥伊纳拉—帕里卡拉实施佯攻，引开苏联军队的注意力。

12 月 20 日，反击计划获得批准，当晚通过野战电话传达给各位师长。第二天，书面作战命令下发各师。12 月 21 日傍晚，第 6 步兵师从塞伊尼厄和内于基出动，于 22 日黄昏前（也就是进攻规定时间前几个小时）抵达卡尔胡拉。在严寒中进行的 25 公里急行军把各团弄得筋疲力尽。

厄奎斯特中将把指挥所和参谋部迁移到科尔米凯塞莱地区的第 10 步兵团指挥所，便于靠前指挥和掌握情况。

第 6 步兵师将从卡尔胡拉地区出击，抵达考克耶尔维湖北梢，在第 4 步兵师配合下切断苏马—乌西基尔克高速公路，然后准备向东面和东南发展进攻。

为确保战役突然性，芬军在没有炮火准备的情况下开始反击。按照芬军的计划，炮兵要在步兵进攻开始后立即实施炮火支援。由于通信设备不佳和组织不周，芬军炮兵在整个反击战役的大部分时间段仍保持沉默。这也是为什么苏联军队在遭到攻击后，将芬兰第 2 军的反攻理解成"芬兰白军蜂拥摧毁我军后勤部队和各级指挥机构的袭击战斗"。由于通信系统的简陋原始，芬军也没法组织大部队协同攻击。在部分地段，芬军因毫无通信联络手段，没能把预备队投入战斗。结果，芬军只能以营连级别小股兵力冲击苏联军队各个阵地。在苏联军队眼里，这看起来就像一系列的局部袭击战斗或战斗侦察。

第 6 步兵师的攻击被迫在 15 点 30 分叫停。在蒙受了一定损失后，第 6 步兵师所有的三个团都撤回原防线。显然，在进攻的伊始，芬军的反攻就变成了以连规模兵力对准备充分、掘壕固守的苏联各团实施冲击的分散战斗。

第 1 步兵师的进攻比计划时间延迟了两个小时。部队行军时间延误不算，糟糕的是芬军工兵没能在铁丝网地带开辟一条安全通道。结果，芬军第 1 步兵师所属的第 2 旅和第 3 旅各营耗费了相当长的时间才勉强通过己方的铁丝网地带。7 点 30 分，芬军第 14 步兵团做好了战斗准备，但还是决定等待友军到位，把攻击时间推迟到 9 点 30 分。芬军轻易从步兵第 90 师和步兵第 24 师毫无警戒的防线空档钻了进去，对苏联军队后方的补给区和炮兵阵地展开攻击。部分苏联军队 6 英寸榴弹炮连不得不调转炮口，在 100—200 米距离上轰击冲上来的芬军官兵。在步兵第 90 师防御地带，步兵第 286 团团部遭到芬军的冲击，幸好苏联坦克群及时赶来，才救下危局。在韦赛嫩，芬军在击退了步兵第 7 团后，从步兵第 274 和第 168 团防御间隙突破，前出到佩隆约基河。然而，苏联军队在南岸有预设阵地，轻坦克第 40 旅也紧急从佩尔克耶尔维赶来，很快到达战场。苏联坦克群的到来，决定了芬军进攻部队的命运，他们没带反坦克炮。丢下武器装备和战死者尸体后，芬军被迫撤离。

在卡累利阿地峡西部，拉扎连科上校指挥的卡累利阿筑垒地域各营也轻松击退了第 4 步兵师的进攻，报告所部仅有几人负伤而已。相反，芬兰第 5 自行车营却达成了战术突然性，奇袭步兵第 70 师，将其往东击退了 2—3 公里。

9点整，厄奎斯特中将接到了第4步兵师和第6步兵师的首批作战报告，14点整，第1步兵师的作战报告也送到厄奎斯特手上，显然，第6步兵师的进攻完全失败。15点整，厄奎斯特叫停进攻，命令各师撤回出发阵地。12月23日，芬兰第2军损失1328人，其中361人战死，777人负伤，190人失踪。

12月28日，厄奎斯特中将在作战报告中对这次大反攻失败的原因总结如下：

> 我按重要性依次列出失败的原因。
>
> 经查明，敌人兵力十分强大，特别是在我军主攻方向的苏马约基河与特约珀莱恩约基河流域之间地区。
>
> 无法与炮兵取得联系，这意味着最重要的目标没有被炮火摧毁，我们的步兵也没有得到任何炮火支援。值得一提的是，（在第1步兵师）部分迫击炮弹引信故障，部分迫击炮弹口径和迫击炮口径不对号，特别是在第6步兵师这个问题最突出。虽然我们早就发现第2军各师暴露的这个问题并已及时纠正，但第6步兵师配属给第2军太晚，我们没能及时发现他们的问题。我认为上述两点是我军反击失败的最根本原因。情况很明显，如果我们的炮兵和步兵还是没能获得现代化电台的话，那么这些问题在未来的反击中也还是会不断凸显。除此之外，这次反击失败的因素还有：
>
> 天气条件并不理想。和我们预期的相反，反击作战期间天气晴朗，敌人可以施放炮兵观测气球修正他们的弹着点。敌人的空军也活跃出击，不断袭扰我军的一线部队和后方补给线。
>
> 第6步兵师缺乏一线作战经验。结果，该师在遇到敌炮兵和坦克兵投入战斗时慌乱无措。
>
> 第1步兵师的进攻组织也很糟糕，他们整整推迟了两小时才发起攻击。

其他导致芬军失利的原因有：芬军反击地带的双方兵力基本持平，或是苏联军队占优。芬军的特长是在森林密覆地区进攻兵力稀疏的敌人。但卡累利阿地峡的苏联红军的兵力密度却比冬季战争其他战场都要高。尽管苏联红军一再犯错，各师乃至各团防线间隙无人把守，芬军还是无法在地峡进行纵深迂回。

对于芬兰人来说最糟糕的是，苏联第 7 集团军的补给问题并没有其他战场那么凸显。在苏联第 7 集团军进攻地带，苏联军队可以沿三条铁路和三条高速公路实施补给。第 7 集团军的主要补给仓库点设在战线后方不到 70 公里的列宁格勒。由于苏联红军在卡累利阿地峡兵力集中，芬军没能切断苏联第 7 集团军的补给公路网。所有的补给干线都有重兵看守。芬军突击队员不断试图渗进苏联军队后方，但都没能炸掉苏联军队后勤补给系统的节点——各铁路桥，自然也就谈不上扰乱苏联第 7 集团军的后勤补给线。

芬军各营投入战斗都是轻装简从，只携带机枪。结果，苏联坦克出现在战场时，他们不得不叫停进攻并撤进森林。

最后一点，厄奎斯特给手下各位将领的准备和计划时间只有 24 小时。厄奎斯特曾在 20 世纪 30 年代在卡累利阿地峡服役，熟悉这里的一草一石。很可能是基于自己对卡累利阿地峡地形的了解，他预计所有的将领在卡累利阿地峡的森林中都能和他一样轻易辨别方位。

芬军反击失败后，苏联第 7 集团军又在 12 月 28 日和 29 日继续组织兵力突击“曼纳海姆防线”，但各部队的士气已经因 12 月中旬的失败而瓦解。梅列茨科夫在给国防人民委员伏罗希洛夫元帅的报告中描述了所部的情况。报告指出第 7 集团军闯进精心修筑的防御地带，兵力不足以达成突破。梅列茨科夫请求获得增援和时间，准备再次突击“曼纳海姆防线”。莫斯科的最高统帅部批准了梅列茨科夫的计划。卡累利阿地峡恢复了平静。在此期间，苏联军队大量新锐部队源源不断开抵一线，第 7 集团军也开始密集的训练。1940 年 1 月，芬军表现得较为消极，他们仅仅是在后方继续修建新的筑垒地带。

1940 年 1 月初，芬兰陆军各师变更番号，以扰乱苏联红军情报部门的判断：

旧番号	新番号
第6步兵师	**第3步兵师**
第17步兵团	第7步兵团
第18步兵团	第8步兵团
第22步兵团	第9步兵团
第6炮兵团	第3炮兵团
第6轻兵种营	第3轻兵种营

旧番号	新番号
第11步兵师	**第2步兵师**
第31步兵团	第4步兵团
第32步兵团	第5步兵团
第33步兵团	第6步兵团
第11炮兵团	第2炮兵团
第11轻兵种营	第2轻兵种营

至此，1939 年 12 月的卡累利阿地峡大战告一段落。大规模的战斗将在 1940 年 2 月 1 日重新开始。

尼基莱地区的
芬军 7 号机枪
碉 堡，1940
年春。注意装
甲墙壁凿开的
机枪射击孔。
（圣彼得堡国
立档案馆供图）

红军战士在检
查芬军的反坦
克花岗岩障碍
带。（菲利普
瓦供图）

突击结束
后，苏联指
战员们在检
查 4 号波皮
乌斯碉堡。
（作者供图）

红穆奥拉地区的一个芬军机枪碉堡，1940年春。（叶夫根尼·斯克沃尔佐夫供图）

芬兰带刺铁丝网群和供碉堡火力校准的T型校准标志物，穆奥拉地区。（叶夫根尼·斯克沃尔佐夫供图）

穆奥兰约基河两岸。（叶夫根尼·斯克沃尔佐夫供图）

身着冬季雪地伪装服的芬兰士兵，冬季战争初期，卡累利阿地峡。（作者供图）

身着军大衣筑垒修碉堡的芬军士兵合影。他们给本照签名留念："1939 年 11 月 30 日，苏芬战争首日，在芬兰湾沿岸。我们的工程开始接受'考试'。当然，我们的筑垒作业也终于结束了。"（作者供图）

战争第一天，芬兰陆军迟滞部队点火焚烧了许多芬兰农庄。（圣彼得堡国立档案馆供图）

苏 联 第 462
移 动 卫 生 队
撤 运 伤 员，
卡 累 利 阿 地
峡 西 部。（作
者供图）

苏联步兵进攻。
（作者供图）

一 名 中 尉 女
记 者 采 访 汽
车 营 的 指 战
员 们。（圣 彼
得 堡 国 立 档
案馆供图）

苏联指挥员在检查缴获的战利品，冬季战争初期。（圣彼得堡国立档案馆供图）

森林里的芬军林木障碍带。（作者供图）

拉科索上尉（芬兰第13步兵团第3营营长）和手下将士在缴获的轻坦克第40旅的一辆T-26跟前合影留念，1939年12月，拉姆佩斯泰诺亚小溪。这辆坦克被一发命中炮塔下缘侧面装甲的37毫米穿甲弹击毁。（作者供图）

芬军在莱梅特蒂地区缴获的轻坦克第34旅武器装备。（作者供图）

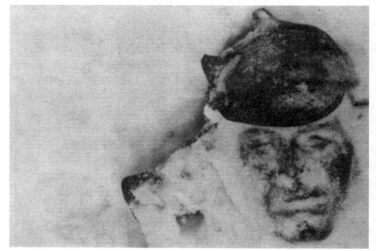

一名牺牲的红军战士。（作者供图）

佩切恩加的苔原地。（圣彼得堡国立档案馆供图）

苏奥萨尔米
地区的芬兰
陆军滑雪部
队。（作者
供图）

苏奥萨尔米
之战的苏联
战俘。（作者
供图）

芬军的一处战
利品堆放点。
（作者供图）

库赫莫地区战
死的苏联滑雪
兵。(作者供图)

苏联军队的一
挺M4高射机
枪装载在卡车
上,莱梅特蒂地
区。(作者供图)

苏联战俘。(作
者供图)

战争结束时，勒伊特瓦拉地区的芬兰陆军一线战士。右起第二名战士手持一支从苏联滑雪兵处缴获的
AVS-36自动步枪。（作者供图）

苏联坦克指挥员正在拟定突破"曼纳海姆防线"的计划：从左到右是重坦克第20旅副旅长二级军事工程师奥莱尼克、第7集团军坦克兵主任维尔什宁和德门辛夫上校。（作者供图）

苏联军队战士在进行滑雪训练。（菲利普瓦供图）

一名被芬军俘获的苏联侦察兵，1940 年 1 月，莱赫德地区。（作者供图）

苏联重坦克第 20 旅所属坦克第 91 营连长斯特潘·科姆列夫中尉。在"曼纳海姆防线"的战斗中荣获"苏联英雄"金质奖章荣誉称号，他于 1944 年 10 月 10 日在坦克营长任上阵亡于波兰维斯瓦河畔。（圣彼得堡国立档案馆供图）

苏联红军指战员们在研究缴获的独立第 2 炮兵营的火炮。（圣彼得堡国立档案馆供图）

一名苏联指挥员在检查夺取的2号碉堡"泰尔图"。(圣彼得堡国立档案馆供图)

第11号碉堡"佩尔托拉"残骸,装甲板被一阵猛烈的爆炸炸飞。(圣彼得堡国立档案馆供图)

装载在雪橇上的一挺苏联军队马克沁重机枪。(作者供图)

穆奥拉教堂残骸。（叶夫根尼·斯克沃尔佐夫供图）

基尔卡－穆奥拉教堂山全景视角。（叶夫根尼·斯克沃尔佐夫供图）

一门被摧毁的芬军反坦克炮。（叶夫根尼·斯克沃尔佐夫供图）

正组织进攻战斗的苏联步兵第 306 团部战员。(圣彼得堡国立档案馆供图)

一名战死的芬军士兵。(叶夫根尼·斯克沃尔佐夫供图)

一具被喷火器烧焦的芬军士兵遗体。地点是穆奥拉,很可能是 14 号碉堡。(叶夫根尼·斯克沃尔佐夫供图)

伊维斯村被摧毁的一个芬军碉堡，1940年4月。（叶夫根尼·斯克沃尔佐夫供图）

瓦西里·莫伊谢耶夫，苏联坦克第23第2营连长。（莫伊谢耶夫家庭供图）

一组战斗中的苏联机枪手。（作者供图）

在拉万萨里缴获的
一门芬兰海岸炮。
（圣彼得堡国立档案
馆供图）

芬军战俘。（圣彼得
堡国立档案馆供图）

苏联军队一个82
毫米迫击炮组正
在进入阵地。注
意苏联滑雪兵的
特殊装备。（圣彼
得堡国立档案馆
供图）

重坦克第20旅被击毁的一辆T-28中型坦克。(作者供图)

芬军一个反坦克炮组和他们的37毫米博福斯反坦克炮。(作者供图)

斯克沃尔佐夫兄弟,从左到右为叶夫尼根、亚历山大、瓦西里。(叶夫根尼·斯克沃尔佐夫供图)

第三章
拉多加湖以北

1939年11月30日，哈巴罗夫的苏联第8集团军越过苏芬边界发起进攻，意图歼灭拉多加湖以北的芬兰第4军。接着哈巴罗夫向西面和西北挺进，朝索尔塔瓦拉和约恩苏突击。然后，第8集团军继续沿着拉多加湖北岸，从背后对卡累利阿地峡的芬军主要防御地带实施突击。总之，第8集团军的任务是支援第7集团军对芬兰陆军主要防御地带实施突击。

第8集团军司令员哈巴罗夫拥有六个步兵师（五个步兵师在一线展开，一个步兵师，即步兵第75师充当预备队）和轻坦克第34旅，该旅的任务是发展步兵师部队的胜利，突入芬军大后方。五个师编成两个步兵军：在北面展开的是帕宁（师级）指挥的步兵第1军（辖步兵第155、第139师和第56师），在南面展开的是切尔帕诺夫（师级）指挥的步兵第56军（辖步兵第18师和第168师）。第8集团军各师将沿着不同公路进入芬兰。各师防线之间缺口宽达10—50公里，因此，苏联的进攻从一开始就裂解为规模更小的作战行动。

步兵第155师在集团军右翼，沿波拉耶尔维—利乌斯瓦拉—洛曼特斯—约恩苏公路进攻。该师拥有14128名指战员，22辆坦克和包括团属野战炮、反坦克炮在内的100门火炮。该师前出到默赫克（Möhkö）—奥伊纳萨尔米（Oinassalmi）地区时为芬军坚决的反冲击所阻，战线一直僵持到冬季战争结束。

步兵第139师朝苏奥耶尔维—阿伊特塔约基—托尔瓦耶尔维—科尔皮塞尔凯公路实施突击。战争开始，步兵第139师拥有15362名指战员，90门火炮和20辆轻坦克。步兵第56师沿着苏奥耶尔维—洛伊莫拉—苏伊斯塔默—鲁斯科阿拉方向的公路和铁路展开攻击。步兵第56师拥有15876名指战员，加上配属炮兵共有138门火炮和约100辆坦克。该师所属的坦克第410营装备20辆T-37和14辆T-26坦克，拥有54辆T-26坦克的独立坦克第112营也被配属该师。

切尔帕诺夫的军沿拉多加湖东岸实施突击。该军所属的步兵第18师将沿着莱梅特蒂—科伊里诺亚—米皮拉赫蒂—索尔塔瓦拉公路进攻。步兵第168师沿着萨尔米—皮特基亚兰塔—米皮拉赫蒂—索尔塔瓦公路前进。

步兵第18师的补给干线仅有一条穿过乌奥马和莱梅特蒂的公路。步兵第18师师长很清楚形势的危险性。因此，整个步兵第97团被指定用于保护补给线。

芬兰第4军顶住了切尔帕诺夫的军的进攻，并在12月中旬转入反冲击。芬军设法切断步兵第18师的补给线。在鲁赫廷纳梅基（Ruhtinaanmäki）和叙斯屈耶尔维（Syskyjärvi），步兵第168和第18师击退芬军的反冲击，但被迫退却2公里，撤至叙斯屈耶尔维村以南。1940年1月6日，芬军恢复进攻，将步兵第18、第168师和轻坦克第34旅分别包围在莱梅特蒂、乌奥马和基蒂莱地区。步兵第168师抱团始终维持防线的完整，证明自己是一支芬军无法打垮的顽强部队。

最大的悲剧是被围的步兵第18师和轻坦克第34旅，他们以极其有限的补给在包围圈里陷得太久了。虽然苏联空军不断给被围部队空投口粮，但使用的却是载运量有限的双翼机。更糟糕的是空投精度欠佳，补给品往往落入芬兰人之手。第8集团军对被围部队也是爱莫能助。

被围部队发出电报和报告的绝望程度日甚一日。1940年1月18日，步兵第18师师长孔德拉绍夫报告：

> 我师各部都陷入了极为困难的局面。许多指战员饿死。不少人患夜盲症，胃炎也很普遍。军马正在大量饿死。我们每天都在盼着你们的救援。

1940年1月29日报告：

> 我师被围已16天。伤员500人，病员约600人。弹药打光了，面包也没有了。饥饿、病痛和死亡无日无之。

1940年2月9日，轻坦克第34旅内务人民委员部特别部门主任多隆金急电，内容如下：

> 指战员们已经40天都没有足够的粮食了。大部分指战员已经挨饿，冻伤者不少。要继续守下去相当困难。空军投下的口粮太少。我守军共有4000人。2月7日空军仅投下350千克干粮、60千克脂肪、44千克盐、160千克蜂蜜、30千克面包和18大包食品，这些食物远远不够。

1940年2月13日，多隆金又给步兵第56军发去求援电报："我们都要饿死了。请给我们多一点口粮吧，别让我们白白饿死在这里。"

1940年2月18日："为什么你们就是不给我们投粮呢？"

1940年2月23日："被敌包围已40天，我不相信这儿的敌人能有如此强大。要么挽救我们，否则我们就要白白牺牲了。"

1940年2月25日："救救我们吧，向敌人进攻，请派飞机给我们空投口粮和香烟。给我们支援，否则我们就要饿死了。"

轻坦克第34旅独立侦察第224营的阿尔季卡·特韦尔斯科伊中士回忆道：

> 战前，我旅驻莫斯科近郊的纳罗－福明斯克。我们装备精良，军容整齐，训练有素，身着最漂亮的制服。1939年5月1日，我营参加了莫斯科红场的阅兵式。上级特许我们比步兵留更长的头发，并身着更为笔挺漂亮的军服。这点实在是棒极了，作为一个轻工业城市，纳罗－福明斯克大部分产业工人都是年轻的姑娘，我们很受她们的欢迎。
>
> 我们的旅长孔德拉季耶夫，刚刚获得一枚红旗勋章，从西班牙战场载誉而归。所有参加过西班牙内战的指挥员归国后都受到英雄般的待遇，我们也为旅长是归国英雄之一而备感自豪。他是一位开朗而友善的指挥员。
>
> 在莱梅特蒂被围的岁月里，空军可没给我们留下什么好印象。他们的支援可以说是杯水车薪。他们从高空把补给一投了之，这些补给品往往落入芬兰人之手。当时，我们和芬兰人的补给形势都很艰难。飞机往往投下猪肉罐头、黄油和干包面。每当飞机开始空投时，敌我双方都会停止一切

射击。饥饿的红军战士和芬兰人都跑到落点树林，企图抢夺食物。当双方收好了最后一盒食品后，所有人又紧握枪支，开始相互开火。

整个战役准备和作战计划简直糟糕透顶。我不知道是谁把我们旅派到森林里的。在森林里，我们和我们的坦克能做什么？我们唯一能做的就是给坦克挖掩体，把它们当碉堡用。虽然我们穿着暖和的军大衣，可步兵第18师的步兵指战员却穿着单薄的秋季军服！该师因冻伤减员70%，真是恐怖。

什么吃的都没有。我们杀掉了步兵和炮兵单位的所有军马。接着，我们甚至把马鞍、皮带都煮来吃，真是恐怖的一幕。

战争中，芬兰人残酷而无情。他们根本不抓俘虏。在莱梅特蒂，他们摧毁了所有挤满我方伤员的掩体。我想，他们甚至比1941年苏德战争中的德国人更残酷无情。

1940年2月17日，我军开始从包围圈突围。我们营掩护步兵从包围圈突围。我记得仅有30位步兵跑了出去。我虽然负伤，但还能走。独立侦察营共有7人和我情况相似：负伤但还能走。我们决定趁夜分散突围，从芬军包围圈缝隙突出去。我们知道该往哪里走，因为我们是侦察兵。在森林里摸索行进了几天后，我们最终在拉多加湖找到了我们的部队。内务人民委员部冷酷地收容了我们，并对我们进行了一周的甄别。在甄别期间，一位战友因为一个多月来饿疯了，结果拼命吃被撑死了。

2006年，阿尔卡季·特韦斯科伊（Arkadi Tverskoi）访问了俄罗斯联邦军事档案馆。根据独立侦察第224营伤亡单，他在1940年2月17日的突围作战中牺牲。俄芬两国所有关于冬季战争的书籍都称独立侦察第224营全部的指战员都被消灭了。

第8集团军和步兵第56军并没有为被围部队展开大规模救援作战。集团军司令部和军部唯一做的就是给予空虚的承诺和一再命令被围部队坚持。结果，步兵第18师和轻坦克第34旅最终开始突围时，指战员们已经饿得筋疲力尽。

严寒也给莱梅特蒂地区交战双方造成了大量的冻伤。例如，芬兰陆军的精锐部队——第4猎兵营70%的兵力被冻伤。猎兵虽然是精锐的滑雪部队，但仅身着薄皮滑雪靴。该营第 1 连情况稍好一点，部队开赴莱梅特蒂前，连里的军士长从埃伊雷佩的皮毛厂订购了 100 双毛皮毡靴。除第 4 猎兵营外，参加莱梅特蒂地区战斗的芬军其他部队也因严寒出现了大量的冻伤。海梅骑兵团的毛诺·拉克索宁（Mauno Laaksonen）回忆道：

> 我们的军服是如此单薄，以致我仍对部队没有全部冻伤感到庆幸。许多将士从家里带来保暖服，改善了我军的防寒情况。当时，我军身着的是 1936 年式军大衣，根本无法抵御零下 40 摄氏度的严寒侵袭。

步兵第 18 师的指战员身着单薄的军衣，他们的防寒保暖情况比芬军更糟。阿尔卡季·特韦尔斯科伊接着回忆道：

> 步兵第 18 师的指战员们穿得极其单薄。他们仅有一件风衣和皮毛毡靴。他们的伤亡率为 70%，大部分是冻伤。许多指战员失去了手脚，真是惨不忍睹。

经过 1940 年 2 月一个月的战斗，芬军歼灭步兵第 18 师和轻坦克第 34 旅主力。被围的步兵第 18 师和轻坦克第 34 旅在意识到苏联步兵第 15 集团军和第 8 集团军无法按时赶来救援后，于 2 月底决定突围。在突围过程中，步兵第 18 师师长孔德拉绍夫做了一个可耻的决定——把部队分成两路，一路由他亲自指挥展开突围，另一路由师参谋长阿列克谢耶夫上校指挥。阿列克谢耶夫上校奉命带着所有伤病员和老弱残兵突围，而剩余的生力军统统由孔德拉绍夫带领。不过，阿列克谢耶夫设法趁隙穿过芬军防线，安全返回了苏联军队战线。相反，孔德拉绍夫的部队主力却在突围过程中被歼灭，身为师长的孔德拉绍夫仅带轻伤逃回己方战线。有部分资料显示，孔德拉绍夫为了随时脱队保命，身着普通战士的军服逃出了重围。

轻坦克第 34 旅旅长康德拉季耶夫（旅级）在突围过程中和旅部全体成员一起牺牲。部分资料显示，康德拉季耶夫和他的政委加帕纽克以及旅内务人民委员部特别部门主任多隆金在突围无望的情况下，自杀殉国。据统计，轻坦克第 34 旅，这个在冬季战争前参加红场阅兵式的精锐坦克机械化部队，在莱梅特蒂地区的战斗中损失 90% 的坦克、50% 的兵力。全旅 3787 名指战员中有 902 人战死，414 人负伤，94 人战病或冻伤，291 人失踪，损失所有营长。

步兵第 18 师师长孔德拉绍夫（旅级）于突围后被逮捕，1940 年 3 月被执行枪决。师参谋长阿列克谢耶夫接任师长职务。步兵第 18 师在莱梅特蒂地区损失 8754 人，是整个冬季战争中苏联单个步兵师伤亡率之最。

1940 年 3 月，于皮特基亚兰塔南部新组建的苏联步兵第 15 集团军在连续几次失败后，最终突破了芬军对步兵第 168 师的包围圈。除此之外，15 集团军还沿着陆路和拉多加湖冰封的湖面对少量芬军据守的小岛实施突击。

洛伊莫拉：铁路线上的死结

步兵第 56 和第 139 师在一次联合突击中夺取了苏奥耶尔维，然后分头行动。步兵第 56 师继续往西沿着苏奥耶尔维—洛伊莫拉—维尔特斯莱—约恩苏高速公路和铁路线实施突击。

步兵第 56 师当面，芬兰第 34 步兵团奉命撤到科拉恩约基河（Kollaanjoki），在西岸占领阵地奉命，不惜一切代价死守。芬军防线正面宽仅 3 公里。在防御地带的南北两面都是针叶林。芬军第 34 团第 2 营和 3 营的任务，是在第 12 炮兵团第 1 营和 1 号装甲列车支援下，守住科拉恩约基河。芬兰第 12 师主力担任预备队，随时准备开往受威胁地段。

12 月 7 日，步兵第 56 师开始突击芬军新防线。步兵第 37 团在独立坦克第 204 营一个坦克连和独立工兵第 79 营一个连的支援下，冲在第一线。他们身后是得到独立坦克第 111 营一个坦克连和独立工兵第 245 营一个连支援的姐妹团——步兵第 213 团。一个榴弹炮和两个加农炮营负责支援这次进攻。12 月 7 日的正面进攻没有取得任何效果。三天激战后，步兵第 37 团失去了战斗力。12 月 9 日，芬军组织反击，步兵第 37 团两个营不待上级命令就擅自逃出战场。步兵第 213 步兵团赶紧顶上一线，换下精疲力竭的步兵第 37 团。新锐的步兵第 213 团继续对芬军防线实施正面冲击，但进攻全部受挫。为了打破僵局，苏联军队打算实施迂回。步兵第 184 团奉命实施纵深迂回，插到芬军后方。该团第 2 营一路深入芬军后方 10 公里，切断了洛伊莫拉火车站的铁路线。

1939 年 12 月 12 日到 17 日一连五天时间，苏联各营不断试图从南北两面迂回芬军防线后方。芬军识破了这个伎俩，迅速组织兵力对两翼深远地带进行巡逻。他们设法查明了苏联特遣队的路线，意识到了自身的危机。芬军紧急派兵增援科拉：步兵第 35 团一个营、第 12 炮兵团第 3 营和第 12 轻兵种营一个自行车连赶到一线。

　　1939 年 12 月 18 日，步兵第 56 师停止了所有进攻。当天，芬军为包围步兵第 56 师主力，决定组织一次大规模反击。芬军雄心勃勃，计划对苏联军队发起钳形攻势，两翼铁钳将在苏联军队后方 5 公里处的内恩泰奥亚（Nääntäoja）合拢。12 月 20 日，芬军以两个营的兵力迂回苏联军队两翼，并组织兵力对科拉实施正面攻击，但被苏联军队击退。12 月 21 日，芬军反复组织攻击，但还是被击退。芬军只得转入防御，并扩大防御正面。芬军进攻的结果是，留驻科拉地段的泰蒂宁战斗群只剩四个步兵营、两个炮兵营和一列装甲列车。

　　12 月 24 日和 25 日，步兵第 56 师再次进攻泰蒂宁的阵地，但没能突破。接着，战线恢复了平静和稳定，一直持续到 1940 年 3 月。

　　1940 年 2 月底，苏联军队在科拉周围集结了六个师的兵力。1940 年 3 月初，苏联军队开始了第二次总攻击。芬军顽强抵抗，击退了苏联军队所有的正面进攻和侧翼迂回。虽然从 3 月 12 日开始，第 12 步兵师两翼在苏联军队不断迂回攻击的情况下逐步恶化，但一直维持着防线稳定直至战争结束。科拉之战成为芬兰陆军坚忍不拔顽强战斗的象征。

托尔瓦耶尔维和埃格莱-耶尔维：拉多加湖大捷

　　步兵第 139 师当面只有一个实力不过两个营多一点的芬军雷塞宁战斗群，它由独立第 10 营和独立 11 第 2 营，以及第 37 步兵团第 8 连和第 13 炮兵团第 9 连组成。在步兵第 139 师初期进攻战斗取得胜利后，雷塞宁战斗群得到了第 7 自行车营的加强。12 月 6 日，独立第 9 营也赶到托尔瓦耶尔维，加强雷塞宁战斗群。

　　战争初期，步兵第 139 师确实战果辉煌，该师拥有一大批能力出众的团营指挥员，使用侧翼迂回战术不断击破芬军的抵抗。1939 年 12 月 2 日，步兵第 139 师和步兵第 56 师一道，夺取了苏奥耶尔维。在这次村落战斗中，留守苏奥耶尔维村的芬兰居民惨遭飞来横祸：不少人被苏联军队的手榴弹炸死；部分人被红军关押，理由是苏联军队怀疑他们从地窖和房屋窗户朝红军战士开火。不过，大部分被关押的居民在当天获释。

12月2日，曼纳海姆接见了塔尔韦拉上校。这次戏剧性的会面是托尔瓦耶尔维之战的关键。塔尔韦拉上校1919年和1920—1921年两次入侵苏维埃的卡累利阿，对拉多加和卡累利阿可以说是了如指掌。当年，这些芬兰右翼军官秘密入侵苏维埃卡累利阿，试图把卡累利阿从苏联的桎梏中解放出来。芬军对待共产党和普通群众一样残酷无情，以致完全失去了当地民众的支持。最终，越界渗透的芬军战败，被红军近卫军战士全部赶出了边界。

塔尔韦拉对丢失苏奥耶尔维和芬兰第4军的消极"不作为"感到十分愤怒，因此坚持要面晤曼纳海姆元帅。为了给20年前失败的渗透作战报仇，塔尔韦拉精心准备第二轮打击计划。他毕业于1924—1926年芬兰总参谋部学院高级指挥课程。在1926年的毕业论文中，他就仔细分析了拉多加湖北部地区的攻势计划。1930年，塔尔韦拉上校从芬兰陆军总参谋部作战部主任的职务上退役，1939年10月芬兰陆军进行秘密总动员时重新参军。在他的回忆录中，塔尔韦拉这样描述他和芬兰陆军总司令曼纳海姆元帅的会晤：

> 怒发冲冠的我奉命面见元帅。当时，他的总司令部设在赫尔辛基大酒店。我把自己不可动摇的信念和所有关于苏奥耶尔维重要性的想法滔滔不绝地向他阐述。接着，我告诉他，我对战争中进攻作战重要性的看法。我们必须进攻，不能再撤退了。芬兰战士更擅长进攻，这样才能鼓起士兵的"sisu"[①]、精神和士气。我问元帅，什么时候可以派我到前线，在战斗中证明我的利剑。

塔尔韦拉还请求曼纳海姆元帅把帕亚里少校指挥的芬兰第16步兵团和炮兵拨给他。帕亚里少校曾在1919年参加对苏维埃卡累利阿地峡的渗透作战。帕亚里的论文也是论述苏联红军在拉多加湖北部展开攻势作战的能力。

---

① 作者注：芬兰语，意思是面对困境时的坚韧不拔和顽强。

塔尔韦拉滔滔不绝的观点阐述给曼纳海姆元帅留下了深刻印象，于是他采纳了这个建议。12月5日，芬兰陆军总司令曼纳海姆元帅组建塔尔韦拉战斗群，由塔尔韦拉指挥。塔尔韦拉战斗群的任务是组织一次大型反击，击败该地区的敌人，恢复两国边界线，夺回苏奥耶尔维。

值得注意的是，曼纳海姆元帅熟悉塔尔韦拉上校，也信任他的能力。作为一位经验丰富的指挥员，曼纳海姆元帅不会轻易把这种任务随便交给芬兰陆军的某一位上校。

前线的事态迅速发展，不过幸运女神暂时没有青睐芬兰人。雷塞宁战斗群的各个预备役独立营竭力抵抗，还是没能阻止步兵第139师往托尔瓦耶尔维前进的步伐。步兵第139师迅速突入芬兰领土，击破芬军迟滞部队的抵抗。雷塞宁战斗群又试图在新近赶到的第7自行车营的支援下，于阿伊特塔约基河挡住苏联军队攻势，也告失败。12月3日14点整，步兵第718团第1营对阿伊特塔约基的芬军展开攻击。芬军击退了第一次攻击。17点整，步兵第364团全部抵达阿伊特塔约基河，配合步兵第718团第1营进行第二次冲击，但芬军还是守住了阵地。

步兵第364团第1营第2、第3连和两个机枪排迅速插进公路南面森林，迂回芬军侧翼。步兵第364团第1营营长科马林斯基大尉亲自率部突击。这次迂回作战的目的是包围并全歼阿伊特塔约基河一线的芬军。5点整，特遣队和芬军后勤部队遭遇，让芬军完全措手不及。芬军对这次意外遭遇十分震惊。科马林斯基大尉立即对空发射白色信号弹，通知部队向芬军后方展开攻击。糟糕的是，苏方两个机枪排没能及时赶到战场提供火力支援。导致两个机枪排迟到的原因是积雪深厚、沼泽遍地和步兵第364步兵团第1营机枪第1连连长卡普卡涅茨中尉的懦弱，他在整个战役中一直试图逃避战斗。结果，步兵第364团第1营第2、第3连在战斗中打光了子弹。芬军瞅准机会，果断组织反击，苏联军队两个连被迫慌乱逃进森林。尽管如此，芬军的士气还是因这次突袭大受打击，其后再也没有组织起像样的抵抗。

坦克群抵达渡口，新一轮正面进攻开始了。芬军仍未能从昨晚科马林斯基的突袭中缓过劲来，只得炸毁桥梁，抛弃重型装备仓促撤退。营长尤哈·萨尔瓦少校负伤后，芬军的撤退变成了溃退。雷蒙德·埃里克松上尉接替指挥。

步兵第 364 团和步兵第 718 团共抓获 7 名芬军战俘，缴获 5 挺重机枪和 1 辆弹药车以及大量弹药。苏方损失仅为 24 人战死和 30 人负伤。

12 月 5 日，步兵第 139 师先头部队抵达埃格莱－耶尔维村。该村距边界约 40 公里。苏联军队采取两翼包抄快速突击的方式夺取该村。良好的堑壕体系和带刺铁丝网群没能帮助芬兰人守住小村。这次战斗，也是苏联团属火炮在整场战役中第一次支援步兵第 139 师的步兵指战员冲击。76 毫米和 45 毫米野战炮、加农炮拉到直瞄距离，直接轰击芬军的防御工事。

在头五天的战斗中，步兵第 139 师缴获了大量战利品：20 挺重机枪、4 门野战炮、5 辆卡车、2 门迫击炮、大量步枪子弹和许多自行车。第 8 集团军的战役计划似乎就要完成了。然而，战争的头几天里，步兵第 139 师的补给问题开始凸显。而这个问题也同样困扰着不少其他参战的步兵师。在步兵第 139 师的作战报告中，反映该问题如下：

> 公路都是冻土并允许双向通行，但许多地段的公路太狭窄，无法容纳双车并行。许多桥梁和沼泽地带都被爆破，干扰了交通并导致了堵塞。

夺取埃格莱－耶尔维后，步兵第 139 师各团分散。步兵第 364 和第 609 团继续沿埃格莱－耶尔维—托尔瓦耶尔维这条仅有的公路前进。步兵第 718 团领受一项艰巨任务——以两个营行军 20 公里穿过未知的针叶林，前出到希尔瓦斯耶尔维湖北部边缘的洪卡瓦拉，从背后打击托尔瓦耶尔维村的芬兰守军。根据计划，这次行军最迟要在 48 小时内完成，但地形是如此复杂，以致实际上用了约 120 小时。更糟的是，团部和师部从一开始就失去了电台联络。

1939 年 12 月 6 日，步兵第 364 团抵达里斯蒂萨尔米大坝并继续推进。尽管塔尔韦拉严令坚守里斯蒂萨尔米大坝到 12 月 8 日，但芬军第 7 自行车营没能守住阵地，撤往基维萨尔米大坝。芬军独立第 9 营一个机枪连和第 37 步兵团第 9 连设法在基维萨尔米将步兵第 364 团的进攻挡了半天。

步兵第 364 团第 3 营离开公路，从北面迂回包抄芬军阵地。他们的任务和步兵第 718 团两个营类似：迂回湖区，切断托尔瓦耶尔维—科尔米凯塞莱公路，然后牢牢守住它。为了轻装简从，步兵第 364 团第 3 营既没带补给车，也没有炮兵伴随。步兵指战员不得不将重机枪分解，扛在肩上或放在雪橇上。步兵第364团参谋长普罗霍罗夫大尉亲自下到一线，指挥第3营作战。部队行经托尔瓦耶尔维湖北梢，遇到芬军前哨，他们迅速驱逐芬军前哨，然后继续前进。至库奥哈耶尔维湖时，筋疲力尽的步兵第364团第3营遇到芬军抵抗，没有再前进一步。该营只是撤往托尔瓦耶尔维湖的芬军遗弃堑壕线转入防御，一直待到12月11日，切断托尔瓦耶尔维芬军退路的迂回作战任务只得放弃。在和芬军进行的多次小战斗中，第3营损失了两位连长和许多指战员。

与此同时，芬军增援部队也不断开抵一线。马尔卡梅基上尉指挥的独立第9营、第16步兵团各营相继赶到战场。塔尔韦拉上校命令新锐的独立第9营赶往洪卡瓦拉地区，准备对步兵第139师右翼展开攻击。然而，埃格莱－耶尔维—托尔瓦耶尔维公路沿线战斗吃紧迫使塔尔韦拉上校取消了独立第9营的侧翼迂回包抄计划。为封堵苏联军队的突破，塔尔韦拉上校命令帕洛赫伊默战斗群（由独立第112营两个连和独立第10营第2连组成）赶往湖区北梢。

12月7日傍晚，芬兰第16步兵团第1营（营长海拉宁上尉）抵达托尔瓦耶尔维村，立即奉命赶往一线换下基维萨尔米的守军。对芬兰第16步兵团来说，基维萨尔米大坝防御战斗是该团第一次经受战火洗礼。由于出动命令下得过于匆忙，第1营的战士们还没准备好足够的冬季雪地伪装服就上路了，以致被雷塞宁战斗群当成是步兵第139师的人，该营有7人因此负伤。当然，这次误击事件也不能全怪雷塞宁战斗群，毕竟大部分芬军将士都身着冬季雪地伪装服，而步兵第139师一件也没有。任何身着深灰色军服的士兵，都会被托尔瓦耶尔维的芬军当成苏联红军。

苏军第8集团军司令员哈巴罗夫命令步兵第139师12月8日清晨立即进攻，当天任务是击破托尔瓦耶尔维村的芬兰守军，然后抵达重要的科尔米凯塞莱村，打开通往维尔特斯莱火车站和约恩苏的公路。步兵第139师师长别利亚耶夫（旅级）请求把进攻时间推迟至少24小时，以便前调给养和炮兵。他的请求被驳回。结果，步兵第139师的部队在没有炮火支援的情况下进攻。苏联人的踏冰冲击让海拉宁上尉刚赶到的营吃了一惊。该营下午放弃阵地，跑回托尔瓦耶尔维村。军官们在距离前线约8公里处的科卡里村才勉强收拢全营。对此，芬军第16步兵团团长帕亚里少校冷冷地说："你们可以跑，但你们只会累死！"

基维萨尔米原本是卡累利阿共和国境内最美丽的地方之一，芬兰第16步兵团第1营的作战日志这样描述1939年12月8日发生在那里的事情：

4点整：我营各作战部队抵达了托尔瓦耶尔维村，立即奉命在周围各个高地组织防御。

7点30分：据报敌人已经穿过了科蒂萨里岛，正朝托尔瓦耶尔维村扑来。我营第1连和第3连奉命在敌越过冰封的湖面时打敌侧翼，并突击科蒂萨里岛，可我们在岛上没有发现敌人。相反，我营各连遭到己方迫击炮火力误击，2人负伤。接着，我营各连又遭到己方机枪火力误击，5人负伤。

10点30分：第2连遭到炮火急袭。双方整天都在进行低烈度的交火。

15点整：敌人以两个连的兵力朝科蒂萨里扑了过来。

16点整：敌人组织机枪火力和迫击炮火力猛打我营。同时，敌人还跨过冰封的湖面朝我营第1连一个排据守的科蒂萨里岛实施冲击。

16点30分[①]：恐慌情绪迅速在各连蔓延。第1连不知从哪里接到命令，称该连右翼遭敌迂回，左翼的第2连也被打垮，命令要求该连立即撤退。

撤退很快变成溃退。各级军官没法掌握控制部队。士兵们把雪橇和背包扔在了战场。我们试图从第2连收拢部分兵力实施反击，可惜没有成功。

溃逃还在继续。仅有30人留在山脊上，他们守住了自己的阵地，到22点整才逐步撤了下来。第3营一个排紧急赶来，协助他们撤退。

在托尔瓦耶尔维村周围公路，我们好不容易才收拢了180名官兵。他们奉命后撤至科蒂萨里，冷静下来，休息一下，然后恢复建制。

步兵第364团参谋长认为，苏方12月8日的进攻也缺乏准备，师属炮兵团还在赶路。步兵的冲击仅得到团属加农炮和反坦克炮的支援。在步兵团对芬军阵地进行决定性的突击后，战斗也告结束。步兵第364团作战日志记载道：

---

① 作者注：只是大约时间，准确时间无法核实。

这是红军战士大无畏的英雄主义气概的展现。这次突击就像 1921 年平叛喀琅施塔得的进攻。许多冲击的红军战士，在喊杀着冲击后不久就中弹牺牲或是负伤倒地。在我们决定性的突击下，敌人被迫退却。

芬军第 1 营营长海拉宁上尉相信了自己被包围的谣言。和洛奥斯托中尉一样，他决定把托尔瓦耶尔维让给苏联军队，然后率营撤往托尔瓦耶尔维西面 8 公里处的科卡里村，和团主力会合。12 月 8 日寒夜，第 1 营的将士们不得不穿过未知的针叶林撤退。在芬兰陆军官方战史中，这次越野撤退被讽刺为"往科卡里的夜间赛跑"。按照洛奥斯托中尉的说法，这次夜间撤退行军极为艰苦，甚至对该营意志最顽强的战士而言也是如此。

12 月 8 日战斗的结果，是芬军丢失了基维萨尔米地区，马尔卡梅基上尉的独立第 9 营和芬兰陆军主力部队之一的帕洛赫伊默战斗群陷入孤立暴露态势。原本两个营还准备打苏联军队右翼，却因为自己的防御纵深地带受到威胁而作罢。12 月 9 日，帕洛赫伊默和马尔卡梅基奉命撤离阵地，与主力会合。

海拉宁上尉的营逃出前线后，步兵第 364 和第 609 团也前出到托尔瓦耶尔维湖东岸和希尔瓦斯耶尔维湖地区，他们已经看到了湖西岸的托尔瓦耶尔维村。步兵第 609 团拿下了一个十分有价值的目标——坐落在托尔瓦耶尔维湖和希尔瓦斯耶尔维湖之间一座高山上的托尔瓦耶尔维大酒店，它在战争爆发前不久刚刚落成。酒店拥有全套现代化设备。一楼为钢筋混凝土结构，表面覆盖着漂亮的大理石板，二、三两层楼均为原木搭建。步兵第 609 团团长里特温少校把团部设在大酒店里。与此同时，苏联人在酒店的外墙上凿开射击孔，各个窗口也堆满了沙袋。整座酒店被改造成一个小型要塞堡垒。芬兰军官意识到了苏联人的这些准备工作，只能咒骂自己时运不济，丢失了这样一个坚固的支撑点。托尔瓦耶尔维的芬军和步兵第 139 师各团阵地之间只隔着一座大坝和一个湖泊。

由于基维萨尔米的溃败，图尔卡上尉指挥的芬兰第 16 步兵团第 3 营乘坐卡车紧急赶到托尔瓦耶尔维村，仓促组织防御阵地。

12 月 8 日黄昏，塔尔韦拉上校亲临前线。他要求立即组织兵力打击苏方部队，甚至还打算亲自带两个排冲击。在和帕亚里少校简短商讨后，还是决定让帕亚里少校带第 4 连反击，塔尔韦拉上校留在托尔瓦耶尔维村的第 16 团部挥所掌握情况。12月8日夜，帕亚里少校带着第4连从托尔瓦耶尔维村出击，悄悄绕过科蒂萨里岛的苏联军队阵地。与此同时，不耐烦的塔尔韦拉上校又计划再实施两次打击：第7自行车营趁夜攻击科蒂萨里，新近赶到一线的图尔卡上尉的营打托尔瓦耶尔维大酒店。图尔卡上尉试图劝说塔尔韦拉上校打消这个念头，可第7自行车营营长埃里克松上尉却抢先表态："我的人没有守好阵地，但进攻的话他们有点儿用。"第7自行车营从托尔瓦耶尔维村出动，对科蒂萨里岛实施反击。步兵第364团击退了这次反击，埃里克松上尉不幸战死。12月9日凌晨2点整，第7自行车营撤回进攻出发阵地。

当夜，步兵第139师兵力沿公路展开。经过九天九夜不间断战斗，指战员们已经筋疲力尽。步兵指战员对缺乏坦克兵和空中支援很不满。步兵第1军曾几次承诺提供空中支援，但都没有兑现。不过，步兵第139师还是对空中支援寄予厚望，各团在夜间不停地点起大量篝火，一方面给指战员们暖身子，另一方面也给空军指示他们的地面位置。但这么一来，也把步兵第139师各团的位置清晰无疑地暴露给芬军。帕亚里在突袭战斗中充分利用了这一点。

帕亚里少校设法带队溜过苏联军队前哨，深入步兵第139师后方，打击里斯蒂萨尔米大坝东面1.5公里处的苏联阵地。突如其来的集中攻击给苏联军队造成很大的恐慌和混乱。在撤回托尔瓦耶尔维村时，帕亚里倒下了，42岁的老少校心脏病发作，不得不送往后方医院。这是芬兰第一次有效打击步兵第139师侧翼，振奋了原本低落的芬军士气。从佩特萨莫苔原地到芬兰湾沙滩，芬兰陆军已经全线撤退了一周有余。芬军不仅损失了大量官兵，而且丢失了一个又一个村庄，苏联红军的进攻狂潮仿佛难以抵御。塔尔韦拉所部奇袭成功的消息立即传遍了全军，也上了芬兰国内各大报纸的头版头条。

12月8日傍晚，第16步兵团第2营赶到托尔瓦耶尔维。塔尔韦拉战斗群所有部队集结到托尔瓦耶尔维村周围，准备反击步兵第139师。在兵力对比上，塔尔韦拉上校是七个步兵营和12门火炮对步兵第139师十一个不满员的步兵营和90门火炮。虽然步兵第139师从火炮数量上来看拥有一定的优势，但这些火炮分散在他们的进攻方向上，弹药不足，缺乏合适的炮兵观察所。12月9日，连续激战了9天的托尔瓦耶尔维和埃格莱-耶尔维两地突然平静下来，双方仅有零星的交火，这是大战前夜的平静。一场暴风雨马上就要降临。

12 月 9 日夜，步兵第 718 团这两个筋疲力尽的营赶到了洪卡瓦拉。他们继续朝托尔瓦耶尔维村进行艰苦行军，并于 12 月 10 日夜袭击了在科尔皮塞尔凯—托尔瓦耶尔维公路的瓦洛拉姆皮池塘周围活动的芬军补给纵队和炮兵。芬军完全措手不及，似乎阿伊特塔约基的故事就要重演。可这次形势不同了。步兵第 718 团两个营从一开始就失去了和师部的电台联系，导致他们在后方的袭击没有得到正面进攻的配合。另一方面，步兵第 718 团的指战员们也处于生理和心理极限。一连五天，步兵第 718 团的指战员们背负着沉重的武器和弹药，在针叶林持续行军，睡在零度以下的野外，几乎没有吃上一口热饭，这让他们逐步失去了斗志，变得麻木。袭缴获了芬军的野战厨房后，部队停止前进。大家都饿极了，再也没有力气继续朝托尔瓦耶尔维村冲击。所有指战员都抢着喝上一口热香肠汤。芬军抓住时机调整部署并展开反击。当时，帕亚里少校正在从一线撤往科尔皮塞尔凯（Korpiselkä）的途中。得知苏联军队在后方袭击的消息，他不顾自己还患病，立即召集周围的兵力，亲自率兵对苏联军队实施反击。与此同时，芬军第 16 步兵团第 1 和第 4 连也从托尔瓦耶尔维村赶来参加反击。

瓦洛拉姆皮池塘的战斗贯穿 12 月 10 到 11 日的整个夜晚。战士们怒吼着相互瞄准，枪口火焰不时闪烁。俄国人和芬兰人在冰天雪夜中，用刺刀、匕首、工兵铲等一切摸得到的近战武器进行肉搏。为辨明敌我，芬兰人在暗夜中大喊口令"梅特塞"和回答"科尔皮！"到 12 月 11 日清晨，芬兰人赢得了战斗。步兵第 718 团各营被迫从公路撤到希尔瓦斯耶尔维湖北梢。据芬军记载，约 100 具苏联红军尸体被遗弃在战场上。这次战斗后来被命名为"香肠大战"，因为芬军打扫战场时于苏联红军战士遗体的口粮袋中发现了不少香肠。事后，步兵第 1 军批评步兵第 718 团轻易撤离战场。站在苏联高级指挥员的角度来看，两个营没能持久地封锁公路，让托尔瓦耶尔维的芬军形势更复杂。

步兵第 364 团也在 12 月 10 日晚开始了新的迂回包抄行动。该团第 2 营于 20 点整一路抄到芬军后方。他们顺利前出到托尔瓦耶尔维村西岸地区，然后从南面对芬军发起攻击。12 月 11 日 7 点整，步兵第 364 团第 2 营正式对芬军防线发起攻击，但遭到芬军顽强抵抗，战斗立即演变成火力战斗。芬军集中各种轻重机枪火力，很快压制了步兵第 364 团第 2 营。各连连长虽然努力驱赶战士们往前，但没有一个人敢于挺身冲击。不一会儿，霍巴塔中尉指挥的机枪连打光了子弹。芬军清楚地听到苏方机枪已经停止射击，果断组织反击。步兵第364团第2营迅速被打垮，慌乱无序地逃出了战场。其中，机枪连仅带着机枪闭锁装置逃离，把16挺重机枪扔在了战场上，许多步枪和轻机枪也没有带走。364团第2营蒙受了很大的损失，被迫撤回科蒂萨里。

在步兵第718团夜战失利并从公路撤退后，步兵第364团和步兵第609团也对托尔瓦耶尔维村展开了正面攻击，但他们的进攻都被击退。

1939年12月11日夜，步兵第139师各团阵地位置如下：

· 右翼的步兵第718团在希尔瓦斯耶尔维湖北岸和西北岸展开防御阵地。该团缺第1营（在第1军做预备队），仍在舔舐"香肠大战"的伤口。团部设在希尔瓦斯耶尔维湖东岸，与各营有较大间隙。很快，我们就将看到步兵第718团的这个部署疏漏给他们造成的严重后果。

· 居中的步兵第609团在希尔瓦斯耶尔维湖和托尔瓦耶尔维湖之间的高地展开兵力。团部设立在两湖之间制高点的托尔瓦耶尔维大酒店。该团加强有一个侦察营和化学坦克第218营一个连。步兵第364团第3营也正赶往该地，但在密林行军中迷失方向，没能按时抵达指定位置。

· 筋疲力尽且士气低落的步兵第364团第2营负责把守步兵第139师左翼，他们的任务是守住科蒂萨里岛，团属加农炮连也在岛上展开炮群。团部设在基维萨尔米大坝西面的主要公路附近。

· 步兵第139师师部设立在里斯蒂萨尔米大坝东面1.5公里处。炮兵第354团第1、第2、第3、第4、第5连也在师部附近展开炮群。第6、第8、第9连靠近一线部署，在基维萨尔米附近占领炮兵阵地。最靠近一线的是炮兵第7连，他们的发射阵地在托尔瓦耶尔维大酒店东面。其中，格罗莫夫中尉指挥的一门火炮在托尔瓦耶尔维村开阔地展开，随时准备对托尔瓦耶尔维方向进行直瞄射击。军属炮兵第47团却在离一线较远的希埃塔耶尔维湖，也就是战线东面5公里处展开阵地。前进观察哨、各步兵团之间联系、电话通信网络和目标侦察作业都没有，导致步兵第139师师属炮兵几乎就是个瞎子，没法给步兵提供有效支援。

世界舰船装备及海战史、二战以洲
战场陆战史、欧洲古代战争史

有意者，请将简历和作品发到
zven@zven.cn

该师在持续 11 天的战斗中损失惨重。部分步兵营伤亡率达 60%~70%，连级指挥员的伤亡率尤其高——指挥连的是少尉而非上尉或中尉。持续不断的战斗、严寒和缺乏热食，让指战员们精疲力尽。同时，指战员们不分昼夜地在野外战斗，严重缺乏睡眠。他们向芬兰境内攻击前进了 60 公里，士气却很低落。各级指挥员们只得越来越以身作则，鼓励战士们拖着疲惫不堪的身子，突击芬军防线，但这种做法加剧了苏联军队连排级指挥员的损失。截至 12 月 11 日，步兵第 139 师共抓获约 500 名逃兵，并将他们押往后方惩戒。

步兵第 139 师指战员们最不满的是，坦克机械化部队和空军支援不力。坦克兵很少参加战斗，他们更喜欢待在后方享受。这种不信任感导致了苏联步兵和坦克兵之间激烈的思想冲突。部分步兵战士称坦克手们是懦夫，并威胁坦克兵如果不支援步兵冲击就要用手榴弹炸毁坦克。然而，这种指责有失公允。截至 12 月 11 日，别利亚耶夫（步兵第 139 师师长）只有 T–37 轻型坦克和 3 辆喷火坦克赶到一线，其他坦克被堵在后方。

在整个战役中，步兵第 139 师也没有看到过一架苏联歼击机或轰炸机临空。所有人都热切盼望着空中支援的到来。为了给飞行员标明各团的动态位置，步兵第 139 师各团经常点起大堆篝火。这种做法却把自己的位置轻易暴露给芬兰人，帕亚里在 12 月 8 日的突袭成功就是典型一例。空中支援的承诺不断成为空头支票，沉重打击了这些饥肠辘辘的步兵指战员的士气。

步兵第 139 师师长别利亚耶夫（旅级）了解师里的形势，请求步兵第 1 军给本师 24 小时休整时间，补充给养、调上炮兵，让指战员们饱饱地吃上热饭。他一连提了三次，步兵第 1 军和第 8 集团军却认为别利亚耶夫关于 139 师的状况报告夸大不实，未予理睬。别利亚耶夫出身贵族阶层，是前沙俄陆军上尉，在苏联红军中不敢多嘴。要知道，这样的出身可能导致他受到懦弱和破坏苏联进攻的指控。

在给军部的最后报告中，别利亚耶夫对步兵第 139 师 12 月 2 日能否继续达成突破表示怀疑。相反，他认为芬军极有可能对步兵第 139 师组织大规模反突击，并预计这会导致步兵第 139 师战线的崩溃。在别利亚耶夫看来，步兵第 139 师只有在获得有效空中支援的情况下，才能继续进攻。步兵第 1 军军长帕宁没有立即答复。12 月 1 日傍晚，别利亚耶夫召集手下各位团长，决定还是按照原计划于 12 月 12 日对芬军展开决定性攻击：步兵第 718 团两个营从北面对芬军左翼展开攻击；步兵第 609 团在坦克兵和侦察兵支援下，从正面对芬军防御地带中央发起攻击；步兵第 364 团从科蒂萨里岛出击，踏冰对芬军右翼冲击。当时，别利亚耶夫很可能还不清楚"香肠大战"的结果。他或许还以为步兵第 718 团仍在托尔瓦耶尔维附近，但实际上该团已经往北退却了 5 公里至希尔瓦斯耶尔维湖北岸，在即将到来的战斗中他们帮不上什么忙了。

步兵第 1 军军部对别利亚耶夫报告的反应很慢，但最终还是派了一名高级参谋到步兵第 139 师。步兵第 1 军参谋长波涅捷林、军政治部主任奥科洛科夫和驻步兵第 1 军内务人民委员部特别部门主任里特温，在 12 月 11 日视察了步兵第 139 师，这支精疲力竭的军队让前两者十分震惊。内务人民委员部的里特温也在报告中描述了该师糟糕的状况。

12 月 11 日夜，别利亚耶夫终于调上来炮兵，并让他的军队恢复部分秩序。12 月 12 日 8 点整，步兵第 1 军军长帕宁给别利亚耶夫回电，重申立即恢复进攻的命令，并要求别利亚耶夫在 10 点整向军部报告进攻进展情况。作为安抚，帕宁也承诺给步兵第 139 师提供空中支援。接到命令，别利亚耶夫立即把师部转移到步兵第 609 团团部，实施靠前指挥。不久，步兵第 1 军军长帕宁也亲临步兵第 609 团团部，决定亲自掌握战斗发展情况。别利亚耶夫看到帕宁莅临自己指挥所时，他给帕宁的"欢迎词"竟然是："我们根本就不该继续攻击！"

其他指挥员也持同样观点，他们很怀疑进攻能否胜利。帕宁耐心倾听了他们的抱怨后，把这些意见都反馈给第 8 集团军司令员哈巴罗夫。可哈巴罗夫并不想听下级的各种借口，他再度重申了步兵第 139 师务必在 12 月 12 日清晨展开攻击的命令。帕宁试图解释步兵第 139 师糟糕的情况时，哈巴罗夫干脆把电台麦克风和耳机递给了身边的伏罗希洛夫元帅（苏联国防人民委员）私人代表库利克（一级集团军级）。当时，库利克正访问第 8 集团军，刚刚到集团军司令部的他可以说对一线情况毫不知情，简单地重申了立即攻击的命令。库利克的坏脾气全军闻名，加上他和红军高层的融洽的关系，让帕宁不敢贸然顶撞。

9 点 15 分，别利亚耶夫开始炮火准备，但苏联空军没有出现。10 点整，别利亚耶夫决定将进攻时间推迟几小时，等待空军支援。与此同时，芬军炮兵群却对步兵第 609 团实施炮击——这是塔尔韦拉进攻前的炮火准备！

芬军的进攻计划打算对步兵第 139 师三个步兵团同时发起攻击：由芬军第 16 步兵团第 1 营和独立第 9 营组成的马尔卡梅基战斗群，负责突击步兵第 718 团；芬军第 16 步兵团第 2 营和第 3 营突击中央的步兵第 609 团；芬军独立第 112 营两个连突击科蒂萨里岛上的步兵第 364 团，他们打算从南面登岛，然后向北逐次席卷全岛；芬军独立第 10 营、第 7 自行车营和第 37 步兵团第 8 连充当预备队。

9 点 45 分，芬军首先开始对南翼突击，10 点整，中央突击也拉开帷幕。在中央突击方向上，芬军集中了四个炮兵连实施炮火准备（芬军第 6 炮兵团第 3 营两个连和第 12 炮兵团第 5 连、第 13 炮兵团第 9 连）。由于炮兵不足，芬军也在进攻前使用重机枪群压制苏联军队的防御。

在北翼（右翼），马尔卡梅基战斗群的进攻没能按时展开——由于各营在夜间行军穿过森林时不慎迷路，抵达攻击前出发阵地时已经误点。芬军指挥官低估了在针叶林地形滑雪越野行军的耗时。洛奥斯托（Luosto）是芬军第 16 步兵团第 1 营的一名排长，他回忆道：

当晚，一个特别滑雪组先行给全营开辟一条滑雪道。起初，我们打算沿两条滑雪道行进，但很快发现这个计划不切实际，只能全营集中走（特别组开辟的）一条滑雪道。我们要在伸手不见五指的夜色里穿过针叶林。出发前，我们不得不等了很久，直到滑雪道准备完毕才开始上路。这次行军也是我连在冬季战争中首次滑雪越野机动。我也从未见过在如此复杂的地形上进行滑雪机动。为了从森林里走过，我们不得不使用斧头劈出一条道。这在白天都不是一件轻松的活儿，更别在提伸手不见五指的夜里了。枝条不断打在我们的脸上，我们只能尽量低头，雪橇和滑雪杖不断碰到倒木的枝条和灌木，我们在痛苦中不断前行。

我们一点都不了解本营的作战任务，我们唯一知道的就是沿着指定方向滑雪越野行军。我们一点都不清楚即将开始的大反击。

拂晓时刻，我们抵达了希尔瓦斯耶尔维。直到这个时候，我们才接到参加总反击的命令。一名身着雪地伪装服的上年纪的资深指挥员粗暴地对我们吼道：

"为什么你们要迟到，导致整个攻势延误呢？"

"多管闲事。"涅米宁中尉没好气地答复。

"也请您注意您的语气。"我也补充道。

事后，我们才得知他是某位少校（很可能就是马尔卡梅基少校）。是的，我们确实迟到了，但并非全是我们的过错。上级在计算行军速度时忘了考虑针叶林越野这个重要的因素了。实际上，我们在针叶林的越野机动速度是不可能和芬兰国内滑雪锦标赛的速度相提并论的。

为了不落下进度，独立第9营决定直接穿过希尔瓦斯耶尔维湖展开攻击。根据原定作战计划，马尔卡梅基战斗群要迂回冰封的湖面。双方开始交火后，马尔卡梅基少校却命令部队回撤。接着，他向帕雅里少校报告说所部进攻失败。实际上，马尔卡梅基少校完全是贻误战机，错判形势。独立第9营在进攻的伊始就冲上了希尔瓦斯耶尔维湖东岸，打掉了疏于警戒且没有得到所属各营保护的步兵第718团团部。当时，步兵第718团各营已经开始朝着别利亚耶夫指定的各个攻击前出发阵地开进。行军过程中，他们发现芬军独立第9营踏冰冲击过来，却误将其认为是友军而没有开火，白白将芬军放了过去，致使团部遭殃。

步兵第718团团部被打掉后，第718团群龙无首失去统一指挥，各营慌乱无序地朝东南方向退却，直到基维萨尔米大坝才勉强收住脚。苏芬双方同时撤出战场，都认为自己被击败了。

在中央方向上，芬军的炮火准备也误时了。10点整，短促的炮火准备后，芬军第16步兵团第2营在海沃萨尔米大坝两侧踏冰冲击。步兵第609团立即组织各种武器进行拦阻射击，给芬军进攻部队编织了一张密不透风的火力网。踏冰冲击的芬军损失很大（其中一个排在跨过冰封湖面时损失了三分之二的兵力）。不过，芬军还是顽强地冲过了冰封湖面，突入苏联军队阵地。粉碎步兵第609团的抵抗后，芬军第16步兵团第2营和第3营沿着公路往东继续攻击，绕过了步兵第609团团部所在的托尔瓦耶尔维大酒店。芬军出现在托尔瓦耶尔维大酒店周围时，周围的步兵、第609团团部和直属部队几乎是在直射距离朝芬军开火，但许多武器却配置在错误的方向上，导致他们的射界十分有限。另一方面，芬军高速冲击，很快越过了托尔瓦耶尔维大酒店周围，并没有蒙受太大的损失。芬军先头部队抵达基维萨尔米大坝时，对被围的托尔瓦耶尔维大酒店的攻击也拉开帷幕。进攻前，有人建议火攻，把大酒店连同步兵第609团部一并烧毁，但芬军指挥官拒绝了，转而下令对大酒店实施强攻。很快，进攻变成了惨烈肉搏战。16点30分，大酒店回到芬军之手。芬军的攻击是如此迅速，以致苏联喷火坦克没能给步兵提供有效支援就被芬军攻克了阵地。战斗中，苏联军队2辆坦克被击毁，剩下的都成了芬军的战利品。步兵第609团残部不顾一切地逃出战场，撤往旧师部所在地和里斯蒂萨尔米东面1.5公里处的炮兵阵地。步兵第139师师长别利亚耶夫和步兵第1军军长帕宁无奈地看着步兵第609团溃退下来，他们尽一切努力也无法制止609团的溃败，更不要说重新组织抵抗，两人只得加入溃退大军，一路东撤。步兵第609团团长里特温少校设法在芬军冲进大酒店前逃之夭夭，侥幸捡得一命。留守大酒店的步兵第609团政委巴拉哈诺夫和团部全体参谋干部在芬军的攻击下全部牺牲。

至1939年12月12日下午，步兵第609团团部全灭，团里的所有机密文件未及销毁，完整地落入芬军之手，但笔者没能在芬兰国家档案馆查到这些文件。对这次传奇般的战斗，芬兰第16步兵团第2营作战日志记载道：

我营在出发阵地做好了一切战斗准备，营长下令9点50分开始攻击。进攻准时开始。攻击前，我们的机枪火力极为有效地压住了敌人。

敌人在海沃萨尔米大桥对岸精心修筑了良好的阵地。他们有充裕的时间挖战壕，并组织良好的机枪火力配系对大桥和冰封的湖面形成火力封锁。

在海沃萨尔米西岸，各连深呼吸一秒作为进攻前的压力释放，然后在机枪火力支援下同时踏冰冲击。同时，敌人也组织炮兵和自动武器进行炮火拦阻[1]。

俄国人的机枪火力密不透风，但有欠准头。相反，我们的机枪也在射击，而且十分准确。很快，我营的第一批的战士就冲上了对岸，打掉了敌人前沿的机枪火力点。俄国人被迫退到采砂石场，架起15挺机枪继续顽抗。

---

[1] 作者注：实际上，这是步兵第139师进攻前的炮火准备。

他们寸土必争，但在我军持续不断地冲击且自身蒙受重大损失的情况下，他们只能扔下机枪，继续往大酒店方向退却。敌坦克群赶到了战场，却很快一辆接一辆地被我营反坦克炮排击毁。由于持续不断的激烈战斗和缺乏睡眠，将士们已筋疲力尽，因此各连在采砂石场稍事休息，然后再继续组织冲击。期间，敌人撤进了大酒店周围地区和前方的山头。

在战斗发展过程中，各连完全挤在了一起，相互建制被打乱，军官们只得和士兵们一起冲击，随身鼓励。第4连长不幸负伤，但仍坚持战斗。第4连一位排长莱佩嫩少尉战死，诺卡拉中尉负伤。

从14点30分开始，战斗进入白热化。敌人依托一座高地组织十分有利的阵地，居高临下不停朝我营冲击部队射击。俄国人在两湖之间的狭窄地峡也部署了大量自动武器毫不间断地射击。尽管如此，我营将士还是持续前进并冲上了山顶，但被迫退却。对我们来说，敌人致命的火力实在太猛了。接着，我们的机枪群也朝着山上和湖左岸的敌火力点开火。第5连立即开始沿着地峡右岸冲击，很快打掉了敌人一个侧射火力点。第6连和机枪连组织火力压住了左岸的敌火力点，接着我们再度组织冲击，敌人的火力受到了很大的削弱。我们的将士以大无畏的气概，丝毫不顾敌人猛烈的拦阻火力，对兵力占绝对优势的敌人发起坚决冲击。没有什么可以阻挡我们，尤其是在我们团的第3营参加战斗以后。敌人不得不撤进大酒店。他们被迫扔下10—15挺机枪、2辆坦克、2门反坦克炮和不计其数的死尸。我们的损失也很大。在大酒店的敌人团部显然无法及时撤退，敌人拼死坚守大酒店周围地区，并拼命组织反击。为全歼这股敌人，我们也竭力攻击。我们使用冲锋枪、步枪和手榴弹反复进攻，但俄国人仍然死战到底。在激烈的战斗中，海尼瓦沃中尉负伤，莱蒂宁少尉也在肉搏战中牺牲。

左翼的我军也没有浪费时间。在我们跨过米利耶尔维湖冰面的同时，他们也对敌人侧翼展开攻击。一个连级规模的部队冲向了大酒店。此外，我们还迂回了（大酒店前方）高地守敌侧翼，并组织火力将山头守敌驱逐。这真是一次令人印象深刻的攻击。我们从两面对大酒店展开攻击。据守大酒店的俄国人组织了最顽强的抵抗，他们从窗户、门和所有可能射击的位置朝我们开火。围绕大酒店的激烈战斗打了一个小时。我们一次又一次地冲击，却一次又一次被俄军击退。最终，我们从右翼成功迂回。俄国人看到这一幕时，他们明白大酒店已经无法继续守下去了。他们放弃了阵地，也抛弃了自己的指挥员，扔掉重武器，逃出了战场。只有团部仍然留在大酒店里英勇抵抗，但很快被我军砸出的手榴弹吞没。

黄昏时刻，我军大部分兵力都越过了大酒店，但该酒店仍在敌手，对我军侧翼构成一定的威胁。第6连奉命继续突击，打下大酒店。敌人死守阵地，用步兵武器和手榴弹顽抗，但最终还是被我们用手榴弹砸垮。这个原本崭新的大酒店，被不速之客严重破坏后，再度回到了我军之手。战斗中，我们抓获了30—40位战俘，大部分带伤。

大酒店被占领时，俄国人的抵抗也崩溃了。他们放弃抵抗，转而撤退。

芬军独立第112营两个连第一次冲击就在科蒂萨里岛打下一个立足点，并往北扫荡全岛。守岛的步兵第364团第2营因12月11日之败而士气低落，没能组织起有效抵抗。芬军很快冲进了步兵第364团第2营营部和团炮兵连阵地，用刺刀和匕首干掉了步兵第364团炮兵连的大部分挽马。

步兵第364团参谋长普罗霍罗夫大尉、第2营政委马利诺夫斯基和第4连连长穆拉申夫中尉阵亡，第2营营长铁木辛哥负伤。芬军即将占领全岛时，苏联军队发起反冲击，又将芬军赶了出去。为支援第2营，步兵第364团团长德利亚赫罗夫少校和团政委萨莫赫瓦洛夫集合了40名工兵，也发起坚决的反冲击。德利亚赫罗夫不得不采取这样极端的措施，他已经没有预备队了——第3营正在大酒店周围战斗，和第1营也失去了联系（该营显然仍在森林里迷路）。

芬军试图从科蒂萨里岛东进，切断步兵第139师后方公路。这次进攻被苏联炮兵第354团团部炮连（由步兵第1军炮兵主任和炮兵第354团政委谢缅诺夫指挥）击退。打垮居中的步兵第609团后，芬军第16步兵团团长帕亚里少校亲自指挥两个连突击科蒂萨里岛。在芬军的猛烈攻击下，步兵第364团部战员于16点开始不经请示就擅自逃离阵地。不久，德利亚赫罗夫和萨莫赫瓦洛夫目睹了岛上的形势，只得下令实施总退却。步兵第364团残部抛弃大量重武器，离开科蒂萨里岛撤到公路集结。芬军一共缴获苏联6门团属加农炮、4门45毫米加农炮、3门迫击炮、46挺重机枪、97挺轻机枪、90具枪榴弹和1429

支步枪。芬军估计，步兵第364团在岛上的战斗中被击毙100多人。

至此，芬军对步兵第139师战线中央和南翼的反击大获全胜。步兵第609团被打垮后，芬军顺势前出到托尔瓦耶尔维湖，结束了这次反击。虽然塔尔韦拉上校希望继续反击，但芬军第16步兵团团长帕亚里少校却坚持他的部队已经打了一整天，将士们筋疲力尽，而且伤亡也很大，急需在托尔瓦耶尔维村休整，驳回了塔尔韦拉上校的要求。

在芬军休整的同时，步兵第139师各团也失去了控制。步兵第609团团部被摧毁，步兵第718团团部也被打垮。师长别利亚耶夫得到步兵第1军军长帕宁允许，命令被打散的各团往里斯蒂萨尔米东部的炮兵阵地集结。为了掩护步兵重新收拢集结，炮兵第354团奉命用炮火拦住冲击过来的芬军，其中第7连在开阔地架开两门火炮，在直瞄距离用榴霰弹轰敌。17点整，苏联炮兵第354团所有火炮也撤到里斯蒂萨尔米大坝东部。

当夜，该师收拢残部，组织新防线：步兵第364团在基乌卡耶尔维湖和托尔瓦耶尔维湖之间狭窄地峡占领阵地；步兵第609团把守里斯蒂萨尔米大坝；步兵第718团在大坝东面充当预备队，随时准备实施反冲击。

步兵第139师估计在12月12日的战斗中阵亡、负伤或失踪达1000多人。步兵第364团新任参谋长在战后总结分析认为，苏方的败因是没有组织周密侦察，低估了芬军的实力，连续不断战斗令将士筋疲力尽，迂回作战使用兵力太少，怯战和战前动员充实的预备役军人缺乏训练所致。

该师向东退却了8公里，所以从理论来说，形势并非灾难。可事实上，步兵第139师的士气完全崩溃。人民内部委员部的一份报告指出："1939年12月12日，步兵第139师实际上已不存在。指战员们成了一群毫无斗志的懦夫。"

幸存的苏联指挥员和政委、指导员战后也从他们的视角描述了战败原因。在芬军发起总攻前侥幸逃出托尔瓦耶尔维大酒店的步兵第609团团长立特维诺夫少校评论道：

> 师部机关和师长并没有有效统御全师各部。师部和各团之间几乎毫无联系。最糟糕的是，师部并没有拟定12月12日全师各团协同进攻计划。结果，各团在没有统一指挥的情况下各自为战，导致了我师的惨败。

托尔瓦耶尔维之败的后果

第 8 集团军因步兵第 139 师的情况而忧虑，于是把新锐步兵第 75 师派往里斯蒂萨尔米大坝，任务是在守住大坝的同时和步兵第 139 师残部一起继续向西攻击。然而，该师的展开变成了一场灾难。在没有周密侦察、了解情况并拟定计划的情况下，步兵第 75 师采取添油战术，逐营投入战斗。结果，步兵第 75 师和步兵第 139 师双双在里斯蒂萨尔米大坝被打败，撤到埃格莱-耶尔维村。步兵第 139 师低落的士气也给刚刚赶到一线的步兵第 75 师带来了很大的负面影响。时任步兵第 75 师第 28 团团长格拉迪舍夫少校，后来愤恨地回忆：

> 我团开赴前线时，步兵第 139 师的部队正在慌乱地离开前线。步兵第 139 师一望无际的溃兵沿着公路迎面朝我们涌来。他们给我们讲述关于他们惨败的各种恐怖事迹。我团的指战员并不相信他们。我的部队士气高昂，英勇顽强地打了 24 小时以上。只是由于缺乏炮火支援、指挥员伤亡率大和步兵第 139 师残部的恐慌情绪，才不得不退却 500 米。我的第 3 营（欠第 9 连）于下午才赶到战场。我团战败的根本原因还是各营添油逐次投入战斗。部队兵力分散，我没法协调指挥整团，而是相当于营长似的，一次只能指挥一个营，营长却不得不去指挥步兵连。整个战斗一团糟，全团各营始终没能协调一致，统一参加战斗，全团被分割成一个个小单位各自为战，此外我们还缺乏炮火支援。

伏罗希洛夫元帅的私人代表格里戈里·库利克（一级集团军级）解除了步兵第 139 师师长别利亚耶夫的职务，师政委和参谋长也被换掉。原步兵第 1 军参谋长波涅捷林（旅级）接替别利亚耶夫的职务，他的任务是尽快使步兵第 139 师恢复战斗力。

1939 年 12 月 18 日，步兵第 139 师状况欠佳，损失达 50% 或更多。在托尔瓦耶尔维之战中，该师重武器损失大半。步兵第 718 团 1000 多名残兵只带出了 3 挺重机枪和 6 挺轻机枪。步兵第 364 团残兵 1031 人，只带出了 14 挺重机枪和 21 挺轻机枪。步兵第 609 团还有 1491 人，他们奉命撤到后方整补恢复战斗力，全团只剩 1 挺重机枪和 34 挺轻机枪。

1939 年 12 月底，内务人民委员部开始调查托尔瓦耶尔维和埃格莱 – 耶尔维的灾难，至 1940 年 1 月 2 日调查工作结束。经过一系列审问和询问，内务人民委员部调查员发现第 8 集团军司令员哈巴罗夫、第 8 集团军军事委员会成员沙巴洛夫、步兵第 139 师师长别利亚耶夫、步兵第 75 师师长斯特潘诺夫都对这次战败负有不可推卸的责任。内务人民委员部建议立即撤职并逮捕这些指挥员。不过，这些指挥员只是被降级和撤职。原第 8 集团军司令员哈巴罗夫职务被降一级，出任步兵第 1 军军长，二级集团军级施特恩接替了他。后者 12 月 16 日赶到一线，在内务人民委员部的调查员、军事法庭代表和军事检察员的"协助"下，开始整顿军纪和提振士气。一些人在施特恩抵达的当天就被处决。显然，此举的目的是恐吓指战员，而非惩罚那些为步兵第 139 师之败负主要责任的人。然而，这些措施无济于事。步兵第 139 和第 75 师还是丢掉了埃格莱村，继续东撤。

战线稳定在了阿伊特塔约基河流域，也就是步兵第 139 师 12 月 4 日首战告捷之地。对步兵第 75 和第 139 师而言，这条河就是他们的"阿拉莫"。12 月 25 日，第 8 集团军下令守住阿伊特塔约基河一线（以下为节选）：

> 主要防御地带沿兰托拉—维加鲁斯约基东岸—阿伊特塔约基—萨隆耶尔维东岸展开。不管在任何情况下，都不允许敌人越过主要防御地带一步。每一名战士、指挥员和政委指导员都必须牢记于心。

步兵第 75 师在 12 月 14 日到 24 日损失情况：

职务	牺牲	负伤	失踪	总计
高级 / 中级指挥员	33	88	20	141
初级指挥员	109	129	55	293
战士	954	1529	1619	4102

"1940 年 3 月，步兵第 139 师接收了大量补充兵，计划沿着我们所有人都熟悉的公路展开新的攻击。"步兵第 364 团一名参谋干事这样说道，但进攻还没开始，和平就已降临大地。

第四章
芬兰北部、拉普兰和
北极方向的战斗

苏联第 14 集团军负责进攻最北端的佩特萨莫地区。该集团军下辖山地步兵第 104 师、步兵第 52 师（战争爆发时仍在开赴前线途中）和独立坦克第 100 营（由轻坦克第 35 旅转隶第 14 集团军）。第 14 集团军的任务是：

> 在北方舰队配合下，消灭敌人有生力量，夺取吕巴克希和斯雷德尼半岛以及佩特萨莫地区。巩固既得地段，防止外国干涉军的兵力和技术装备从挪威的希尔克内斯往北极方向输入芬兰，并防止敌人在摩尔曼斯克周围海岸登陆。

第 14 集团军的作战任务是次要的，主攻由朝奥卢实施突击的第 9 集团军负责。1939 年 11 月 28 日，第 14 集团军接收了第 001340 号训令。这道训令错误估计了芬兰和西方国家的潜力。此外，训令还对第 14 集团军在新占领区的民事处理和部队抵达芬瑞、芬挪边界后的行为准则作出明确指示：

> 抵达瑞典和挪威边界后，无论在什么情况下都不能越界一步，不能挑衅。在边界遇到挪威和瑞典边防军，允许打招呼示好，但严禁交谈。

这道训令非常合理，因为第 14 集团军的右翼实际上与挪威边界相邻。佩特萨莫地区的芬军十分薄弱，只有独立 10 连和独立第 5 炮兵连驻防。

芬兰人很清楚，如此少量的兵力根本无法在北部开阔的苔原地实施有效的坚守防御作战。因此，苏联第14集团军在战争爆发后一口气突入纵深150公里才收住了脚步。12月底，芬军组织机动滑雪部队袭扰苏联军队补给线，但开阔的苔原地使芬军很难隐蔽接近苏联军队。为了保护后勤补给线，苏联第14集团军司令员V.A.弗罗洛夫命令沿着高速公路每隔4—5公里修筑机枪和45毫米加农炮土木掩体，形成一系列公路两侧半永备支撑点。补给干线沿途由坦克装甲车进行巡逻，有效遏制了芬军对补给线的袭扰。

山地步兵第104师和新近抵达的步兵第52师都在等待向凯米耶尔维和罗瓦涅米进攻的命令。第14集团军司令员V.A.弗罗洛夫反过来不得不等苏联第9集团军在苏奥穆萨尔米地区赢得决定性胜利，将芬兰国土拦腰截断，再恢复进攻。遗憾的是，第9集团军的胜利终未实现，最终第14集团军也停止了作战行动。据统计，第14集团军在冬季战争的损失是苏联红军各参战集团军中最低的：仅197人战死，402人负伤、生病或冻伤。

在第9集团军方向上，步兵第122师朝罗瓦涅米（Rovaniemi）和凯米耶尔维（Kemijärvi）实施突击，两地位于第14集团军先头部队南面约300公里处。步兵第122师一开始没有遇到太大抵抗，初战告捷。但芬军很快调新锐的第40步兵团赶来阻击，遏制了步兵第122师的突破。在交战中，双方不断使用迂回战术，最终芬兰人技高一筹，迫使步兵第122师停止了攻击。就像托尔瓦耶尔维之战一样，步兵第122师兵力过于分散，给芬军提供了各个击破的良机。

往南，苏联第9集团军所属的步兵第163师和步兵第44师分别在苏奥穆萨尔米和拉泰公路展开。第14集团军和第9集团军进攻战役的命运，就是由这些地方发生的战斗决定的。

苏奥穆萨尔米之战

苏奥穆萨尔米之战，毫无疑问是整个冬季战争中最著名的战斗。芬军获得举世瞩目的胜利和芬兰以外媒体的广泛报道，使这次战斗扬名于世。本章的目的是中立客观地还原这场战斗，以正视听。

在泽连佐夫（Zelentsov，师级）的率领下，步兵第163师以步兵第662团、山地步兵第 81 团（原属山地步兵第 54 师，现配属给步兵第 163 师）和步兵第 759 团投入战斗。在部署上，泽连佐夫决定兵分两路，对苏奥穆萨尔米地区实施突击：山地步兵第 81 团为第一梯队，步兵第 662 团为第二梯队，从云图斯兰塔跨过芬兰边界后，自北面朝苏奥穆萨尔米突击。步兵第 759 团沿着拉泰（Raatte）公路自东面朝苏奥穆萨尔米突击。

战前，山地步兵第 81 团驻军苏联摩尔曼斯克州的坎达拉克沙，隶属于山地步兵第 54 师。该师也许是整个列宁格勒军区最好的部队，他们针对芬兰极地苔原森林地进行了充分训练。战争爆发后，山地步兵第 81 团像攻城槌一样突破了芬军防线，驱散小股芬军迟滞部队的抵抗，进展迅速。

12 月 9 日傍晚，步兵第 163 师各团夺取了苏奥穆萨尔米。面对步兵第 163 师的凌厉攻势，芬兰陆军孔图拉战斗群所属的独立第 15 营和独立第 16 营根本招架不住，连连败退。孔图拉战斗群的卡莱维·云图宁（Kalevi Juntunen）回忆道：

> 一开始，我们除了撤退还是撤退。地面没什么雪，俄国步兵的行进速度和我们一样快。他们采取的战术是这样的：步兵从正面对我们发起攻击，同时使用骑兵穿过森林迂回我们的侧翼。为避免被围，我们只能不停地后退。他们的先头部队，山地步兵第 81 团，不愧是一支训练有素的劲旅。我们总共也就 40 人左右——什么也做不了。很快，我们就退到苏奥穆萨尔米集结，然后往尼斯卡塞尔凯湖（Niskaselkä）南岸转进。俄国人夺取了苏奥穆萨尔米。

与此同时，步兵第 662 团的全部兵力留在步兵第 163 师后方，负责警戒云图斯兰塔—苏奥穆萨尔米公路。山地步兵第 81 团在拿下苏奥穆萨尔米后，组织两个连的兵力对尼斯卡塞尔凯湖南岸芬军阵地实施突击，却遭到芬军极为顽强的抵抗，蒙受了惨重损失后被迫撤退。步兵第 759 团表现比较消极，仍然没有投入战斗。两团之间毫无作战协同，尤以炮兵支援为甚。山地步兵第 81 团筋疲力尽，损失很大，无力继续前进，继续朝许吕萨尔米的突击已无可能。步兵再次成为战斗主角——炮兵和坦克兵仍陷在后方，所有坦克因为缺油趴在云图斯兰塔动弹不得。

战争爆发后，芬军立即向苏奥萨尔米调集预备队。12月3日，芬军预备役第4营赶到战场，接着，希拉斯武奥上校带着第9步兵师也抵达苏奥穆萨尔米周围地区。一到战场，经验丰富的希拉斯武奥上校立即意识到这个方向的芬军防御摇摇欲坠的态势。寒冬已经降临，一连多日的极寒天气使尼斯卡塞尔凯湖和哈乌克佩雷湖结起厚厚的冰面，足以承载苏联轻型坦克通行。一旦苏联坦克兵赶到战场，那么尼斯卡塞尔凯和哈乌克佩雷湖南岸就很难再守下去了。除苏联坦克兵潜在的威胁外，希拉斯武奥还得知步兵第44师正赶来增援苏奥穆萨尔米地区的步兵第163师。他清楚地意识到，装备简陋的第9步兵师无论如何也挡不住苏联两个步兵师在强大的炮兵和坦克兵支援下的进攻。在这种情况下，希拉斯武奥做出一个堪称大胆冒进的决定——这也许是在当时情况下唯一正确的选择。他决定以第9步兵师分割步兵第163师和步兵第44师，然后各个击破。为迷惑泽连佐夫，希拉斯武奥还决定组织反攻，夺取战场主动权。

1939年12月9日，第9步兵师师长希拉斯武奥上校麾下的部队有预备役第4营、独立第15营、独立第16营、第27步兵团、孔图拉战斗群（由当地预备役军人编成的两个独立连）和精锐的国境警备突击群所辖的第5和第6突击队（每个突击队兵力约一个排）。

希拉斯武奥只在哈乌克佩雷湖南岸留下一支小股步兵，加上第9师几乎所有的重机枪（包括第27步兵团两个机枪连和预备役第4营的部分机枪班）实施坚守防御。第27步兵团九个连的兵力全部对拉泰公路实施突击。切段公路后，芬军计划向东建立防御正面，然后继续朝苏奥穆萨尔米实施突击。

1939年12月11日，芬兰陆军对拉泰公路展开第一次攻击。孔图拉战斗群以敏捷的动作迅速切断了拉泰公路，摧毁了苏联军队一支满载伤员返回边界的卡车队（六辆卡车），然后朝东正对步兵第44师进攻方向组织防御。芬军设法在库伊瓦斯（Kuivasjärvi）湖和库奥马斯（Kuomajärvi）湖之间的一条小河占领了有利的防御阵地。随后，芬军第27步兵团各连和预备役第4营也抵达拉泰公路，向西朝步兵第759团把守的苏奥穆萨尔米冲了过去。

为策应主力的攻击，芬军独立第15营也从西面对胡尔孔耶米角实施佯攻——汉尼拉轻步兵连打算切断苏奥穆萨尔米—云图斯兰塔公路。不过，山地步兵第81团反应很快，击退了芬军独立15营的佯攻。

12 月 14 日，芬军部队在苏奥穆萨尔米村包围了步兵第 759 团并数次突击村子，但均被击退。12 月 15 日，步兵第 44 师先头部队与封锁公路的孔图拉战斗群爆发战斗。该师所属的步兵第 25 团反复以连级规模兵力对芬军孔图拉战斗群实施冲击，但都没有奏效。接着，步兵第 25 团干脆停止进攻，无所事事地和芬军孔图拉战斗群对峙了一周。12 月 13 日到 16 日，芬军组织连续反击，最重要的成果是沉重打击了步兵第 163 师师长泽连佐夫（旅级）脆弱的神经。对芬军持续不断攻击后勤补给线感到不安的他，认为步兵第 163 师情况危急。于是，他向第 9 集团军司令员杜哈诺夫一再请求允许后撤。但杜哈诺夫驳回了他的请求，严令他不准离开苏奥穆萨尔米一步，因为步兵第 44 师正在赶来。然而，杜哈诺夫却没能协调两个师的行动。12 月 22 日，杜哈诺夫被解除职务，崔可夫（军级）被派去接替他。

尽管新官上任，但苏联军队反应仍然迟钝。步兵第 44 师对苏奥穆萨尔米的进攻一连延误了几次。与此同时，希拉斯武奥上校充分完善了他的计划。他决定集中第 9 步兵师主力，对散落在云图斯兰塔—苏奥穆萨尔米公路沿线的步兵第 662 团和胡尔孔耶米的山地步兵第 81 团同时展开攻击。

12 月 27 日，芬军以四个营的兵力对精疲力竭的山地步兵第 81 团展开反击，旋即突破了敌阵。战败的山地步兵第 81 团退到师部位置，师部机关全体人员被迫拿起武器投入战斗。芬军这种持续不断的进攻，令步兵第 163 师师长泽连佐夫的神经彻底崩溃。在每天发给第 9 集团军司令员崔可夫和苏联红军总参谋长沙波什尼科夫的报告中，他拼命请求允许 163 师从苏奥穆萨尔米撤回边界。希拉斯武奥的反击战略堪称完美无缺，泽连佐夫完全被芬军的突击给吓倒了，误以为步兵第 163 师形势危急，反复向崔可夫告急。12 月 27 日，第 9 集团军司令员崔可夫架不住他的一再请求，最终批准了他的撤退请求。"如释重负"的泽连佐夫马上制定计划，把部队撤出苏奥穆萨尔米，踏着冰封的基安托耶尔维湖面转进。12 月 28 日清晨，步兵第 163 师开始大撤退。山地步兵第 81 团和步兵第 759 团排成长长的纵队，踏着冰封湖面向北退却。好不容易赶到的坦克群奉命掩护步兵第 163 师两翼。多日不见的苏联歼击机也飞临部队上空，给步兵第 163 师的撤退提供空中支援。12 月 28 日傍晚，山地步兵第 81 团和步兵第 759 团安全撤到目的地。但泽连佐夫在拟定撤退计划时似乎遗忘了在云图斯兰塔—苏奥穆萨尔米公路沿线分成两个集群警戒的步兵第662团。该团孤独地被遗弃，被芬军打得一败涂地。战斗一开始，团长沙罗夫（Sharov）和团政委波德霍穆托夫（Podhomutov）就抛下队伍，穿过森林逃进了云图斯兰塔。导致步兵第662团基本被芬军歼灭。沙罗夫和波德霍穆托夫随后被逮捕，行刑队当着步兵第662团幸存指战员的面枪决了他们。

拉泰公路沿线的步兵第44师惨败

步兵第163师从苏奥穆萨尔米的撤退，注定了拉泰公路沿线的步兵第44师的厄运。步兵第44师孤零零地面对第9步兵师，该师各团散布在从边界到库伊瓦斯湖和库奥马斯湖之间芬军防御地带长达20公里的拉泰公路沿线。师部设在旧边界线上苏联境内的瓦任瓦拉（Vazhenvaara），师卫生营设在芬兰边防站，独立坦克第312营和反坦克歼击第56营位置在深入芬兰领土18公里处，步兵第146团第1营和第3营、炮兵第122团和步兵第305团第3营紧随其后，步兵第146团第9连在桑金阿霍（拉泰公路南面约5公里处）展开负责警戒师左翼。步兵第146团第2营在帕斯图科霍夫大尉率领下，于库伊瓦斯湖岸边展开兵力。步兵第25团以两个营的兵力沿河组织防御，独立侦察第4营还在赶往前线途中。内务人民委员部所属的国境警备第3团虽然也在前线，但团长利沃夫少校手下只有两个连的兵力。

崔可夫和手下参谋迅速分析了步兵第163师和步兵第122师的败因和失误后，给步兵第44师师部去电，提出许多指导性意见。然而，步兵第44师参谋长沃尔科夫上校却对崔可夫的警告和意见置若罔闻，依旧我行我素。

崔可夫十分怀疑步兵第44师在苏奥穆萨尔米这种地形能发挥多大战斗力。为防止步兵第44师被芬军打败，他向大本营最高统帅部请求抽调新锐的步兵第130师赶来增援。他特别强调"步兵第44师的情况非常糟糕"，同时还向大本营最高统帅部请求增调滑雪部队。红军总参谋长沙波什尼科夫在回电中拒绝让崔可夫临时组建自己的滑雪部队。

步兵第44师仍然很消极，始终没有组织兵力对库伊瓦斯湖和库奥马斯湖之间的芬军薄弱防线展开攻击。进攻命令一再拖延。随着步兵第163师撤离苏奥穆萨尔米，步兵第44师也奉命组织环形防御，固守既得地段。

直到这时，步兵第44师师长维诺格拉多夫（旅级）和师政治部主任帕尔霍缅科，才匆匆赶往一线检查步兵第25团的战斗准备情况。12月31日，也就是年关之际，两人好不容易才踏进了步兵第25团团部。

芬军的进攻计划是插进步兵第44师后方纵深地带，同时打击该师的左翼。芬兰第65、第64、第27步兵团以及第22轻兵种营、第1突击营和独立15营，统统参加这次攻击。在兵力对比上，芬军拥有数量优势——希拉斯武奥上校的十二个营对维诺格拉多夫的七个营。维诺格拉多夫的优势在于炮兵和坦克兵，但这个优势很快就被森林地形和深厚积雪这个地形因素给抵消了。步兵第44师的兵力部署也是他们的弱点。全师以营、连级散布广大地区，各阵地兵力薄弱。最糟糕的是，后方公路交通拥堵，步兵第44师无法获得任何弹药补充或口粮补给。该师的士气不算很好，芬兰北部的地形对来自乌克兰大草原的指战员来说太陌生了。

1940年1月1日14点整，第9步兵师按时展开反攻。芬军第1突击营和第27步兵团第1营对步兵第146团第2营（营长帕斯图霍夫大尉）阵地展开进攻。帕斯图霍夫大尉的第2营打得十分出色，重创了芬军第1突击营，并击退了他们所有的进攻。损失惨重的芬军第1突击营不得不和第27步兵团第3营换防，撤出战场休整。

与此同时，芬军第27步兵团第1营绕过苏联军队侧翼，于1月1日深夜对苏联炮兵第122团第3营阵地展开攻击。当时，炮兵第122团第3营指战员们经过长途行军，已经疲惫不堪。一到位，营长列夫楚克大尉就命令炮兵指战员们在指定阵地架开火炮，并布置哨兵警戒。可第3营指战员们却抱怨体力透支，心软的列夫楚克大尉只得允许大伙到第二天清晨完成准备工作。当晚，炮兵第122团第7、第8两连勉强在发射阵地架开火炮，但火炮没有做好射击准备。架完大炮，两个连的指战员们匆匆吃饱肚子，就准备美美地睡上一觉。为了休息，他们潦草地布置了几个哨兵警戒，在附近丝毫没有任何步兵部队可以策应的情况下，两个连的指战员毫无戒心地倒头大睡。23点整，悄悄摸上来的芬军第27步兵团第1营突然对苏联炮兵第122团第3营猛烈开火。突如其来的攻击，把疏于防范的第3营打了个措手不及。第9连仍然待在公路上，全连指战员一枪未发就被全歼。那些从预备役转正的炮兵陷入恐慌。营长列夫楚克大尉试图组织抵抗，但也只能在几名资深炮兵协助下亲自操炮射击。几分钟后，列夫楚克大尉只得赶往一线，去找步兵第146团求援。他的参谋长格特曼特谢夫上尉逃得更早。然而，步兵第146团团长却拒绝派步兵替炮兵解围，只给列夫楚克派去了两辆轻型装甲T–20"共青团"炮兵牵引车。结果，两辆炮兵牵引车的到来不仅丝毫无助于局势扭转，反而立即被芬军击毁。这场仗打下来，芬军第27步兵团第1营大获全胜，苏联炮兵第122团第3营不仅损失了大量火炮，而且蒙受了惨重的兵力损失。残存的炮兵指战员与列夫楚克一起逃进了步兵第146团。

在芬兰第27步兵团第1营打垮苏联炮兵第122团第3营的同时，芬军第27步兵团第3营换下第1突击营后，继续围攻帕斯图霍夫大尉的步兵第146团第2营，并给苏联军队造成了很大的损失（步兵第146团第2营伤亡多达211人）。在芬军的猛烈攻击下，抵挡不住的步兵第146团第2营撤到公路。步兵第146团第1营迅速投入战斗，这才稳住了形势。接着，帕斯图霍夫大尉率第2营重新夺回库伊瓦斯湖沿岸防御阵地。尽管帕斯图霍夫大尉在损失惨重的情况下奋战夺回阵地，但步兵第146团团部完全遗忘了第2营。没有人和第2营取得半点联系，也没有人突破重围给第2营送给养。帕斯图霍夫大尉的第2营成了孤军，彻底被孤立在战场上。

1940年元旦战斗的结果，是芬军第9步兵师切断了步兵第44师补给线。虽然芬军并没有完全封锁公路，但步兵第44师沿公路的一切交通运输活动还是停止了。步兵第44师参谋长沃尔科夫上校，于1940年1月2日清晨向第9集团军报告说步兵第146团和炮兵第122团第3营陷入芬军重围。为了给步兵第146团解围，步兵第44师抽调一个装甲车连、一个徒步战斗的骑兵中队、两个国境警备连和步兵第146团第3营的两个排，组成分遣队向芬军包围圈发起攻击，但遭到芬军顽强抵抗，进攻受挫。踏上公路后，芬军用原木封锁公路，埋设地雷并设置路障。

在步兵第44师左翼警戒，和师主力失去联系，被孤立暴露的步兵第146团9连，也遭到芬兰第22轻兵种营的攻击。该连与师里其他所有部队失去联系，但在1月1日击退了芬军的所有进攻。希拉斯武奥上校命令卡尔胡宁中尉把预备役第4营拉上来，对桑金阿霍发起攻击，以便消灭敌军，抵达拉泰公路。1940 年 1 月 3 日 21 点整，这个预备营从背后对步兵第 9 连展开攻击，但第 9 连守住了阵地。这个芬兰营奉命在 1 月 4 日继续攻击。与此同时，芬军独立 15 营先是切断了桑金阿霍到拉特泰之间公路，然后向北卷击。不一会儿，芬军独立第 15 营就和正准备救援第 9 连的步兵第 146 团第 7 连狭路相逢。芬兰人轻松挡住了苏联人的推进，还击毁了支援第 7 连的坦克。1 月 4 日，芬军预备役第 4 营再次发起攻击，激战两小时后歼灭了第 9 连。步兵第 146 团第 9 连的全体指战员打得英勇顽强，和芬军争夺每一个战壕和散兵坑。拉泰公路沿线的步兵第 44 师各级指挥员只能在作战日志上写下这样的话："我们始终没能和第 9 连联系上，该方向的枪声逐渐沉寂。"战斗结束后，芬军预备役第 4 营打扫战场时，共清点到 260 具红军指战员的遗体，俘虏 40 人。芬军损失 42 人——战死 14 人、负伤 28 人。

1940 年 1 月 2 日，步兵第 44 师各被围部队的补给状况急剧恶化，各级指挥员不得不同意部队杀马充饥。整个补给形势的恶化与时俱增——一线部队粮弹匮乏，逐步陷入绝境。

步兵第 44 师参谋长沃尔科夫上校向第 9 集团军请求空投 50 多吨粮弹接济。按照沃尔科夫的估算，步兵第 44 师要维持战斗力急需如下清单的物资补充：

9 吨步枪子弹

8 吨 76 毫米加农炮弹

1.2 吨 122 毫米榴弹

2 吨手榴弹

1 吨枪榴弹

12 吨秸秆

10 吨燕麦

8 吨面包

2 吨猪肉

800 千克脂肪

270 千克糖

240 千克食盐

500 千克黄油

8000 罐蜂蜜

　　第 9 集团军没这么多物资储备。更糟糕的是，该地域的苏联空军实力很弱。集团军司令员崔可夫只能凑出 4 架 TB-3 和 R-5 用来给步兵第 44 师空投补给，但这些飞机因机械故障全部趴窝。

　　对崔可夫来说，虽然芬军封锁了公路，但突破公路并不是难事，被围的步兵第 44 师也可以徒步穿过森林。芬军没有足够的兵力全歼被围的步兵第 44 师。因此，他开始准备组织一支人力运输队，采取徒步方式穿越拉泰公路北面的针叶林，给步兵第 44 师运送补给。

　　沃尔科夫上校通知第 9 集团军说自己与被围军队重新建立联系，芬军被驱离公路，部队再度接收了补给品。这个报告完全是个谎言：1 月 3 日和 1 月 4 日，步兵第 44 师师长维诺格拉多夫几次率部突围，但均被打回。侦察营在装甲车的支援下，也未能从东面突入被围军队。1 月 4 日，谎言被揭穿。与此同时，被围军队的情况还在持续恶化。

　　在给大本营最高统帅部和总参谋部的报告中，崔可夫如实反映了步兵第 44 师的严峻形势和集团军司令部采取的紧急措施。称集团军仅能给被围部队投下几大包干粮，并建议部队杀马充饥。同时，崔可夫打算在 1 月 5 日对芬军展开新的攻击，重新打通和步兵第 44 师被围各团的联系。计划同时要求维诺格拉多夫指挥的步兵第 44 师主力和利沃夫战斗群同时从内部对芬军包围圈发起攻击。然而，一切都变得越来越糟，突围计划胎死腹中。对崔可夫来说，最大的问题是第 9 集团军没有预备队协助步兵第 44 师突围。

　　1940 年 1 月 4 日晚，步兵第 146 团第 2 营在帕斯图霍夫大尉指挥下，放弃阵地，转移到步兵第 305 团团部周围。对这次擅自放弃阵地撤退，帕斯图霍夫大尉解释说第 2 营已经连续四天都没有吃上一口饭，子弹也所剩无几，已经无力再战。步兵第 146 团第 2 营的撤退，意味着步兵第 44 师的侧翼完全暴露。气愤不已的师长维诺格拉多夫严令第 2 营指战员饱餐之后马上返回原阵地，但为时已晚。芬军抓住步兵第 146 团第 2 营擅自撤离阵地的机会，巧妙穿插，分割了维诺格拉多夫战斗群和步兵第 44 师主力的联系。现在，步兵第 44 师和利沃夫战斗群（内务人民委员部国境警备第3团）已经无法同时展开突围行动了。为突出重围，利沃夫战斗群单独发起攻击，但以失败告终。根据部分资料显示，利沃夫少校在战斗中身负重伤，内务战士用雪橇拖着他，在内务人民委员部国境警备第3团政委、一名大尉和内务人民委员部特别部门的一位代表的掩护下撤出战场。战斗结束后，团政委的心理彻底崩溃，失去理智，变得精神分裂。利沃夫少校伤痛难忍，恳求旁人给他来个痛快。不久，大家认为遭到了芬军的伏击，但这很可能是团政委的幻觉，他"果断"掏出手枪打死了利沃夫，打伤了大尉，然后对着自己的头颅开枪。不过，自杀未遂，他侥幸活了下来。

芬军向拉泰公路沿线被围的步兵第44师发起全面进攻，但步兵第44师的指战员守住了大部分地盘。但该师的力量几乎耗尽，部队缺粮少弹，士气萎靡不振。1月5日傍晚，芬军摧毁了步兵第25团团部，然后开始对步兵第146团团部发起攻击。负伤的步兵第146团团长耶夫里耶夫少校发出明码呼叫："救救我们吧，我们快完了。"连续呼叫了几次，电台就沉默了。步兵第146团团部也不复存在了。唯一值得庆幸的是，第146团团部的大部分指挥员、参谋干部以及政工人员逃出了战场。

1月6日，维诺格拉多夫通知第9集团军司令员崔可夫，步兵第44师准备抛弃所有重装备，带着师里大部分指战员采取越野机动方式，穿过森林突围。他请求崔可夫指示。崔可夫不敢自作主张，在给维诺格拉多夫的回电中，崔可夫要求步兵第44师继续固守待援。与此同时，崔可夫急电大本营最高统帅部，请求允许步兵第44师放弃重装备突围。

至1月6日夜，步兵第44师师部仅能和炮兵第122团取得联系，步兵第25团团部和步兵第146团团部均被摧毁，和独立坦克第31第2营的联系也告中断，与步兵第305团还能维持断断续续的联系。

当晚，步兵第44师整体形势进一步恶化。芬军切断边界公路，在步兵第44师师部和师卫生营之间设置路障。受到威胁的步兵第44师师部人员被迫进入战壕，组织环形防御。工兵和步兵赶去保护卫生营。没能赶上战斗的步兵第305团一个营从云图斯兰塔紧急赶往瓦任瓦拉。

1月6日16点整，维诺格拉多夫把麾下各级指挥员召到一起，简短地告知他们，他决定于当日22点整突围。该师剩余部队不得不携带重型装备，沿道路突破芬兰人的路障。步兵第25团团长普柳辛少校亲自指挥两个步兵连（得到45毫米加农炮的直接支援）走在队伍前面。炮兵第122团两个连、坦克和后勤部队以及满载伤员的卡车队在普柳辛战斗群背后跟进。步兵第146团的资深军医阿夏·科特里亚尔（Asya Kotlyar）战后透露，所谓"卡车运载的伤员"都是能走能动的，大约200名重伤员只能指望敌人的仁慈。阿夏·科特里亚尔问维诺格拉多夫重伤员怎样处置时，后者回答："健康人员优先照顾。"

临行前，师长维诺格拉多夫特别指示各级指挥员，一旦沿公路突围失败，应立即采取紧急措施：销毁所有重装备，采取越野机动方式走森林突围。

第二路纵队由维诺格拉多夫带领，包括步兵第305团两个步兵连、警卫排、一个机枪连和步兵第44师的指挥员们。轻装的第二路纵队一开始就打算穿过森林。最前面是一个步兵排，然后是步兵第305团团部、维诺格拉多夫和师部、机枪连和第8步兵连以及后卫（含装备冲锋枪和轻机枪的警卫排）。

1940年1月6日夜，步兵第44师按时展开突围行动。正如维诺格拉多夫所料，沿公路行进的第一路纵队遭到芬军集中火力打击，这一路突围立即失败。行动受挫让第一路纵队陷入慌乱，第一路纵队的指战员们干脆扔下重装备，逃进公路北面森林，各级指挥员完全失去对部队的控制力。芬军猛烈的火力使苏联军队根本无法有计划地销毁重装备，炮兵只来得及拆掉炮闩，匆匆埋在雪里。步兵第44师的指战员们沿着平行拉泰公路2—3公里的北面森林向东逃窜，好不容易才在苏芬边界的瓦任瓦拉的步兵第44师部指挥所收拢集结。炮兵第122团团长在撤退过程中失散，当时他正赶往队伍末尾，想接走负伤的妻子。三位随步兵第44师采访的战地记者也在撤退过程中失踪。满载伤员的卡车被迫离开公路，所有能走的伤员都跳下卡车，在夜色中穿过茫茫林海撤退。

步兵第305团几乎没有遭遇芬军抵抗，毫发无损地撤回苏联军队战线。在芬兰方面描述冬季战争的书籍中，常见的一个谬误是维诺格拉多夫是坐装甲车或飞机逃离包围圈的，事实并非如此。不管怎么说，维诺格拉多夫的确像个懦夫，在两个步兵连和全副武装的警卫排的重重掩护下逃离了战场，并没有和公路突围部队同甘共苦。

留在边界的步兵第305团第1营（营长切尔维亚科夫大尉）是全师唯一一个有战斗力的部队。为接应师主力突围，该营奉命乘卡车从云图斯兰塔紧急出动，赶到边界组织防御。该营的后勤准备情况也很糟糕，40% 的指战员没有防寒手套。

步兵第 44 师师部的突围过程也历经艰辛，好不容易才混在作战部队里踉跄逃出包围圈。所有的野战厨房和重装备都落入芬军之手。芬军还缴获了 4822 支步枪、190 挺轻机枪、106 挺重机枪、29 门反坦克炮、14 门车载 4 联装 M4 高射机枪、71 门野战炮和高射炮、43 辆坦克、10 辆装甲车、260 辆卡车、2 辆吉普车和 1170 匹军马。来自世界各国的战地记者于战斗结束后，（受芬兰政府之邀）来到战场遗址，目睹了步兵第 44 师毁灭和死亡的场景。苏奥穆萨尔米之战被公认为芬兰在冬季战争取得的最大胜利，并成为芬兰的传奇战役。世界各大媒体无不夸张地报道苏联军队两个师全军覆灭和芬军缴获堆积如山的战利品。

不过，步兵第 44 师的实际损失并不像西方媒体说的那么夸张。该师在 1940 年 1 月第一周的兵力损失为 4674 人，其中 1001 人牺牲，1430 人负伤，2243 人失踪。步兵第 44 师各部详细兵力损失统计如下：

番号	牺牲	负伤	失踪	总计
步兵第25团	?	?	1551	2031
步兵第146团	271	699	453	1393
步兵第305团	25	15	280	280
独立侦察第4营	34	38	69	177
工兵第61营	6	35	49	110
炮兵第122团	145	117	408	670

这次惨败也震惊了苏联红军。第 9 集团军立即成立军事法庭调查步兵第 44 师惨败的原因。步兵第 44 师所有幸存的指挥员和政工人员都接受了调查，部分人被审问。审问的标准问题如下：

请讲讲师长和他的参谋干部（在战斗中）的情况。

请讲讲突围和失败的情况。

你师战败的主要原因是什么？

　　指挥员们一致认为，惨败的主要原因是全师分散成小部队，以及往返于公路的大量车队需要护卫。军医和卫生员也责备师长维诺格拉多夫在突围过程中扔下重伤员不管不问。军事法庭经过调查，认定步兵第44师师长维诺格拉多夫、师政委帕尔霍缅科和师参谋长沃尔科夫对这次惨败犯负有不可推卸的责任，判处三人死刑。1940年1月，行刑队在瓦任瓦拉，当着步兵第44师全体幸存指战员的面，对师长、师政委和师参谋长执行枪决。内务人民委员部的报告指出，步兵第44师大部分基层指战员拥护军事法庭的判决。

　　第9集团军政委富尔特被任命为步兵第44师代师长。他的主要任务是让该师恢复战斗力，准备参加1940年3月的第二次总攻击。

　　芬军在苏奥穆萨尔米胜利的战略重要性不可低估。苏联第9集团军损失惨重，被迫停止了对奥卢的突击。步兵第163师和步兵第44师都需要相当的时间恢复战斗力（后者到冬季战争结束后才勉强恢复战斗力）。步兵第163师和步兵第44师悲惨的命运震惊了苏联军队高层，为了防止芬军进一步反击，他们干脆把步兵第122师撤回梅尔凯耶尔维。通过苏奥穆萨尔米大捷，芬军从苏联军队手里暂时夺回了战场主动权。苏联军队全线停止攻击后，芬军也留下迟滞部队在一线和苏联军队对峙。战功卓著的第9步兵师也在希拉斯武奥上校带领下，奉命转移到战线其他地带。芬兰陆军总部决定把希拉斯武奥的芬军第9步兵师南调100公里，转移到库赫莫地区，希望他们用同样的战术打垮山地步兵第54师。此外，苏奥穆萨尔米大败后的苏联第9集团军日趋消极，也给了芬军重新调整部署的绝好机会——芬军第40步兵团和两个预备役步兵营从梅尔凯耶尔维调到卡累利阿地峡，应付那里的危机。瑞典志愿军于1940年2月28日接替了梅尔凯耶尔维地段防务。

　　形成鲜明对比的是，苏奥穆萨尔米大捷振奋了芬兰陆军和全国人民的士气。芬军获得惊人胜利的消息立即成为世界各大媒体和各大报纸的头版头条。拉泰公路（已被步兵第44师遗弃的众多作战车辆堵塞）和数以百计的战俘纵队，以及冻僵的苏联红军指战员遗体的照片，成了冬季战争的象征。苏联的声誉在世界范围内受到强烈冲击。苏奥穆萨尔米之战成为神话，广为流传。新落成的拉泰公路战争纪念馆前装饰了10000块巨石，每块巨石都刻上一个字母，象征着在拉泰公路战斗中倒下的芬军士兵或苏联军队战士。虽然步兵第163师和步兵第 44 师损失并没有芬军说得那么大，但这场战斗是芬军无可置疑的胜利。芬军第 9 步兵师师长希拉斯武奥上校采取了正确的战术，部队也坚决执行了命令并圆满完成了任务。另一方面，步兵第 44 师师长维诺格拉多夫师级指挥员部署兵力分散，给芬军送去了大礼。

帕斯图霍夫大尉设法维持着全营的凝聚力，最终撤回了瓦任瓦拉。接受第 9 集团军组织的军事法庭调查审问时，他说："我们这次惨败的主要原因是兵力过于分散，团分散成营，各营又分散成连，各自为战，互无协同。"突围撤到瓦任瓦拉时，全营 31 名中级指挥员只剩 7 人，96 名初级指挥员只剩 6 人，650 名战士只剩 98 人。

苏联总参谋部对这次灾难进行了透彻的分析。显然，苏联红军要在对芬兰的战争中获胜，急需组建机动滑雪兵。由于积雪深厚，苏联步兵战士只能沿公路推进，而芬军滑雪部队却可以在任何地形上自由运动。因此，苏联军队在每个参战的步兵师建制里都组建了许多滑雪营。滑雪营战士的遴选标准是身体健康，掌握滑雪技能。然而，光靠一线部队自行组建还是无法满足需求。为适应对芬兰战争的形势，迅速组建大量滑雪营，苏联共青团中央号召爱国青年积极加入志愿滑雪中队和滑雪营。滑雪营除了编制特种滑雪用具外，还装备冲锋枪和自动步枪，入选战士的平均年龄为 20 岁。1940 年 1 月，在苏联军队总参谋部和共青团中央积极努力下，苏联军队迅速组建了几十个滑雪营。

第 9 集团军司令员崔可夫（军级）在西方更为人知的是第 62 集团军（后来的近卫第 8 集团军）司令员的身份，他的军队在斯大林格勒会战中起到了关键作用。崔可夫也是伟大的卫国战争中最伟大的英雄之一。在回忆录《斯大林格勒到柏林》一书中，他对自己在冬季战争和苏奥穆萨尔米之战中扮演的角色只字未提……

苏奥穆萨尔米之战重演：库赫莫方向的战斗

苏奥穆萨尔米大捷之后，苏联对奥卢的突击烟消云散。芬兰陆军总部可以腾出手来调动兵力，对库赫莫东南 15 公里处的山地步兵第 54 师展开反击。

1940 年 1 月 27 日，希拉斯武奥上校的第 9 步兵师在山地步兵第 54 师当面完成展开。芬军的计划和在拉泰公路对步兵第 44 师的攻击如出一辙：先以机动滑雪部队切断山地步兵第54师后方补给线，然后将山地步兵第54师分割包围，最后对被围集团实施各个击破。这一战术很快以"柴堆"闻名天下——"柴堆"的意思是一堆砍下来的柴，芬军形容这种战术是先砍柴，然后再把柴堆放在不同的地方。

1月29日，第9步兵师展开攻击。该师所属的第27步兵团以娴熟的动作，切断了雷乌赫卡瓦拉的山地步兵第54师后勤部队，突破了步兵第305团和步兵第529团防御地带。1月30、31日，芬军继续攻击，甚至一度突入苏联军队深远后方的勒伊特瓦拉。

芬军实施第一波突击后，崔可夫及其司令部立即采取措施。第9集团军采取一切紧急措施避免拉泰公路的灾难重演。所有预备队都被用于支援山地步兵第54师，包括临时编成的战斗群和新组建的各个滑雪营。第一个投入战斗的暂编部队是库图佐夫战斗群，由独立滑雪第3营、第17营以及工兵第11营组成。库图佐夫战斗群（指挥员是山地步兵第54师副师长库图佐夫少校）于1940年1月30日对突入勒伊特瓦拉的芬军组织反突击，但没能奏效。还没等库图佐夫少校有效组织指挥部和联系各部队，缓过劲来的芬军就实施反冲击，全歼了库图佐夫战斗群，库图佐夫少校也战死沙场。

芬兰人成功分割山地步兵第54师，并开始着手各个击破消灭被围之敌。然而，所有的计划因多林上校的滑雪旅（由三个滑雪营组成）到来而被干扰。2月13日，该旅滑雪穿过白雪皑皑的原野，突然出现在战场，先头部队很快前出到维特科农场，距被围的山地步兵第54师各团位置大约还有7公里。苏联解围部队的出现让芬军大吃一惊。希拉斯武奥上校赶紧调芬军第65步兵团两个连、第27步兵团第4连和第5突击营第3连，三面围攻苏联军队滑雪旅。在当天的战斗中，多林的滑雪兵击退了芬军第一次冲击，但战斗打到2月14日晚，芬军还是歼灭了突进到维特科农场的苏联先头部队。芬军的这个胜利对苏联军队多林上校的滑雪旅来说，是个致命的打击，整个旅部被一锅端。获得这次胜利的芬兰第65团第1营营长于尔约·哈卡宁（Yrjö Hakanen）大尉回忆道：

> 滑雪旅武器装备精良，但他们缺乏在芬兰地形作战的经验，尤其是对旅长多林上校和他的副手来说更是如此。

多林的滑雪旅的抵达完全打乱了我们的进攻计划，第9步兵师很关注两湖之间维特科农场的战斗。我们必须尽快消灭这个旅。说起来容易做起来难。首先，我们兵力不足；其次，该旅分散在40公里的区域，我们需要时间去找出他们；此外作战地形全覆森林，周围没有公路；更糟糕的是，我营已被上级调走一个连。我请求增援，可这里没有预备队了，师部说有一门瑞典的野战炮可以用，问我要不要。他们承诺用这门野战炮给我提供直瞄炮火。我欣然同意，我的人把这门炮从卢特扬耶尔维的阵地拉了回来。

野战炮抵达后，我们以隆重的仪式和排场把它架到公路右侧。我的步兵连和各机枪排都集结在山脊上的进攻出发阵地。整个战斗群做好了战斗准备。我手里既没有预备队，也不打算再向上级要兵。目前，师里的所有后方和后勤人员都被拉上了一线，在维特科西面的湖区之间的地峡警戒。

我打算先对维特科农场进行炮火准备，然后对俄国滑雪兵改造成火力点的各座房屋进行炮火延伸。接着，野战炮继续射击，压住威胁我各个步兵连冲击的敌火力点。进攻前5分钟，我营机枪群也加入炮火准备行列，力争在我步兵冲击时压住敌人的火力。如果我没记错的话，野战炮是在14点15分对农场开炮的。

野战炮按计划轰击了这两个目标。所有8挺机枪稍后加入战斗。枪炮声响彻天际，我营的重武器集中压制正面400米宽的敌人防御正面。

突击地段狭窄的缺点之一就是我们只能组织正面火力压制。给冲击的步兵提供徐进弹幕射击支援也不可能，因为每当我步兵开始冲击，敌人就组织机枪火力对视界内目标进行火力拦阻，我们的机枪几乎是马上就哑巴了。农场前的高地不够高，间瞄火力很难越过我们步兵的头顶射向敌阵地。

进攻火力支援一停，敌人就开火，迫使我们的攻击队赶紧还击，双方开始激烈交火。我们的步兵只得卧倒，就地和敌人交火。

我营左翼推进较远。黄昏时分，梅基宁少尉的突击队迅速绕过维特科农场，从背后发起攻击。他们和俄国滑雪兵进行了几次肉搏战，最终梅基宁的突击队冲进了农场大房屋。就在这时，密集的手榴弹群从房屋周围的堑壕和窗外飞向他们，所以他们没法待太久。撤出前，突击队放火烧掉了这座房屋，圆满完成任务。

　　大火照亮了四周，在明处的敌人没法准确射击。相反，我们在暗处却可以清楚发现敌人，集中火力压制敌火力点。在机枪火力掩护下，我营再度冲锋，迅速扫荡了整个农场守敌。我想赞美下士官林塔马和第1连传令兵卡塔亚梅基列兵。突击队队长梅基宁少尉也值得高度赞扬。萨伊库中尉更是做出了一个明智的决定，带突击队放火烧了房屋，为胜利奠定了基础。

　　总的来说，多林的滑雪旅武器装备精良。他们的军大衣十分暖和，里面还穿着羊毛衫。雪橇和滑雪杖也十分专业。

　　该旅没有装备任何重武器。制式武器是栓动步枪，但不少人有冲锋枪和自动步枪。轻机枪装备很少。在维特科农场，我们缴获的轻机枪微乎其微。他们也装备了几门掷弹筒，迫击炮弹装在特制的帆布背包里。

　　该旅没有任何装载补给的雪橇或补给箱，显然，这个旅打算依靠空投维持补给。另一方面，他们也没有撤退伤员的装备，不过卫生员带上了包括手术器械在内的全套战地医疗器械和药品。

　　该旅没有携带任何宿营用具，甚至连帐篷都没有。我们发现了几个船形胶合板雪橇。但这种雪橇更像是玩具，实用价值不大。值得注意的是，该旅为保障通信联络，携带了移动便携式电台。

　　显然，该旅一直和空军保持密切联系。苏联飞机跟得是如此紧，以致我们经常根据飞机的出现找出滑雪部队。不过，维特科农场的情况十分混乱，俄国飞行员们可能没法确定该旅部队的准确位置。

　　俄国滑雪兵的姿势和我们不同。俄军滑雪部队的士兵在滑行时经常左右摇摆，因此一名芬兰士兵可以在很远的距离根据姿势识别是俄国人。我们芬兰兵滑雪时身子笔挺直立，滑行轨迹几乎是一条直线。俄国兵的滑雪杖比我们长，所以他们为了柱雪杖必须把手抬得更高，这或许是导致他们经常左右摇摆的原因。

　　俄国人的滑雪板和芬兰的差不多，但滑雪性能就大相径庭了。他们用的滑雪油完全不符合芬兰的标准，我们仅仅用它（缴获的苏联滑雪油）来润滑我们的雪橇。

　　我们估计多林的滑雪旅在维特科农场有多达250人被击毙。我向师部呈报了这个统计数字。他们认为我高估了敌人的损失。事后却查明是我们严重低估了敌人的损失。战争结束后，俄国人从维特科农场废墟里抬出了40 具烧焦的尸体，从大房屋抬出了 25 具尸体，农场庭院抬出了 90 具尸体。我们的将士收敛掩埋了 118 具滑雪兵的尸体。所以，敌人的战死总数是 273 人。另外，我们在森林里也击毙了不少俄国兵，这个数字肯定不少。

芬兰第 9 步兵师多次进攻被围的山地步兵第 54 师，但仅取得消灭雷乌赫卡瓦拉守军的微弱战果。山地步兵第 54 师残部顽强守住阵地，击退芬军的所有进攻。山地步兵第 54 师是苏联红军的精锐部队，冬季战争爆发前驻扎在苏联境内卡累利阿地区的坎达拉克沙。该师许多战士都是卡累利阿地区土生土长的小伙子，完全熟悉芬军那一套极地生存技巧和战术打法。该师被芬军分割包围后，师里各级指挥员采取有力措施立即组织环形防御，抢修工事、挖战壕，修筑土木火力点并扫清射界。

为歼灭萨乌纳湖（Saunajärvi）北梢分割被围的山地步兵第 54 师三个团，芬军集中兵力反复攻击。芬军对"指挥高地"发起了第一次攻击，损兵折将也没有得手。接着，芬军又在 2 月 27 日以两个连的兵力向分割被围的苏联军队西部阵地发起攻击，结果并无二致。3 月 2 日，哈卡宁少校的营又在 4500 发炮弹的强大的炮火支援下，对"指挥高地"展开新的攻击。3 月 2 日 20 点整，芬军各连开始攻击，经过一整夜战斗，芬军终于拿下"指挥高地"。部分苏联守军在夜色掩护下撤往西部和东部阵地。清晨，芬军打扫战场时清点到大约 80 具苏联指战员的遗体，俘虏约 60 人。3 月 3 日，芬军又对东部阵地的苏联军队发起攻击，守军三次击退芬兰人的突击。1940 年 3 月 8 日，芬兰人在战斗中占得上风，打下了东部阵地。芬军估计东部阵地大约半数守军撤离了阵地，踏过冰封的湖面转移到西部阵地。芬军估计山地步兵第 54 师伤亡高达 420 人。1940 年 2 月 25 日到 3 月 8 日，芬军抓获了 215 名战俘。哈卡宁少校的营损失也很大，阵亡、负伤和失踪数攀升至 460 多人。

崔可夫很清楚山地步兵第 54 师的艰难处境，他想方设法不断抽调预备队投入战斗，支援山地步兵第 54 师。刚刚恢复战斗力不久的步兵第 163 师从云图斯兰塔地区赶了过来，向西展开旨在为山地步兵第 54 师解围的救援作战。至战斗结束时，步兵第 163 师仅推进 1 公里，但也几乎突破了芬军的包围圈。

3月11日，芬军开始对西部阵地组织炮火突击。包括山地步兵第54师师部和萨乌纳湖最后一股苏联军队在内，仍然死死地守住西部阵地。3月12日傍晚，芬军各连在炮兵长达一天的炮火突击后，对西部阵地的苏联军队发起猛烈攻击。激烈的战斗打了一个晚上，芬军顶着苏联军队的拦阻火力，顽强地冲到苏联军队战壕前。1940年3月13日清晨10点整，停战公告传遍一线各单位。不过，双方的交火还是一直持续到双方约定的停火时刻为止。

在攻击分割被围的山地步兵第54师的各次战斗中，希拉斯武奥上校的第9步兵师蒙受了巨大的损失。根据芬兰方面的记载，第9步兵师共损失4595人，其中1340人战死，3123人负伤，132人失踪。

山地步兵第54师的损失也很大。在整个战役中，山地步兵第54师损失6431人，其中战死2118人，负伤3732人，失踪573人，冻伤80人。仅在多林上校的滑雪旅阵地周围就清点到720具战死的红军指战员遗体。根据苏联官方记载，牺牲的滑雪兵指战员遗体都被运回苏联厚葬，但近来研究却显示他们都被埋在了战场原址，仍然躺在战地上的各个无名墓碑下。而且，不少墓地实际上是俄罗斯公民的私有土地。

库赫莫的僵局对整个冬季战争苏方进程有重要的战略意义。久经沙场且经验丰富的第9步兵师遇到了训练有素、机动灵活的山地步兵第54师，可谓棋逢对手，战斗打成了持久战。第9步兵师被牢牢牵制在库赫莫方向上，直至战争结束。在卡累利阿地峡遭到苏联第二次总攻击突破的危急时刻，芬兰陆军总部都无法将这个精锐调往增援，这是苏联军队战略胜利和芬兰方面的战略败笔。此外，库赫莫方面的战局也因恢复战斗力的步兵第163师的加入而对芬军越发不利，该师从东面反复突击，试图和被围的山地步兵第54师取得联系的进攻行动，也牵制了芬军第9步兵师不少兵力，使希拉斯武奥上校始终无法彻底解决山地步兵第54师。

总的来说，芬兰陆军战前计划是正确的。事实上，芬兰北部极地苔原地的战斗胜败对整个战争走势无关紧要。虽然芬军在北极地区取得了辉煌的胜利，但在卡累利阿地峡，苏联红军在1940年2月展开的第二次总攻击，直接决定了冬季战争的胜负。

第五章
突破"曼纳海姆防线"

1940 年 1 月，卡累利阿地峡方向的苏联红军整个月都在积极训练，侦察芬军防线并摧毁芬军阵地。卡累利阿地峡的苏联步兵师数量从最初的 10 个增加到 23 个。重炮群被调上来摧毁芬军坚固的要塞和筑垒碉堡。1 月份，苏联炮兵几乎每天都要打约 7000 发炮弹，意图"削弱"芬军防御体系。第 7 集团军的右翼集群脱离原序列，成为第 13 集团军。各个步兵师也调整指挥隶属关系，第 7 和第 13 两个集团军共下辖七个步兵军。第二次主要突击方向明确选择在维堡方向，为此第 7 集团军下辖十四个步兵师，第 13 集团军仅下辖九个。

1940 年 2 月 1 日，苏联红军沿着卡累利阿地峡开始营级规模的火力侦察和袭扰作战。真正的总攻击始于 1940 年 2 月 11 日。根据新的作战计划，战役突破点选在苏马村，这里是步兵第 100 师负责的进攻地带。步兵第 42、第 43、第 113、第 138 和第 70 师将在卡累利阿地峡西部对芬军展开牵制性攻击，但没能突破芬军防线。步兵第 70 师和步兵第 113 师在攻击作战中打下一个支撑点，即马尔亚恩佩隆梅基山的"熊"支撑点，不过这是两师攻击作战的唯一战果。芬兰陆军虽然力求守住整个卡累利阿地峡，但苏联军队在莱赫德的成功突破，发展成一次芬兰人无法在主要防御地带处理的危机。

1940 年 1 月，莱赫德：苏联军队的战役准备

1940 年 1 月 4 日，芬兰开始换防部队。第 8 步兵团第 1 营换下第 15 步兵团第 1 营。

与此同时，苏联军队方面也做出了一些人事调整。步兵第123师师长斯坚申斯基上校被解除职务。阿里亚布舍夫上校出任新师长，他上任的第一道命令，就是指示麾下的指战员挖掩体藏壁炉暖身子，减少冻伤率。改善了部队的生活条件后，阿里亚布舍夫拟定了部队的训练方案，为第二次总攻击做准备。

1940年1月，该师的三个团都忙于艰苦的战斗训练。新师长狠抓步兵师进攻战斗训练。战斗训练科目包括滑雪、机枪实弹射击、班排攻击战术、步坦协同攻坚战术。紧张的战斗训练无日无之，甚至在1940年1月中旬，卡累利阿地峡的温度降到零下45摄氏度也照练不误。一些芬兰指挥官指出温度计量范围太小，以致无法测量极低的温度。在这样的严寒下，步兵第123师三个团在离芬军主要防御地带2公里处坚持刻苦训练，前线仅有连级规模苏联军队持续保持和芬军接触。

步兵第123师师部的扎罗夫大尉谈到新任师长及其举措时评价道：

> 我们的师长——我不知道他到底有没有睡觉，但我知道他总在一线巡视，对哪怕最微小的细节也不放过。他的努力使部队达到了最高战备水平。全体指战员都经受了刻苦的训练并士气高昂，其后我师突破敌人的防御地带也就顺理成章。
>
> 实际上，全师部战员花了那么多时间刻苦训练，就是为了让我们重获自信和必胜的信念。所有人都渴望早日重返战场。
>
> 苏联军队侦察员每夜都渗透芬军防线抓"舌头"。不过在很多情况下，苏联军队的侦察队规模太大，很容易暴露。
>
> 师里的支援炮兵部队也做好了战斗准备。新型火炮进入阵地，火炮数量是如此之多，以致炮兵指挥员还得不时争取空间，安排新的炮兵阵地。实际上，我师后方已经没有空间容纳所有的火炮了。

尽管侦察渗透一再受挫，苏联军队侦察兵还是在步兵第123师预定进攻地带发现了两个关键堡垒的位置：舌形山的"百万富翁"碉堡和芬军防线中央的波皮乌斯碉堡。有趣的是，苏联军队侦察兵最初认为"百万富翁"碉堡的两个射击台是相互独立的筑垒工事。

步兵第123师进行周密的进攻准备时，军属炮兵第24团也把两门152毫米加榴炮拉进阵地，准备摧毁"百万富翁"碉堡。火炮阵地早早修筑完毕，炮手的掩体顶部也加盖了三层原木。1940年1月25日夜，火炮进入阵地，但预定射击任务却因浓雾暂时取消。

12点整，两门152毫米火炮在格拉乔夫中尉指挥下对"百万富翁"碉堡进行直瞄射击。在"百万富翁"碉堡东部观察哨塔的芬军炮兵前进观察员埃斯科·卡廖少尉，刚刚向他的炮兵连报出苏联152毫米火炮的坐标位置并请求炮火压制152毫米加榴炮，一发152毫米榴弹就准确命中了装甲板保护的观察哨塔。猛烈的爆炸不仅让埃斯科·卡廖少尉当场毙命，还炸飞了观察哨塔顶盖。接着，又一发152毫米榴弹命中了碉堡中央的装甲观察哨塔。芬军独立第2炮兵营的炮兵前进观察员在哨塔被命中前逃离，捡回一条命。两门152毫米加榴炮在丝毫没有受到干扰的情况下继续轰击"百万富翁"碉堡，结果在碉堡东部的射击台炸开了一个面积2米×2米的弹孔。几发炮弹还贯穿了碉堡侧壁，在里面爆炸。目睹命中过程的格拉乔夫中尉骄傲地要求前线各级指挥员签署一份官方文件，证明152毫米加榴炮击毁了"百万富翁"碉堡。最终，这份证明击毁"百万富翁"碉堡的官方文件是由步兵第272团第5连连长、重型榴弹炮第402团第4连连长以及军属炮兵第24团参谋长联合签署。

1月28日，波皮乌斯碉堡也遭到了类似的命运（苏联军队用152毫米加榴炮轰击）。结果，碉堡守军死4人，西部射击台也被击毁。

突破

在苏联军队发起第二次总攻击前，芬军又一次调整了部署。第9步兵团第2营换下了第8步兵团第1营。第9步兵团完全由操瑞典话的芬兰人组成（瑞典话是芬兰的第二官方语言，有6%的芬兰人以瑞典话为母语），这也给芬军各部之间的指挥通信联络增加了一定的麻烦。

1940年2月11日8点40分，苏联军队开始炮火准备，持续时间达2小时20分钟。苏联军队一共投入了四个炮兵团对芬军实施炮击。仅军属炮兵第24团就对芬军防线打了14769发炮弹。甚至连苏联各级炮兵指挥员也对炮火准备的规模留下了深刻的印象：

这是我们团首次参加如此有力和精心计划的炮火准备。与之相比，利波拉的炮击行动不过是彩排而已。在我军炮火准备伊始，敌人还试图还击，但很快就沉默了。我炮兵团完成了炮火支援任务。

在T-28重型坦克和T-26轻型坦克的支援下，步兵第245团于11点整突击波皮乌斯碉堡，12点24分，苏联军队的红旗就插上了波皮乌斯碉堡废墟顶部。这一幕让师部雀跃欢呼，也进一步鼓舞了步兵第245团部战员们的士气。

马尔姆中尉的连把守波皮乌斯碉堡，他们面对猛攻毫无招架之力。这个连是林德曼少校指挥的第9步兵团第2营所属连队，该营刚刚从相对平静的其他地段转移到莱赫德地区接防。该营没有在开阔地形对抗大量苏联坦克的经验，被同时冲击过来的几十辆苏联坦克吓得手足无措。尽管如此，他们还是竭尽全力地抵抗。当天战斗结束时，马尔姆中尉的步兵连中原本100人打到只剩16人。第9步兵团第2营营长林德曼少校从战斗开始就和部队失去了有效联系。部分西方资料称，林德曼少校在战斗中负伤，但根据第9步兵团的作战日志记载，林德曼毫发无伤，却和所部失去有效联系，战斗中也没有积极的作为。

苏联坦克群和步兵继续往泰斯特碉堡冲击，并在该碉堡周围停止前进，就地掘壕固守，防范芬军的夜袭。2月12日清晨，苏联军队继续展开攻击。下午，芬军被迫放弃第一道筑垒碉堡地带，往第二道防线（仅有反坦克壕前置保护的土木工事支撑点组成的防线）退却。

2月12日下午，第5步兵师师长塞利姆·伊萨克松上校向维堡的第2军长哈拉尔德·厄奎斯特中将报告：“情况就是这样，他们突破了（我们的防线）。”厄奎斯特虽然很无奈，但士气可鼓不可泄，只能尽量安慰伊萨克松。

步兵第255团以一个营的兵力对芬军“百万富翁”碉堡和舌形山实施突击。苏联军队组织的强击支队很快将芬军步兵逐出了碉堡前沿战壕，12点40分冲上碉堡顶部。芬军虽全力以赴，但也没能守住碉堡南面的战壕群。芬兰第9步兵团第4连的拉斐尔·福尔特（Rafael Forth）列兵回忆道：

1940年2月11日清早到午前，我们吃了些糕点。俄国人对碉堡的射击没这么猛烈了，但他们从所谓指形山的碉堡对我们的右翼发起攻击。

第4连的将士们试图用手榴弹群和冲锋枪火力把周围战壕里涌入的俄国兵赶出去，却是徒劳。俄国人牢牢地占住了高地，沿着战壕朝我们的碉堡步步紧逼。在俄国步兵靠近碉堡右侧出口的同时，一辆俄军坦克也笔直地朝碉堡冲了过来，像是打算堵住我们的左侧出口。炮长站在碉堡的机枪射击台上，命令炮手开火。反坦克炮一连打了很多炮，可坦克还是离我们越来越近。坦克扑到150—200米外时，我们的反坦克炮终于命中了目标。坦克停了下来，开始起火燃烧。炮长兴奋地喊了起来"命中！"最初我没反应过来，但还是下意识地跳了起来，朝在硝烟弥漫中兴奋不已的炮组也喊了一句："中了！"被击毁的敌坦克烧了一整夜。埃里克松中尉拿着他的备忘录走了过来，记下了炮长和炮手的名字。"小伙子们，你们拿了大奖！"他祝贺道。如果坦克堵住了左侧出口，而俄国步兵又从右侧出口冲上来，那我们只有被夹击关死在碉堡里了。

坦克开始燃烧后不久，俄国兵用一挺机枪朝碉堡的左侧出口射击。我们也有一挺机枪，但射击台过于狭窄，我们没法还击。我们三人站在机枪射击台前，凝视着燃烧的坦克。阿尔图尔·霍伊亚尔站在左边，排长赫克凯尔斯泰德居中，我站在右边。突然间，一发机枪弹飞进了射击台里，打在霍伊亚尔和赫克凯尔斯泰德之间，断成两截。排长向后退了几步，向我敬了个礼，说："请代我问候我的家人！"然后就倒下了。他是被一块弹片打中心脏，然后死在我怀里的。霍伊亚尔的右臂也被弹片打中。他撤进碉堡，接受医护人员的包扎。

俄国兵从指形山出发，穿过战壕朝我们的右侧出口扑了过来。他们爬上碉堡顶部，占领防御阵地。与此同时，他们还开始从右侧出口顶部往下砸石头和沙袋，要堵住出口。情况危急，我们不能浪费时间。

连长埃里克松下令从左侧出口向碉堡顶部的敌人展开反击。我们迅速集合，并收集了30枚手榴弹打反击——15枚木柄手榴弹和15枚卵形手榴弹。我的班长，机枪手尼戈站得比我高，我只能站在较矮的楼梯上。我一个个揭开木柄手榴弹的盖子，然后逐个递给尼戈。他每接过一个手榴弹，都以最快速度往上砸，碉堡顶部手榴弹爆炸声不断。扔完所有木柄手榴弹，第4连的小伙子们对顶部发起反击。他们用冲锋枪和轻机枪"干脆利落地消灭了敌人"。与此同时，我也把卵形手榴弹往左侧顶部猛砸。在我第4连反击后，俄国人离开了碉堡顶部，撤进了周围战壕。

不过，我却没能按任务投完所有的卵形手榴弹，我方一名士兵还从顶部摔了下来。当时，我就站在下面的出口，目睹了这一幕并扶他进碉堡向卫生员救助。他的背部被压制我碉堡左侧出口的俄军机枪子弹打成重伤。当我把伤员扶进碉堡，然后抬头右望的时候，却发现俄军机枪子弹把离我不到1米处周围的石头和土堆打得尘土飞扬。

我扶着伤员一个个走进碉堡，拼命呼叫卫生员过来帮忙。卫生员操着芬兰语答复说他要先给别人包扎，请等一等。当时，他正给阿尔图尔·霍伊亚尔包扎负伤的右臂。我扶着伤员走进碉堡，紧挨着阿尔图尔和卫生员让他坐下。伤员哭了，他请我为他祈祷，我不得不和他解释说，我得走了，顶部奋战的战友还需要我。可他一再哀求："别离开我！"我安慰他说，卫生员很快就来给他包扎，他和其他伤员一样不会有事的。我还告诉他，（他的）母亲一定会为他祈祷的，上帝也会帮他渡过难关。接着，我匆忙赶往出口，战士们已经完成反击肃清顶部之敌的任务，因此我端起步枪，继续在碉堡外警戒。从顶部返回碉堡的战士告诉我，战斗中我军牺牲一人，遗体仍躺在顶部。但在当时完全混乱的情况下，没法证实这个说法。

埃里克松中尉对这次反击结果十分满意。形势又稳定下来，至少目前来说的确如此。我们还有大约30人留在碉堡里，大部分都是斯卡德少尉的步兵排将士，8名战士来自我营机枪连。负伤能动走的伤员都在夜间离开了碉堡，重伤员放在雪橇上拉走。霍伊亚尔和背部负伤的安德森躺在雪橇上被拉走。夜间，我和战友交班。我的怀表始终不离身，也许有人会觉得很奇怪，但我确实喜欢带着它。我把表和链都塞进裤袋里，然后拉上雪地伪装服边角的松紧绳。当我在周一下午成了俄国人的俘虏时，这个做法避免了怀表被敌搜走之虞。当晚平静无奇。被击毁的坦克继续燃烧，照亮四周。经过了一天的苦战，俄国人苦战一天后或许也在休息了。趁着这个机会，我们一个个找借口出去"放风"，留在碉堡里的人越来越少。

当晚，第6连连长马尔姆中尉走进掩体，和埃里克松中尉商讨对策。刚刚换岗下来的我，一边烤火一边在煮东西喝，无意中听到了他们谈话的部分内容。马尔姆带着四五个人。来碉堡前，他曾派传令兵去"百万富翁"碉堡联系，可没有一个人能冲过去，他们都牺牲在战壕里。

两名中尉讨论了约一个小时。我始终没明白他们究竟谈了什么。深夜，埃里克松中尉拿上背包和大衣说："我要离开这儿。我不打算活埋在这碉堡里。"说完，他就离去了。在埃里克松离去后，我的班长机枪手尼格也说：

"我们才这么点人留在这里，肯定会被他们（指俄军）活埋！"

不久，斯卡德返回碉堡。之前他在战壕碰到埃里克松。埃里克松命令他回去待在碉堡里。显然，埃里克松要去芬内少尉的碉堡去商讨情况，可芬内却被一发炮弹炸伤，被抬了出去。2月21日，芬内在一家野战医院伤重不治身亡。

苏联军队一支强击支队队长列卡诺夫大尉对这次战斗记载道：

仔细观察了敌人的前沿混凝土碉堡后，我们被调往左翼，途中我们发现了敌人最大的碉堡——11号碉堡。该碉堡位置在舌形山，敌人以密集的火力封锁了周围的森林及6号碉堡右翼的战壕和龙牙（反坦克障碍石），左翼往苏马耶尔维湖之间地带也没有幸免。这个碉堡（指11号碉堡）和整座舌形山是制约我军左翼发展的一颗钉子。

突破"曼纳海姆防线"当天，工兵营营长格拉波沃伊大尉命令我的强击支队充当预备队。两个强击支队在马尔科夫中尉和叶梅良诺夫中尉率领下突击11号碉堡。

一小时后，联络官赶来传达命令，指示我们立即前往部队指挥员的观察所去见他。"马尔科夫同志的强击支队，"他说道，"在碉堡右翼的龙牙，被敌人猛烈的火力给压住了。山上的坡度太陡，坦克没法开上去支援他们。第二强击支队在叶梅良诺夫同志率领下，也从右翼展开攻击，结果遭到猛烈的炮火和迫击炮火力的压制。叶梅良诺夫同志负伤。请你立即带人上去支援我们的同志，摧毁11号碉堡。"

我们刚刚跃出森林朝高地冲击，立即就被迫击炮火力打中。在猛烈的爆炸声中，我们朝战壕匍匐前进。我命令战士们脱掉白色军大衣，防止敌人在炮弹爆炸后产生的黑色硝烟背景下轻易发现我们。

虽然天气严寒，但所有的同志都大汗淋漓。最终，我们爬到最近的战壕跟前。在步兵的伴随下，我们打算冲进碉堡搜剿，但芬兰白军却冒出头来，朝我们砸了几枚手榴弹。我们立即还击，机枪一个短点射就干掉了敌人。

芬兰白军把自己反锁在他们的地下堡垒里。我们带着炸药包爬上碉堡顶部。起初，我们到处寻找合适的点位安放炸药。周围到处都是土堆，碉堡就像隧道一样嵌进山里。战士们从碉堡通风管往里塞手榴弹，却没能给芬兰人造成什么损失。

工兵扎维亚罗夫从后方跳进一条堑壕，扑到碉堡出口前。虽然出口有一个机枪射击台，却没有人朝他射击。扎维亚罗夫看见敌人没有开火还击，决定往里面扔一枚手榴弹。但当他站起来的时候，一梭子弹却打了过来，这位勇敢的工兵倒下了。我们怒火万丈，战士莫克洛夫扑上去，试图支援扎维亚罗夫，却被敌人猛烈的火力打得抬不起头。

我们必须救回我们的同志。工兵索林想到了一个好办法，他建议用石头来堵住碉堡的出口。芬兰人发现了我们的意图，立即组织迫击炮火力封锁，但已经来不及了。敌人的碉堡出口被我们用石头给堵住了，射击台也被封死。

可敌人的碉堡实在太大了。我这才意识到我们携带的炸药量不够炸毁整个碉堡。但如果我们回去拿新炸药过来的话，就意味着白白放跑芬兰白军。我们最终决定把炸药安放在碉堡出口，然后引爆炸药。爆炸冲击波炸塌了出口，芬兰白军已成瓮中之鳖，他们逃不掉了。步兵迅速包围了碉堡，占领后方战壕。

我带着强击支队返回出发点，向步兵营营长报告了我们的战斗情况。回到出发点，我才发现我的指挥员正准备给我们继续运炸药呢。

显然，斯卡德少尉向穿过战壕的埃里克松中尉报告他的大部分部下都离开了碉堡。愤怒的埃里克松中尉立即命令斯卡德回碉堡，要组织兵力不惜一切代价守住它。列卡诺夫大尉在回忆录里指出，碉堡是在2月12日凌晨5点整爆破的：

我们成了普鲁德尼科夫中尉强击支队的一员。我们不得不带着几百千克炸药上去炸碉堡。尽管芬兰白军火力十分猛烈，但我们的工兵迅速靠近了碉堡。沿着堑壕，我们带着炸药箱冲了上去，将炸药箱安放在左侧子堡顶部。很快，我们在碉堡顶部安放了一个巨大的炸药箱。步兵撤进战壕。接着，我亲手点火。紧随而来的是一阵猛烈的爆炸，一团巨大的火焰直冲云霄，飞扬的尘土差点把我们给埋了，耳鸣音久久没有消散，头也晃了很久。

走到爆炸点……发现一个直径达 10 米的大坑。钢筋都化为了尘埃。炸点周围 50 米内，一切都是焦黑的。巨大的碉堡和守军，都不复存在了。时间是 1940 年 2 月 12 日，凌晨 5 点整。

苏联档案文献一再重复这个故事。步兵第 255 团的作战报告在 2 月 11 日提到"百万富翁"碉堡的西子堡当天发生两次猛烈爆炸。团部始终认为西子堡和东子堡是两个相互独立的碉堡。然而，苏联军队许多报告也指出，该碉堡在 2 月 11 日仍然还在战斗。根据苏联军队的作战报告，该碉堡最终是在 2 月 12 日凌晨 3 点 15 分被摧毁的。

然而，芬军的拉斐尔·福尔特列兵却指出，碉堡是在一天后，也就是 2 月 13 日被摧毁的：

当夜平静地过去了，2 月 12 日拂晓到来，天色渐亮。碉堡守军兵力锐减到只剩 6 人：斯卡德少尉、机枪手奥林、阿尔维德·奥拉、约汉内斯·本斯、卡尔·霍尔姆贝格和我。除了斯卡德少尉，其他人都来自机枪连。

后来我们才意识到，还有两个人在碉堡里面，来自马拉克斯的斯托尔姆和一名身手类似工兵的芬兰小伙子。

值得注意的是，福尔特在他的回忆录里并没有提到独立第 2 炮兵营的炮兵前进观察组（由乌格拉中尉率领）也在碉堡里。他也没有提到 2 月 11 日晚，苏联工兵对碉堡的爆破行动。

本来就不归埃里克松中尉指挥的乌格拉中尉决定在 2 月 12 日清晨离开碉堡。根据他的记录，由于苏联工兵已经准备在碉堡顶部进行第二次爆破，所以他的观察组必须撤离。12点07分，乌格拉带着他的炮兵前进观察员撤回后方，并向第8步兵团团长报告，埃里克松的步兵连还有18人在碉堡里，他们把自己反锁在碉堡里。乌格拉指出，他担心如果苏联军队再组织类似昨晚爆破的话，那么留在碉堡的官兵将和碉堡同归于尽。显然，炮兵前进观察员和步兵毫无联系。不然很难解释乌格拉竟然不知道实际留在碉堡里的步兵仅仅有6人而已。不过，芬兰第8步兵团团部还是根据乌格拉的报告下令组织救援。

芬军一个步兵连在4挺机枪的支援下，前往解救被困"百万富翁"碉堡的友军。但这次解围作战以失败告终。苏联军队的机枪火力实在太猛，芬军救援部队在碉堡北面几百米被打得抬不起头来。卧倒在地的芬军救援部队官兵清晰地看到了碉堡的废墟和步兵第255团部战员们把红旗插上了碉堡顶部。他们没有看到有人撤离碉堡，因此武断认为碉堡里的一个排芬军将士全部殉国，这个传奇故事也在芬军中传开来了。

实际上，"百万富翁"碉堡东部子堡的反坦克炮手们也在2月11日晚撤出了战场，他们的反坦克炮于2月12日成了步兵第255团的战利品。拉斐尔·福尔特是这样描述"百万富翁"碉堡守军的最后时刻：

　　　　确切时间应该在正午时刻，两名传令兵沿着战壕摸进碉堡，通知我们说上级下令立即撤离碉堡。埃里克松中尉也打算把整个连撤到第二道防线。我发现来自克维夫拉克斯的赫约尔特尔和来自厄斯泰尔汉克默的斯托尔姆这两名传令兵显得忧心忡忡。他们不停催促我们立即撤离。斯卡德少尉却说，他是奉连长的命令返回碉堡的，他绝不能走。

　　　　两名传令兵一再警告我们："快走吧！"可斯卡德少尉却根本不听。最终，我们一起表态说如果连长下令撤离碉堡，我们应该马上走。斯卡德回答："那我们走吧，不过走之前喝点东西总可以吧。"大家赶紧点炉火，可怎么也点不着，结果我们走之前连一杯咖啡都没喝上。

　　　　两名传令兵在碉堡待了大约半小时，然后开始朝出口离去。我紧跟在他俩后面。我不清楚身后是否还有人离开碉堡，但奥拉、本斯和霍尔姆贝格肯定离开了碉堡。斯卡德和奥林都出生在同一个村——布兰德尼-瓦萨，不知道出于什么原因，他们俩还在碉堡里徘徊。走出碉堡20—30米，我停下脚步回头望了一下，却没发现碉堡里有人跟上来，碉堡顶部也没人。离开碉堡前，我拿了乌格拉中尉的相机、一些小玩意和两幅地图。我不清楚这些小玩意和地图究竟是谁的，总之，我就是夹着这些东西，拿着步枪随同两名传令兵离开了碉堡。

虽然战壕里到处都是杂七杂八的碎片和被撕裂的电话线，但传令兵却敏捷快速地穿过了战壕。当我们离芬内的碉堡两三百米时，两名传令兵停住了脚步。他们到处找寻自己的战友。他们的战友是其他赶往"百万富翁"碉堡给我们传达撤退命令的传令兵。可找来找去，也只找到一个防毒面具和一些零散的物品。当我们顺着战壕往回望，发现3辆俄国人的坦克正朝我军第二道防线扑来。坦克所到之处，战壕都被踩蹦得不成样子。

我们继续前进，很快来到一处塌陷成两段的战壕带。我们往右边跑。两名传令兵先上，我跟在后面如法炮制。我希望，也相信他们能找到自己的战友。很快，我们进入一段通往堑壕的加盖顶掩体。穿过这个掩体，很快又来到第二个掩体。但就在我们进入第二个掩体的时候，几百门俄国人的火炮齐鸣，无数的炮弹在芬军防御地带爆炸。密集的爆炸声震耳欲聋。

返回塌成两段的战壕带，我们又往左边搜索前进约百米，到战壕的终点，也是补给干线的起点。我认出了这个地方，因为周六我曾带着将士们在这里接收食品补给。我们沿着补给干线继续前进时被俄国人发现，随即遭到敌人密集的步兵火力打击。我们立即卧倒在补给干线左侧路面，俄国人的炮火跟踪而至，炸得雪片纷飞。在泥泞的雪地中，我们艰难匍匐前进约百米。

我们爬到敌人炮火封锁区边缘时，原本无法通行的沼泽地积了一米厚的雪。我们三人爬进一个弹坑，召开了一个简短的战地军事会。首先，我们脱掉所有多余的衣服，扔掉从"百万富翁"碉堡带出的所有东西。我们连地图和面包袋都给扔了，甚至步枪也不带。唯一的军服也就是我们的雪地伪装服也被泥土染黑，手上还戴着手套。我们做出了一个共同的决定，那就是匍匐爬回补给干线，如有可能短跑冲刺回去。

其中一名传令兵一跃而起撒腿飞奔起来。当他跑出二三十米的时候，我正准备跟随，却被第二名传令兵抢了先，我倒落在最后了。一开始，我们还能得到积雪和灌木的掩护，但很快就到了一片毫无地形地物隐蔽的开阔地。我从弹坑里跃起，刚冲10—15米，子弹就开始嗖嗖从周围飞过。我赶紧卧倒在地，匍匐爬了一段，然后再起身冲刺一段，继而又匍匐爬行一段。就这样，我采取冲刺和匍匐交替的方式，离开弹坑前进了约100米。这时，我发现一名传令兵中弹倒在了地上。我扶着他翻过身来，却见他一言不发。显然，他已经死了。

我又继续前进了50—60米。许多战死者尸体躺得到处都是，我想第4连肯定是在此战至最后一兵一卒而覆灭的。后来我才知道，这里只不过是战死者的一个收容点而已。战死者的尸体将在这里被收容起来，用马拉雪橇驮回后方。不过，这一切无法实现，战死者的尸体仍留在原地。

100米外，我发现有人朝我挥手。与此同时，周围掠过的子弹明显少多了，我跑了起来。我想，对面朝我挥手的小伙子肯定是第二道防线的我军将士。当时，我只看到战壕里探出的脑袋，就不顾一切地冲了过去。当我离战壕只有十来米的时候，大约20名战士突然从战壕里跳出。我到底看到了什么？朝我扑来的竟是俄国人（我竟然看走眼，以为是自己人），而且数量占优。我呆呆地站在补给干线上，完全傻眼了。我都不知道这一切究竟是梦还是真的。他们有说有笑地朝我走来，并对我到处搜身。有人找到乌格拉中尉的相机，把它拿走了，其他人搜查我的口袋。幸运的是，我的怀表和链子都塞在我的裤子小口袋里，表面沾满雪泥，没有引起他们的注意。当然，也没人拿走我的手套。

这样，我保住了我的怀表和结婚戒指。一名俄国军官朝我走来，在卫兵看护下把我押往后方，我的战俘生涯开始了。我一边走一边四下张望，发现一名俄国军官走在我的前面，两名卫兵手持带枪的刺刀一路看押，我的脑子里一片迷茫。沿途，我看到的都是俄国人精良的武器装备——机械化部队和坦克。这些视觉印象强烈冲击了我的脑海，用不了多久俄军就可以在赫尔辛基大广场举行阅兵式了。

再看敌人的兵力数目——成千上万！几乎是每到一地就有一个多营的兵力。这些战士和我在"百万富翁"碉堡炮台见过的那些战士一样，仰首阔步行进，汇成一条巨流，朝着莱赫德沼泽地的我军防线最薄弱地带进军。

短暂的战俘生涯结束后，拉斐尔·福尔特设法找到了"百万富翁"碉堡幸存的战友：

> 留在碉堡里的其他人情况如何呢？阿尔维德·奥拉、约汉内斯·本斯和卡尔·霍尔姆贝格在我们三人（我和两名传令兵）离开后不久也走出碉堡，但他们在战壕里走得太慢，我们都已经走到加盖顶交通壕然后往右拐了。他们也踏上了补给干线，沿路行进。俄国人朝他们开火后，他们撤进了战壕，隐蔽在战壕侧壁挖掘的一个小小的防炮洞里。不久，俄军一支巡逻队踏上补给干线。俄国人跳进战壕沿路搜索时，他们三人紧张得要命，生怕被俄国人发现。不过，粗心的俄国人没有细看，而是从他们身边擦肩而过，沿着战壕搜索了 100 米，然后原路返回。归途中，俄国人还是没有检查这个小小的防炮洞。俄国人两次和他们擦肩而过——可谓近在咫尺。俄国人走以后，他们还是大气不敢出，一直待到深夜。
>
> 天黑了，俄国人的坦克也撤下来，返回去补充油弹。俄国步兵也撤了下来，生火煮饭。阿尔维德·奥拉等三人发现俄军利用夜幕掩护继续渗透我军第二道防线。

留在碉堡里的四人是：斯卡德少尉、奥林列兵、斯托尔姆列兵机枪手（来自第 6 连）和一位无名的芬兰士兵。他们准备带上碉堡里所有的重武器突围。斯卡德少尉是他们中间唯一的军官，十分熟悉战壕的走向，大家都得靠他。突围良机一现，四人迅速冲出碉堡。刚走出 120 米，他们就在战壕里碰上一队俄国兵。结果，他们被迫撤回碉堡，把自己反锁在碉堡里。俄军立即包围碉堡，并要求他们投降。斯卡德少尉没有答复。俄国兵从机枪射击台往碉堡里砸手榴弹，但四人还是无恙。

不久，俄国人失去耐心，对碉堡实施大爆破。猛烈的冲击波将碉堡炸成一片废墟，留在里面的四人也有三人被炸死。机枪手斯托尔姆运气却出奇的好，仅仅被冲击波震伤并抛出了碉堡。他醒过来时，看到左手腕已经被炸个粉碎。斯托尔姆艰难地爬到碉堡侧壁被炸出的大口子里躲起来。他钻进去躲避时遭到了步枪的射击，但无一命中。一名苏联指挥员命令战士们停止射击，走到斯托尔姆跟前，扶着他离开了碉堡。至此，机枪手斯托尔姆就是最后一个离开碉堡的芬兰士兵，虽已残废，但还活着。

"百万富翁"碉堡的传奇故事仍在继续。芬兰第8步兵团的一名老兵于1999年重返战场，凭吊碉堡废墟。他在2月12日作为救援部队的一员，参加了向碉堡的反击，但未获成功。直到1999年，这位老兵仍然相信他的18名战友都在碉堡的大爆破中殉国了。

在中央地段，步兵第245团继续沿着莱赫德公路朝凯梅雷火车站推进。当天，指挥碉堡周围仓促组织的苏军防御开始崩溃，芬兰人混乱地撤往支撑防线。值得注意的是，莱赫德地区整个有线电话体系于2月11日被苏军炮火完全摧毁，已经无法恢复。指挥部派出联络各部的传令兵要么在路上被苏军射杀，要么就是抵达目的地时已经来不及了。整个战线崩溃了，已经没有明显的前线和后方。步兵第245团的步兵、工兵、通信兵、传令兵、坦克兵等诸兵种指战员对芬军穷追不舍。芬军退却下来的第9步兵团残部和执行反击任务的第8步兵团各连于战场上混在一起，形势一片混乱。2月12日，接到撤往第二道防线命令时，派出大批无线电通信兵前往各碉堡，恢复和芬军第8步兵团的无线电联系。第8步兵团命令这个集群尽快撤回，但为时已晚。这个集群陷在一个碉堡里，被苏联军队团团包围。根据奥克萨宁上尉的描述，碉堡里还有29名伤员（大部分来自第9团）。苏联人为迫使芬兰人投降，威胁说要炸掉碉堡。被俘的29人中，战后只有9人回国。这个故事并没有得到其他资料印证。

到2月12日夜，芬军各部队撤到第二道防线后。为堵住苏军的突破口，芬军调来预备队——第13、第14步兵团，任务是在2月13日清晨组织反冲击，恢复2月13日清晨的战线。第14步兵团的两个营将从苏马耶尔维湖（Summajärvi）北部实施进攻，抵达马亚约基河；其他各营随后投入战斗，对凯梅雷公路实施进攻。第14步兵团各营设法完成任务，抵达马亚约基河地段，但冲入了苏联步兵第7师先头单位中，被迫退却。第13步兵团被用来封堵芬兰防线上的口子，但始终没有展开突击。第14步兵团团长维伊内·波尔特蒂拉（Väinö Polttila）上校在清晨的战斗中负致命伤。

11点整，苏联火炮开火。不久，苏联坦克和步兵席卷芬兰防线。芬兰人希望反坦克壕能阻止苏联坦克，可苏联工兵娴熟地炸塌反坦克壕的陡壁，苏联坦克的道路敞开了。由于在主要防御地带丧失了所有反坦克炮,芬军只能依靠燃烧瓶和炸药包。然而,苏联坦克没有接近芬军战壕,而是在100米的距离上轰击它们,远离了手榴弹和燃烧瓶。一整个苏联坦克营驶过芬兰堑壕,从背后攻击芬军第2重型炮兵营。这次进攻让芬兰人措手不及,正如苏军大尉阿尔希波夫指出的那样:

> 我们几分钟就冲到了目的地。森林逐渐稀疏,在积雪覆盖的松树林间,我清楚地看到许多敌人炮位。榴弹炮就在阵地上,正朝森林背后的目标开火——它们的炮管扬得高高的。炮位后方是一系列精心修筑的土木掩体。一名围着白裙的士兵拿着大勺子走出掩体,看到我们的坦克出现时,吓得两眼瞪得老大。
>
> 按约定,我在电台里下达了攻击命令,并重复发令几次,坦克群从三个方向扑上来,抢占有利射击位置。显然,敌人的炮兵还没有做好朝我们坦克射击的准备。或者说,他们也许是惊慌失措——逃离炮位涌向四周。阵地上一共有三个炮兵连,各炮连阵地保持相当大的间隔,奔逃的芬兰的官兵覆盖了整片原野。我们完整地缴获12门火炮、3座弹药库,大量装备和食物。唯一让人遗憾的就是我们没有发现牵引工具——这里既没有炮兵牵引的驮马,也没有卡车,更没有炮兵牵引车。我们甚至在地面上都没发现卡车的车辙印。事实上,这个营拥有精心修筑的炮兵阵地和掩体,意味着我们仍在"曼纳海姆防线"主要防御地带,不过是在他们的主防线后方,也就是主防线的最后阵地。

大部分芬军炮兵逃离战场,有些人把自己锁在碉堡里。一辆苏军坦克开上碉堡顶部,但这个建筑物没有垮塌。芬军拒绝投降,短暂讨论后,苏军工兵将碉堡和里面的所有人炸飞。32名芬军一命呜呼,其中7人是一天前刚刚从"百万富翁"碉堡死里逃生的炮兵前进观察组成员。

2月13日,苏军突破芬军在莱赫德地区的第二道防线,标志着芬兰主要防御地带的完全崩溃。芬军在中间防线前方已经没有筑垒防线。1940年2月15日16点整,芬兰陆军总司令曼纳海姆元帅下令全军撤往中间防线。

由于这次战斗胜利，苏联步兵第123师许多指战员获得了"苏联英雄"金星奖章的荣誉。包括突击"百万富翁"碉堡的突击班班长叶梅良诺夫（Yemelianov）中尉（1940年2月11日牺牲）和步兵第245团第2营营长索洛卡（Soroka）大尉，他1940年2月13日在突击芬军第二道防线时牺牲。

作为一名芬兰陆军职业军官，亚瑟·林德曼少校将全营覆灭和曼纳海姆防线被突破看作是他军人生涯的耻辱。1941年8月，在指挥第13步兵团第2营的一次战斗中，他独自冲在队伍的最前面，决心了结自己。一发苏军子弹成全了他，1941年8月13日林德曼少校在芬兰第19野战医院因伤重不治而去世。

守住苏马村

1940年元旦，芬兰方面换防苏马村的部队。第7步兵团第1营和第2营接管战线。新来的芬兰营在前线的最初几天比较平静。苏联火炮继续袭扰芬军阵地，双方夜间都派出巡逻队。

从苏联其他军区赶来的部队也在开赴前线。来自白俄罗斯军区的步兵第100师抵达苏马村地段。1939年12月，该师抵达苏芬旧边界的彼索契诺耶（Pesochnoe）—谢尔托洛沃（Sertolovo）地区，然后开赴前线。步兵第100师齐装满员，身着暖和的冬季军大衣。步兵第85团第3营的一名排长伊万·切蒂尔伯克（Ivan Chetyrbok）这样回忆行军：

> 从彼索契纳亚地区出发，我们沿着通往维堡的公路朝苏马—霍蒂宁地区走去。抵达曼纳海姆防线时，它还在芬兰人手中。几个步兵师已经在我们之前赶到，他们穿着旧款秋季和夏季作战服。他们穿着带绑腿的靴子，戴着布琼尼帽。我们进驻彼索契纳亚时都收到了冬季作战服。我们穿得像圣诞老人——这是我们第一次，也是我们红军历史上的第一次收到苏制雷锋帽，此前我们戴的都是布琼尼帽。此外，我们有毛料头盔内衬，可以保护整个面部，只有必须暴露的眼部和口部暴露在外。没有这两样东西我们都会被冻伤。我们的穿着方式如下所述：温暖的内衣、上衣、棉衣，最外面还有大衣。穿上这样的衣服之后很难转身，更不用说战斗了。尽管穿着这些衣服，天气还是很冷。我们开往前线时，有许多卡车朝着相反方向开

进——道路相当狭窄，我们会在交通堵塞中浪费很多时间。有许多冻伤的士兵从前线返回医院。尽管他们很冷，但还是得徒步行进。我们有自己的毡靴，但他们脚上只有裹脚布。那些从前线走回来的人们对我们述说着碉堡的事情。当时，我们还不是很懂他们说的意味着什么。

该师立即开始为突击芬军主要防御地带做战斗准备。苏马村仍被认为是主攻最好的突破点，这也是苏军炮兵每天都对苏马村轰击的原因。步兵第355团负责在高速公路西面组织防御，步兵第331团负责在高速公路东面组织防御。步兵第85师在师左翼的苏马约基河占领防御阵地。步兵第355团抵达一线时拥有3028名指战员（含178名中级指挥员、437名下级指挥员和2413名战士）。

虽然定期派出巡逻队，但红军没能及时研究发展出适合的巡逻和侦察战术，派出的巡逻队规模太大。他们很容易暴露并被芬军哨兵击退。

1月13日夜，苏方的一次突袭得手。步兵第355团一支巡逻队（25名步兵、12名工兵和8名通信兵）在瓦塔金大尉的率领下摸到芬兰防线后方。队伍抵达3号碉堡（苏联人已经得知其准确位置）并炸掉了它。苏联巡逻队先炸开碉堡大门，抓住了第一个冲出来的人，然后将集束手榴弹投入碉堡。

4名芬兰士兵被炸死，1名士兵重伤被俘（第1机枪连的托伊沃·梅克莱列兵）。步兵第355团团部立即将他送往后方包扎所救治。不幸的是，托伊沃·梅克莱因伤势过重在苏联去世。而在芬兰方面的记录中，他仍被认为是在作战失踪。

这是步兵第100师在冬季战争中抓到的第一个俘虏。巡逻队还缴获了一具芬兰雪橇、一副滑雪板以及负伤战俘的个人物品。瓦塔金大尉得到许可保留托伊沃·梅克莱的芬兰刀。突击3号碉堡的指战员都获得了通令嘉奖。瓦塔金大尉和班长基里罗夫被授予"苏联英雄"金质奖章。班长盖拉斯缅科也获得列宁奖章。芬兰方面派了一名军官去调查碉堡爆炸原因，这才察觉了1月14日晚发生的事情。

1月15日，持续的炮击摧毁了7号碉堡。该碉堡被用作弹药库，但没有造成人员伤亡。15号碉堡1月19日被直接命中，严重受损。1月中旬，气温下降到零下40摄氏度的时候，一座至关重要的设施——这座碉堡的火炉——

的损坏尤为致命。赶去修复碉堡的芬兰工兵被其20世纪20年代的设计惊呆了："15号碉堡的顶壁是没有得到任何强化的1米厚混凝土，然后是1米厚的沙，然后又是1米厚没有任何加强的混凝土！"显然，这座碉堡是20世纪20年代由芬兰国防部的签约承包商格兰尼特有限公司提供的建筑资材修建的。

芬兰主要防御地带令步兵第100师感到费解。苏马村周围众多的地窖、烧毁的房屋和农场废墟看起来都像碉堡。更糟糕的是，部分芬军碉堡因长时间不开火而无从发现。必须让它们打破沉默。

为查明芬军新碉堡群的位置，步兵第355团对高速公路西面组织了一次火力侦察。团侦察连和工兵第90营在该团第4连的火力掩护下突击2号碉堡。

这次火力侦察行动中，1939年12月中旬以来一直保持沉默的2号碉堡"泰尔特图"开火。工兵们还发现了2号碉堡左侧的1号碉堡。在突击过程中，工兵们在带刺铁丝网地带打开通道，随后，工兵和侦察兵立即被2号碉堡及周围战壕发射的致命火力压制。第4连指导员弗米乔夫见情况紧急，率全连发起冲击，将芬军火力引开，侦察兵趁机撤离。在这次火力战斗中，苏方侦察兵8人牺牲、8人负伤。芬军失去了碉堡指挥官彭蒂宁少尉，他在战斗中负致命伤。

1月19日和1月21日，2号碉堡遭到猛烈炮击，被数次直接命中。一发大口径炮弹贯穿顶壁，留下一个1平方米的口子。1月23日，2号碉堡又被直接命中。1月24日，芬军再次换防：第7步兵团第3营换下了第2营。

与此同时，步兵第355团精心准备对碉堡的突击。步兵对碉堡南面的芬军前哨展开一系列突击，将他们赶回了碉堡。1月底，步兵第355团的进攻出发阵地在碉堡南约400米处。

高速公路沿线的碉堡不断遭到苏联重型火炮轰击。1月21日，15号碉堡被数次直接命中，5号碉堡也在1月22日14点30分被直接命中。

步兵第331团反坦克炮连的1门45毫米反坦克炮1月22日和23日连续两天射击5号碉堡，给其造成了严重损害。1月22日，这门苏联火炮朝碉堡的机枪射击台和装甲炮塔发射了20枚穿甲弹，23日发射了180发。炮组成员报告："碉堡炮塔被贯穿，弹孔直径45—50厘米。"修补破损碉堡的芬兰工兵报告："装甲炮塔和探照灯室顶壁被击碎。我们用原木新造了一堵临时顶壁，用沙袋填补了碉堡的破损部分。"

芬兰第 7 步兵团机枪第 1 连排长帕伊图拉少尉认为苏联人早就为火炮修建了壕沟，并且只在白天将火炮带入阵地。尽管他几次请求压制或摧毁这门炮，但芬兰人没有这样做。1 月 25 日，这门苏联小口径火炮继续以其火力骚扰 5 号和 6 号碉堡。当天该炮共发射 30 发炮弹，两座碉堡都被直接命中数次。看来，芬兰炮兵正在节约弹药，以对付更大、更有吸引力的目标。

二月：连续十五昼夜的激战

1940 年 2 月 1 日，步兵第 355 团第 2 营经过精心准备，对芬军 2 号碉堡展开攻击。这是步兵第 123 师组织的对芬军防御地带一系列先期突击的一环，目的在于让芬军疲惫不堪，为苏联军队攻击前出发阵地不断靠近芬军防线创造有利条件，同时让芬军误判苏联军队的主要突击方向。1940 年 2 月 1 日清晨，苏联军队开始对 2 号碉堡进行猛烈的炮火突击。这次炮击的目的不仅是摧毁 2 号碉堡，还要在碉堡南面的雷区、反坦克障碍带和带刺铁丝网群中开辟一条通道。接着，苏联一支强击支队对 2 号碉堡发起冲击。该强击支队由第 4 连（连长格里申大尉，指导员弗米切夫）、工兵第 1 排（排长库切罗夫中尉）和坦克第 95 营所属的一个 T-28 中型坦克排（排长叶戈罗夫大尉）组成。为支援强击支队，步兵第 355 团团属加农炮连在直瞄距离炮轰 2 号碉堡。

12 点 15 分，芬军第 3 营营部收到了 2 号碉堡的报告。报告指出，2 号碉堡遭到猛烈火力打击达两个小时之久，严重受损。一发炮弹直接命中碉堡顶壁，碉堡旧有部分坍塌，压死了排长欣特塔拉（Hinttala）中尉和炮兵前进观察组组长曼内耳霍维（Mannerhovi）中尉。

两位军官的战死沉重打击了 2 号碉堡的芬军士气。接替指挥的库特蒂少尉把碉堡射击台上的机枪全部拆下，架在外面射击。接着，他向营部发报求援。第 3 营立即将此上报团部，但芬兰第 7 步兵团团部没有立即采取果断的措施应付危机。在库特蒂少尉求援的同时，待在碉堡里的炮兵前进观察组的肯特泰中士也向他的炮兵连报告："曼内耳霍维已经牺牲，我仍在坚守（岗位）。"13 点整，2 号碉堡又报告说 3 辆苏联坦克突破了障碍带，正朝着碉堡冲来。

13 点 30 分，苏方炮火再次命中 2 号碉堡及周围战壕群，有力地掩护了强击支队的运动。在强大的炮火支援下，第 4 连逐步进入 2 号碉堡的机枪火力封锁区。原本和 2 号碉堡互为犄角的 3 号碉堡也在苏联军队的突击下，内部结构严重受损，基本失去战斗力。可苏方资料声称，3 号碉堡在这次突击作战中仍然用猛烈的火力阻止了苏联强击支队在碉堡顶部安放炸药。

芬军发现苏联工兵携带炸药摸上来后，立刻集中所有火力朝库切罗夫中尉的苏联工兵排射击。结果，库切罗夫中尉的工兵排伤亡惨重，被迫撤退。他们没有完成在障碍带给坦克开辟通道的任务。坦克手们不得不用坦克主炮摧毁反坦克花岗岩。战斗结束后清点兵力，库切罗夫中尉的工兵排上去 30 人，只有 7 人安全从反坦克障碍带撤了下来。

由于这一带的芬军没有反坦克炮，因此苏联坦克轻易地摧毁芬军反坦克花岗岩，继续朝 2 号碉堡开去。途中，叶戈罗夫大尉的坦克触雷爆炸，失去动力。叶戈罗夫跳下坦克，紧随剩余的两辆坦克向 2 号碉堡冲击。他在碉堡顶部中弹牺牲。14 点 40 分，两辆 T–28 坦克冲上了碉堡顶部。惊恐的 2 号碉堡芬军立即请求对碉堡南部地区进行炮火覆盖，但还是没能挡住苏联军队冲击。15 点 55 分，守军报告 2 号碉堡向苏联军队投降。芬军第 7 步兵团第 7 连残部报告苏联军队以两个连的兵力夺取了 2 号碉堡。实际上，步兵第 355 团攻击 2 号碉堡的兵力就一个建制残废的第 4 连而已。第 4 连指导员弗米切夫向第 2 营营长斯波维奇大尉报告："我连还剩 28 人。即便没有援军赶来，我们也能完成任务，剩下的指战员仍像一个满员步兵连似的顽强战斗。"

尽管丢失了碉堡，但芬军集中火力打击苏联工兵第 1 排的决定还是十分正确的。步兵第 355 团第 4 连只带了 100 千克炸药，根本不足以重创碉堡结构。在 2 号碉堡顶部，第 4 连引爆了 50 千克炸药，但碉堡却纹丝不动，甚至连顶壁外墙的一块皮都没掉。

苏芬双方档案资料对接下来碉堡争夺战的记载有一定差异，差出来的时间长达数小时，但仍值得一提。根据苏联军队的报告，鉴于要破坏碉堡还需更多炸药，步兵第 355 团第 4 连撤了回去。

根据芬兰方面的记载，师属轻兵种营的一个自行车连和第 9 连 20 点 20 分组织反击，又在 21 点 50 分夺回 2 号碉堡。苏联强击支队在 2 号碉堡的各个机枪射击台安放炸药，却没有机会引爆它们。赶来修复碉堡的芬军独立第 28 工兵连缴获了这些炸药。他们搬来九块巨石加固了 2 号碉堡顶壁。最初，芬军工兵打算在第二天开始修复作业，但苏联军队的新一轮突击让他们无法成行。

　　根据苏方的资料，步兵第100师师长叶尔马科夫命令工兵第90营营长科洛文大尉，亲自带一支强击支队上去炸掉2号碉堡。这道命令是在2月1日21点00分，即叶尔马科夫得知第4连未能炸毁2号碉堡的消息后下达的命令。科洛文大尉把第4连剩余的指战员召集起来，组成了新的强击支队。这个强击支队由一个工兵排加第4连剩余指战员和库切罗夫中尉的工兵排残部组成。为炸掉2号碉堡，强击支队共携带600千克炸药。深夜，他带着强击支队摸到2号碉堡跟前，立即开始进行爆破准备。但必须再带来更多炸药。由于1号碉堡和3号碉堡芬军猛烈的火力封锁，指战员们不得不抱着炸药箱匍匐前进。指挥员和战士相互密切配合，突破芬军的火力封锁。在这次高危爆破作业中，不少指战员做出杰出贡献，他们是：工兵第90营参谋长拉普申（Lapshin）中尉、伊万年科（Ivanenko）中尉、高级政工基尔帕季（Kirpaty）、初级指挥员斯米尔诺夫、工兵阿尼西莫夫和科洛斯科夫以及步兵第355团第4连连长格里申（Grishin）大尉和排长格罗舍夫。1940年2月2日4点15分，科洛文大尉做好了爆破准备。炸药箱都安放在2号碉堡东侧墙角。在步兵第355团第4连指战员们撤离碉堡到安全地带时，工兵第90营的初级指挥员茨维特科夫留下来保卫炸药，防范芬军可能的反击。茨维特科夫击毙了三名试图拆除炸药箱的芬军士兵。苏方资料没有记载茨维特科夫究竟是撤回了己方战线，还是与碉堡同归于尽，不过，他的名字并没有出现在步兵第100师的伤亡名单里。6点20分，爆炸撼动着空气，爆炸完全摧毁了2号碉堡的东侧壁。爆炸后，步兵第355团第4连拿下了2号碉堡。

　　根据芬军的资料记载，他们仍然坚守着碉堡。芬兰方面的档案资料并没有提到6点20分发生的爆炸。不过，他们的档案资料里提到了步兵第355团第4连于2月2日清早对2号碉堡的突击。碉堡守军对空发射了信号弹，请求炮火拦阻射击支援。尽管如此，苏联步兵还是在7点45分在重机枪火力支援下，冲到碉堡前50米处。9点20分，芬兰第7步兵团第9连在报告了2号碉堡被摧毁无法继续坚守后，撤离了碉堡。当天，芬军没有及时组织反击，不过独立第3营第1连奉命在第二天组织反击，任务是夺回2号碉堡并尽可能持久地守下去。

2月3日6点20分，芬军独立第3营第1连在短促的炮火准备后对2号碉堡进行了突击。7点40分，他们冲进碉堡废墟。但仅仅守了不到30分钟，就在苏联军队步坦协同火力打击下，被迫撤走。在撤离前，芬军独立第3营第1连用燃烧瓶烧毁了地堡的两个子堡和地下掩体，以免资敌。

根据苏联方面记载，2月3日拂晓，苏联军队又突击并炸毁了1号碉堡。来自碉堡周围战壕的火力阻止了苏联军队对2号碉堡安放更多的炸药。这次执行突击1号碉堡的强击支队由步兵第355团第5连步兵指战员、两辆T-26坦克和两个班的工兵组成。穿过碉堡周围战壕时，他们和芬军进行了肉搏战，才达成突破。接着，他们把1200千克炸药安放在1号碉堡顶部，并于2月3日4点20分实施爆破。

对2号碉堡的补充爆破立即展开。苏联军队于2月3日夜在2号碉堡顶部和西部子堡内安放了3500千克炸药。1940年2月4日清早，苏联工兵按下起爆器，一阵巨大而猛烈的爆炸将2号碉堡完全摧毁。为彻底摧毁碉堡，苏联工兵总计使用了5300千克爆炸物。

这是整个冬季战争中，苏联红军夺取的第一个大型碉堡，步兵第100师师长叶尔马科夫竭尽所能才实现了这个目标。

苏联军队对所占领的碉堡以北的芬军阵地的进攻又持续了几天，但他们再也没能成功突破芬军防线。在1号碉堡和2号碉堡北部防御地带，芬军组织了顽强的防御，守住了阵地。在这一阶段的袭击战斗中，步兵第355团的指挥员5死23伤，初级指挥员和战士战死70人，负伤527人。

在这一阶段战斗中，值得一提的是步兵第355团还派了一支步坦强击支队突入芬军防御地带后方，任务是冲到图尔塔农场和学校，夺取芬军防御地带，为步兵第355团冲击创造条件。5辆挂载着装甲雪橇的T-28坦克、3辆喷火坦克和步兵第355团四个重机枪连的105名指战员以及2门迫击炮组成这个步坦强击支队执行这个任务。洛博金上尉担任强击支队指挥员，查乌索夫任政委。遗憾的是，强击支队未能完成任务：坦克群被芬军集中的榴弹炮和迫击炮火力打中，开始徘徊不前，装甲雪橇内的战士也受到了严重的威胁。强击支队的步兵指战员们不得不在防坦克壕前跳下坦克。第108号坦克车组成员一度迷失方位，朝苏联步兵战士和被误认为是芬军碉堡的己方营营部开火。芬军战史对这次战斗记载道:"俄国人 50—60 辆坦克牵引着步兵乘坐的装甲雪橇对我们展开了攻击。在装甲防盾的掩护下,大约 300 名步兵也冲了上来。"芬军宣称在 2 月 6 日的战斗中击毁 5 辆坦克,接着又在佩尔托拉支撑点击毁 2 辆坦克。

步兵第 355 团报告当天一共损失 8 辆 T-28 坦克,却赞扬了喷火坦克的作战效能。苏联步兵试图伴随强击支队冲击,却被芬军猛烈的火力压制,被迫停止前进。20 点整,强击支队的步兵和坦克兵都撤回出发阵地。2 月 6 日到 2 月 15 日之间,苏联军队不断对 2 号碉堡和高速公路之间防御地带实施突击,但所有突破企图均告失败。1940 年 2 月 7 日 4 点整,步兵第 355 团派出一支强击支队,在没有任何坦克伴随的情况下,选择芬军的一个碉堡实施突击,却受阻于一个雷场。苏联炮兵群持续轰击芬军碉堡群和周围战壕。佩尔托拉碉堡的装甲炮塔当天被一发炮弹直接命中,炮兵观察员罗霍马(Ruohomaa)战死。

步兵第 355 团本应获得喷火坦克和电动遥控坦克来摧毁碉堡,但步兵第 100 师却取消了这个命令。步兵和坦克兵再度紧密协同,发起攻击。2 月 9 日和 2 月 10 日所有的进攻都被芬军击退。然而,这些突击作战仅仅是 2 月 11 日总攻击的彩排而已。

2 月 11 日,苏联炮兵群齐声怒吼,密集的弹群像雨点般地砸到芬军防御地带:"那天,我们的炮兵火力破坏力极大,打得尤为精准。"师属炮兵第 34 团对芬军防御地带打了 6030 发炮弹,重型军属炮兵第 21 团也打掉 1000 发左右的炮弹。

然而,芬军却不费吹灰之力就击退了整个步兵第 355 团的进攻。苏联步兵指战员拉开散兵线冲到芬军铁丝网地带时,就被芬军组织各种火力打得抬不起头来。6 辆 T-28 坦克在芬军战壕前徘徊了一整天,不断射击守军。其中两辆坦克冲进了芬军后方。芬军的莱赫穆斯科斯基少尉试图用炸药包炸毁它们,但没有成功。

2 月 14 日,步兵第 355 团又派出一支强击支队突击,还是被芬军猛烈的机枪火力打回。战斗中,步兵第 355 团中级指挥员 2 死 6 伤,下级指挥员和士兵战死 25 人,负伤 180 人。根据步兵第 355 团包扎所的记录,该团在整个冬季战争的总损失为:

		送到团包扎所的伤亡统计	
伤亡类型	我团部战员	其他作战部队（配属我团作战）	注释
牺牲	394	–	除了7名重伤牺牲的指战员外，包扎所没有接收其他牺牲的指战员
负伤	1877	201	
1级冻伤	110	18	
2级冻伤	12	3	
弹震症	218	44	

　　在高速公路东面，步兵第331团突破芬军防御地带的所有企图也告失败。2月1日，该团对高速公路东面的6号碉堡实施了一次火力侦察，但各连立即就被芬军机枪、迫击炮和榴弹炮火力压制。虽然苏联炮兵和T-28坦克在直瞄距离不断射击，但6号碉堡始终没有失去战斗力。

　　2月2日到2月8日六天内，步兵第331团继续以两三个连的兵力突击芬军防御地带，但没有取得什么战果。2月6日，苏联军队的各次突击都得到了T-26坦克和喷火坦克支援，但芬军打掉了其中4辆坦克：2辆坦克被烧毁在战场上，另2辆突击后带伤拖回。

　　10号碉堡的侧射火力也阻止了步兵第331团的前进，但这个碉堡也马上被苏联炮兵发现。团长布斯拉耶夫少校命令第3连去摧毁这个碉堡。芬兰人发扬火力，将突击队挡在了反坦克花岗岩障碍带，后者损兵折将后被迫撤回。

　　2月7日傍晚，一个强击支队在3辆T-28坦克支援下突击6号碉堡，但其中一辆坦克却陷进弹坑，第二辆坦克被一块巨石给卡住，第三辆坦克在行进中丢掉了拉炸药的雪橇。失去坦克支援的工兵和步兵只得撤回出发阵地。参战的3辆坦克安全从战场上撤了下来，摧毁6号碉堡的战斗再告失败。

　　2月8日，步兵第331团进攻17号碉堡的罗霍宁碉堡，但芬军击退了所有的冲击。此后，苏联强击支队再次突击高速公路沿线的芬军支撑点。至少3门76毫米到122毫米口径的加农炮和榴弹炮支援各个强击支队的冲击。

　　团长布斯拉耶夫少校决定让步兵和工兵组成新的强击支队，在没有坦克的支援下摧毁备受围攻的6号碉堡。强击支队被芬兰军队密集的机枪火力逐退。

　　苏联火炮最终以直射火力摧毁了5号碉堡。（2月8日）13点10分，萨洛宁少尉报告碉堡顶壁坍塌，压垮了里面的机枪，但机枪手却毫发无损地逃出了碉堡。同时，萨洛宁少尉也报告说苏联军队狙击手用穿甲子弹朝6号碉堡的机枪射击台开火，但对墙体结构没有太大损伤。苏联军队在芬军战壕体系上空终日保持三架歼击机，往返扫射，干扰芬军步兵的调动。

1940年2月11日，苏联红军展开第二次总攻击。步兵第331团的各级政工人员（政委和指导员）召集全体指战员开了几次动员会，鼓励全团勇敢作战，坚决突破芬军防御地带。步兵第331团在坦克群支援下，于9点15分对高速公路东面的尼基莱支撑点实施突击。这次突击被芬军击退。苏联坦克群一路冲进在7号碉堡废墟中伪装良好的瓦尔德·海梅莱宁少尉的反坦克炮阵地，顷刻间就损失了7辆坦克。日落时，尼基莱少尉报告共击毁9辆坦克。战壕里的一名芬军炮兵观察员估计苏联军队的损失为150人阵亡。芬军方面，按照芬兰的作战日志记载，他们的损失也很大——15人战死，16人负伤。

步兵第331团团部反映说：

　　进攻被石头山、蛋形山和舌形山以及6号碉堡及其周围战壕的敌军火力击退。敌人热衷于阻止我们的坦克，击毁了其中10辆。在进攻发展阶段，两架芬兰空军福克战斗机试图扫射我们的步兵。

苏联指挥员们误把一门芬军反坦克炮当成是一个坚固的炮兵掩体。

2月1日到12日连续12天的战斗中，步兵第331团报告损失为6位指挥员、14位初级指挥员和128名战士牺牲。根据不完整统计报告，步兵第331团共有7名中级指挥员、8名初级指挥员和294名战士负伤。

日复一日的炮火袭击和步兵第355团、步兵第331团持续不断的突击，使芬军防御体系受到削弱。所有的交通壕被炸塌，堑壕体系、掩体和碉堡部分塌陷。芬军指挥官也注意到在击退苏联强击支队冲击的战斗打得越来越艰难："敌人炮兵的直瞄射击和机枪火力使战斗打得越来越苦。"芬军的一本作战日志也提到同样的看法。

2月12日，苏联军队继续展开攻击。步兵第123师已经在一天前突破了芬兰第9步兵团防御地带，并继续往北实施突击。苏马村的芬军左翼完全暴露。

16点55分，第2营营长给尼基莱支撑点下达了一道悲壮的命令：

> 已经没有援军了。要死守阵地，打到最后一个人。特别注意和图奥莫拉支撑点的联系。夜间派兵往中间无人地带巡逻，防止敌人夜袭。在不影响防御完整的前提下，尽可能挤时间让战士们好好休息。

　　命令的最后一句再好不过地说明了当时芬军将士的情况，毕竟这一带的战斗已经连续打了12天，人乏马困，确实需要挤时间出来好好休息一下。与此同时，芬兰第7步兵团团长也在给师长的报告中意味深长地写道："即便是苏联坦克压过战壕，将士们恐怕也难以醒过来。"

　　苏联军队对莱姆皮支撑点的新一轮攻击开始了。芬军第7步兵团第2营长也给该支撑点下了同一道命令："不惜一切代价守住阵地！"

　　2月13日，步兵第100师虽然没有进攻，但苏联炮群继续轰击芬军防御地带。显然，步兵第100师是在等待侧翼友邻形势发展，当时在侧翼的步兵第123师已经突入芬军第二道防线。当天，芬军又调整了苏马村的兵力部署：撤下第7步兵团第1营，换上第15步兵团第3营。后者又在阵地上守了2天，至1940年2月15日下午，曼纳海姆元帅下令全军撤到中间防线。在夜色中，芬军第15步兵团第3营与苏联军队脱离接触，撤离苏马村。在撤退过程中，芬军摧毁了所有完整的筑垒防御体系——芬兰人把燃烧弹投进剩下的完好碉堡和掩体里。

　　持续两个月的苏马村争夺战结束了。尽管步兵第100师在这一带拥有数量优势，但芬军还是顶住了苏联军队所有的进攻。即便是关键的2号碉堡丧失也没有瓦解芬军的斗志。从苏马村的撤退是从2月15日下午开始的，而且芬军保持着良好的秩序实施了撤退行动。在1940年1、2月间，苏联军队多次试图摧毁这一带的芬军碉堡群，但几乎都失败了；只有1号、2号和3号碉堡被苏联强击支队摧毁，剩下的都是被苏联炮兵解决的。不过，步兵第355团自2月3日以后也没能巩固最初获得的胜利。

　　苏马村在战斗中完全被毁。迟至1942年底，村民才被允许返回家园。他们不得不在芬兰陆军提供的板房和1941年苏联军队在该地区修筑的土木工事掩体中挨过了 1942 年到 1943 年的寒冬。芬兰政府最终计划在 1944 年夏重建苏马村，伐木工作于 1943 年秋进行。然而，这些计划因苏联军队在 1944 年 6 月发动新的攻势而无法实现。战争结束后，该村再也没有重建;20 世纪 90 年代，俄罗斯在原址上建了一个小型度假村。尼基嫩这样回忆他回村子的情形:

> 20 世纪 90 年代的一个夏天，我带着儿子和女儿重访苏马村。也许你们听着有些怪，但这次旅途却让我的心平静下来。原野和花园都不见了，取而代之的是一片新的森林。炸弹和炮弹坑没有了。周围的树木也被炮火给夷平了。我们原来的房子现在只剩下长满青苔的三级水泥台阶。

步兵第 100 师师长叶尔马科夫（旅级）于冬季战争结束后继续在红军服役，参加了伟大的卫国战争，曾作为苏联军事顾问前往中国。

苏联红军职业指挥员斯波维奇大尉在伟大的卫国战争爆发时晋升团长。1942 年春，他的步兵团在哈尔科夫陷入敌人的包围，但精力充沛的斯波维奇设法率部突出了重围。他以副师长的职务参加了库尔斯克战役，接着又参加第聂伯河强渡作战，在波兰结束了战争生涯，官拜少将。他 1968 年退出现役，1984 年 1 月 4 日于莫斯科逝世。

因炸掉 1 号和 2 号碉堡而获得"苏联英雄"荣誉称号的科洛文工兵大尉在 1941 年被德军俘虏。苏联政府认为被俘是耻辱的，遂剥夺其荣誉。

带领强击支队杀进 3 号碉堡的瓦塔金大尉，在捷克斯洛伐克首都布拉格的接近地阵亡。当时他已官拜少校并出任步兵团团长。他葬于普拉格苏联军人公墓。

同样参加了突击 3 号碉堡行动的基里罗夫大尉，于 1940 年毕业于莫斯科步兵学校，接着又在 1942 年从伏龙芝军事学院毕业，参加了伟大的卫国战争和对日作战。退役时，他官拜中校，于 1988 年 9 月 28 日在塔姆博夫市逝世。

因摧毁 2 号碉堡获得"苏联英雄"金质奖章的步兵第 355 团第 4 连指导员弗米切夫，在 1941 年 10 月 12 日的莫斯科保卫战中牺牲，葬于波多尔斯克。

叶戈罗夫大尉，T-28 坦克排长，由于他在突击 2 号碉堡的战斗中的英勇无畏，牺牲后被苏联政府追授"苏联英雄"金质奖章。

米科拉少尉，芬兰第15步兵团第6连排长，在1940年2月14日苏方炮火轰击下身负轻伤。他拒绝入院就医，经过简单的包扎重返前线，不幸在路上被一发苏联军队炮弹炸成了碎片。他的遗体和身份识别牌直到1999年才被发现。他的遗体和同一个镇的战友葬在了一起。

2号碉堡垮塌的内室被挖掘出来以后，欣特塔拉和曼内耳霍维两中尉的遗体终于被发现。他们是1940年2月1日在苏联军队炮击时被活埋的。根据他们家属的部分描述，遗体保存得十分完好——巨大的混凝土就像冰箱似的保护两位军官的遗体。2月1日时气温只有零下40摄氏度，遗体冻得硬邦邦的。欣特塔拉中尉后来移葬赫尔辛基的希塔涅米战争公墓。这个战争公墓同样也是芬兰陆军总司令卡尔·古斯塔夫·曼纳海姆元帅的长眠之地。他的意愿就是挨着在他率领下参加第二次世界大战的将士们。

1940年1月1日，欧内斯特·丹尼尔·波赫约拉被埋在炸塌的4号碉堡废墟里。他的遗体一直留在碉堡废墟，而在他的家乡哈图拉村，有块十字墓上刻着他的名字，下方则是一个空荡的墓穴。

梅尔基地段：扩张突破口

1940年2月，步兵第80师接过铁路上的阵地后，步兵第90师的进攻地段更为狭窄，仅2.5公里而已。该师得到了强大的炮兵支援——48门152毫米加榴炮、20门122毫米榴弹炮、34门76毫米加农炮和24门45毫米反坦克炮。

1940年2月11日09点40分，苏联炮兵群开始对芬军防御地带实施为时两个小时的炮火准备。在这两个小时的炮火准备期间，配属步兵第90师的炮兵群一共打掉15719发炮弹。

左翼的步兵第286团在坦克第160营两个连的支援下，右翼的步兵第173团在坦克第157营两个连支援下，相继展开攻击。由于攻击正面狭窄，步兵第588团只得充当预备队。主攻在44.8高地方向，该地段由芬兰第1旅第3营把守（营长鲁奥斯萨洛少校）。由于苏联坦克和火炮抵近直瞄射击，建在沼泽地表面的芬军防御地带的各种（土木）工事群被轻松地贯穿了。尽管如此，芬军依然顽强抵抗，击退了苏联军队大部分进攻，但还是丢失了一个支撑点。入夜后，芬军1旅让预备队第2营（营长卡里恩诺上尉）投入战斗，对苏联军队组织坚决的反突击，但没能夺回丢失的战壕。直到 2 月 12 日清晨，芬军第 3 步兵旅 1 营投入战斗后，芬军才恢复战线。以下是芬兰第 1 步兵旅第 2 营的穆尔苏拉对 1940 年 2 月 11 日到 2 月 12 日力战步兵第 90 师的个人回忆：

黎明前最后的黑暗时刻，战斗警报突然拉响，我们还没弄清楚情况就跑步进入了阵地。3 辆敌坦克在夜幕掩护下冲向我们的阵地。其中两辆仍在不断运动，找寻有利的射击位置。坦克群都涂装成雪地白伪装色。可其中一辆坦克炮塔正面却围着几束原木和枝条——难道这是枝叶伪装网吗？3 辆坦克在离我们阵地 60—70 米处停了下来，但还是在我们手榴弹投掷距离外。3 辆坦克开始转动炮塔，搜寻目标，然后朝我们的机枪火力点开火。采取火力打击的方式，他们设法打掉了我们大部分火力点，这并不奇怪，因为我们没办法反制。你必须密切监视 3 辆坦克，注意坦克瞄准的目标，然后立即通知我方士兵，让他们有足够的时间逃脱受到打击的战壕段。

坦克长时间不受妨碍地攻击我方阵地，因为我们没有反坦克炮。唯一一门博福斯反坦克炮在我们左翼的第 3 排，由于积雪太厚，用了好长时间才将其拉过来。这必须小心进行，因为稀疏的森林无法提供掩护或隐蔽。

博福斯反坦克炮在 70 米距离外首度发射即准确命中敌坦克炮塔，这辆坦克马上停止了射击，炮塔被贯穿的弹孔清晰可见。第二辆坦克躲在第一辆坦克后，看不太清楚。我们的反坦克炮又连发数弹，可还是没有命中。不过，第二辆坦克也停止了射击。第三辆坦克见势立即掉头离开了战场。

与此同时，敌步兵也开始冲击。他们推着前面的雪橇装甲防盾，缓慢向前运动。虽然普通子弹没法打穿防盾，但我们马上卸下缴获俄国人的机枪子弹链上的穿甲弹（弹头是黑色的）还击，再也没碰上什么麻烦。我打出第一发穿甲弹后不久，靠得最近的雪橇装甲防盾停住了。很明显，那个防盾后面没人推了。其他人也一样相继被打倒。敌坦克撤退后，敌步兵也意识到我们的步枪火力可以穿透他们的防盾，于是进攻结束了。

我们右翼的形势糟得多。在那里，敌坦克借助夜色的掩护接近我们的战壕。部分战壕建在沼泽地表面，敌坦克从容地攻击战壕。我们的步兵不得不撤退，敌步兵占领了一段 200 米长的战壕，还夺取了一个掩体。

　　2 月 12 日清晨，我们的快速反击开始了。战斗过程进展顺利，整个阵地再度回到我们的手中。虽然许多人在战斗中牺牲，但每倒下一个人，立即会有一位新战士补上去。伤员如同一股无尽的水流从我们阵地上撤下，有些人自己走下去，有些被战友扶着下战场。敌人也损失惨重，大量的尸体被遗弃在战场上。不过，敌人在突破口的巩固措施还是很不错的——我们捡到了 18 挺带有雪橇和装甲防盾的机枪。

　　步兵第 90 师得到独立侦察第 43 营加强，后者装备化学坦克和一辆有附加装甲的 T–26 坦克。该营第 1 连的喷火坦克任务是烧掉芬军的土木掩体工事，引爆芬军埋设的炸药和地雷。第 2 连的任务是烧掉战壕中抵抗的芬军步兵。战斗中，芬军仅使用近战武器炸伤一辆喷火坦克而已。步兵第 286 团再次冲击芬军防线，夺取了部分堑壕，但无法继续前进。芬军反坦克炮群一共击毁 6 辆苏联坦克，4 辆坦克触雷被毁。有附加装甲的 T–26 坦克六次中弹，却毫发无损。2 月 13 日，苏联军队继续展开攻击，芬军艰难地将其击退。轻坦克第 40 营甚至出动一辆搭载着木桥的工兵坦克，试图填平障碍带，但这辆坦克触雷损毁了。

　　1940 年 2 月 14 日，苏联军队继续扩大莱赫德地区的突破纵深时，第 1 步兵师师长拉蒂凯宁少将决定把 1 旅撤到佩隆约基河对岸。结果，芬军主要防御地带的突破口更宽了。2 月 15 日，芬军开始撤往中间防线。在 2 月 11 日到 15 日持续四天的战斗中，芬兰第 1 步兵旅损失了 60% 的兵力，仅剩约 400 人。该地段的苏联军队伤亡也很大。在这一时期，步兵第 286 团 39 人战死，419 人负伤，11 人失踪，15 人冻伤。步兵第 173 团损失为 97 人战死，376 人负伤，18 人冻伤和 33 人战病。步兵第 588 团损失为 35 人战死，261 人负伤，18 人冻伤和 19 人患病。在第二次总攻中，步兵第 90 师总共损失 1351 人。

塔肖拉梅特：每旅仅一挺博伊斯反坦克枪

　　在塔肖拉梅特地区，芬兰第 14 步兵团轻松击退了步兵第 24 师的所有进攻。该师是苏联红军富有光荣传统的老部队，它的历史可以追溯到俄国内战时期。然而该师在冬季战争中兵力过于分散，又因师长韦舍夫（旅级）在 1939 年 12 月 6 日牺牲而士气低落。

整个 1 月，步兵第 24 师都忙着准备再次进攻。炮兵对苏尔涅米地区的芬军碉堡群实施抵近直瞄射击。在苏联军队大口径炮群轰击下，芬军 4 号碉堡和 5 号碉堡几次中弹起火。可苏联炮兵在开阔地架起火炮开打不久，就会迅速遭到芬军迫击炮火力反制。苏联炮兵只得在苏尔苏奥沼泽地修建土木掩体工事，把火炮拉进工事里对芬军碉堡开火。芬军使用的 81 毫米迫击炮弹无法摧毁这类坚固的炮兵掩体，只得调来榴弹炮压制这些威胁甚大的炮兵。

糟糕的是，苏联军队系统性地摧毁了芬军的阵地防御体系和障碍带。战壕每天都在苏联军队的炮击下变得越来越浅，面对苏联军队几乎是无休无尽的炮火轰击，芬军待在战壕里也变得越来越危险。

1 月 23 日，芬兰第 14 步兵团和芬兰第 2 步兵旅换防。该旅 3 营（在作战日志里）对苏尔苏奥沼泽地防御地带的阵地条件抱怨道：

> 1 月 22 日留给我们的防线很糟，而且尚未完工。战壕太浅，部分地段（L1 支撑点）甚至只能匍匐爬过。K3 和 L1 两个支撑点之间的战壕建在开阔的沼泽地表面上。交通壕要么被炸得不翼而飞，要么仅能供匍匐通过。每个支撑点只有一到两个掩体。在第 8 连的防御地带，将士们只能站在地表组织防御，毫无防护地暴露在四散飞舞的弹片下。

1 月 23 日到 2 月 11 日将近三个星期，芬军竭尽全力地加固他们的阵地防御体系：深挖战壕，在沼泽地敷设了更多的地雷，修复了带刺铁丝网群。在沼泽地形构筑土木掩体工事还是十分困难的——不仅没有石头加固防御阵地，为了避免苏联军队的炮火打击，他们甚至运土到阵地都被迫选在夜间进行。

斧头和锯子发出的噪音也不断从苏尔苏奥沼泽地南面传来。苏联工兵在给步兵们修筑攻击前出发阵地，有时他们甚至会施放烟幕掩护其作业。芬军只能尽力组织炮火和迫击炮火袭击，扰乱苏联军队的准备。在此期间，苏联炮兵继续有计划地轰击芬军防线，并摧毁了两个土木掩体工事。在沼泽地南部边缘，苏联军队每天都积极活动，一切迹象都表明苏联军队即将发动进攻。

2 月 10 日傍晚，苏联各个迫击炮连对芬军防线前沿的障碍带进行炮火突击。2 月 11 日 9 点 30 分，一个步兵连对芬军防线实施火力侦察。接着，苏方炮火连续命中处于主要突击方向上的芬军 K3 和 L1 支撑点。K3 支撑点的芬军排长萨维宁少尉机智地转移，在炮击前带着全排沿着交通壕撤了下来，避免了无谓的伤亡。友邻的 K1 支撑点缺乏通往后方的交通壕，里面的芬军损失惨重。

12 点 40 分，苏联军队开始突击。在装甲防盾的掩护下，在独立坦克第 155 营 T-26 坦克群支援下，步兵第 274 团第 2、第 3 两营缓缓前进。一门 122 毫米加农炮抵近实施直瞄射击，支援步坦冲击。很快，苏联军队就打下了 K3 和 L1 支撑点之间的战壕线。芬军记录显示，这次胜利很大程度依赖于苏联军队 4 辆坦克车组成员的英勇表现。

芬军第 3 营立即求援，第 2 营匆忙赶来支援。13 点 10 分，苏联军队开始沿着整个苏尔苏奥沼泽地正面攻击，但芬军很清楚，关键是 K3 和 L1 支撑点。16 点 30 分，芬军增援部队赶到了 K3 支撑点，稳住了形势。苏联军队无法再前进一步，只得在坦克和装甲防盾的掩护下，在芬军战壕前方掘壕固守。当天，另一个步兵连越过沼泽地。芬军的迫击炮群因弹药不足，只打了几个齐射就沉默了。步兵第 274 团第 5、第 7、第 8 连在 K3 支撑点和 L1 支撑点南梢转入防御。

芬兰第 2 步兵旅第 3 营当日的损失为 18 人战死，36 人负伤。步兵第 274 团报告在 2 月 11 日 6 人战死，191 人负伤。由于 4 辆坦克驻足于芬军阵地跟前，两个苏联步兵连在手榴弹投掷距离内以装甲防盾为依托组织掘壕防御，芬兰第 3 营营长请求保留刚从第 2 营赶来的预备队。当晚，双方继续展开激烈交火。芬兰人趁夜将粮弹送上阵地，可迫击炮仅仅收到 60 发炮弹而已。

2 月 12 日清晨，苏联军队继续展开攻击。在短促炮火准备后，苏联步兵又一次开始冲击。"（敌人的）前进速度很慢，动作十分娴熟。在装甲防盾的掩护下，他们一个弹坑接一个弹坑地慢慢向前挪动。我们面对的是一支训练有素的部队……"一名芬兰军官在仔细观察了苏联军队进攻战术动作后如是评价道。幸运的是，K3 支撑点的芬军还有穿甲弹，对躲在雪橇装甲防盾后面步步挪动的苏联步兵指战员构成了一定的威胁。12 点 30 分，10 辆苏联坦克冲进了 K3 支撑点，大量步兵也在它们的掩护下，越过沼泽地。真正的危险是一辆苏联坦克一路冲进芬军的后方。芬军第 2 步兵旅各直属部队奉命做好战斗准备，芬军反坦克猎杀小组也在后方占领阵地。13 点 30 分，苏联军队步坦协同打下了 K3 支撑点南部。芬军缺乏远程反坦克火炮，只能用炸药包炸伤了几辆坦克。

苏联坦克群离开沼泽地，迂回 L1 支撑点，迫使芬军从 L1 支撑点周围战壕（实际上已不存在）撤退时，K3 和 L1 支撑点有被苏联军队包围的危险，芬军赶紧在 L1 支撑点和 L2 支撑点边上组织新的侧翼阵地。14 点 05 分，芬军旅长通知第 3 营，他已经从第 2 营抽调了五个步兵排和一个机枪排，以便进行反冲击。这个加强连装备一门 37 毫米反坦克炮，但由于地形复杂，反坦克炮没法拉上一线。结果，这门反坦克炮就一直留在 3 营营部。反击后，加强连将归建第 2 营。

就在芬军完成对 L1 支撑点反击准备的时候，L2 支撑点的芬军却惊讶地发现苏联军队一个步兵连在开阔地拉开两条散兵线，开始冲击。芬军炮兵和迫击炮兵什么也做不了，因为他们的弹药已经告罄。芬军试图用从 K3 和 K1 支撑点紧急转移出来的两挺机枪猛烈射击，阻止苏联军队的冲击。就在这时，苏联步兵冲进了 K3 支撑点周围战壕，开始朝碉堡区域扫荡，K3 的芬军防御体系开始崩溃。2 月 12 日一整个下午，双方士兵在战壕里爆发了惨烈的肉搏战，他们使用手榴弹、手枪、冲锋枪和刺刀进行生死搏斗。

17 点整，芬军的反冲击在 K3 和 L1 支撑点之间开始，一度稳定了形势，但很快被致命的机枪火力挡住。30 分钟后，休赫科宁中尉报告他已经没有手榴弹了，无法继续前进。糟糕的是，营弹药库存里也没有手榴弹了，因此第 3 营参谋们不得不在营部收集所有手榴弹，给加强连送了上去。在此期间，萨维宁少尉也带着他的步兵排对 K3 支撑点实施反击，冲到支撑点南梢时被苏联坦克火力所阻。夜间，枪声逐渐稀落。芬军后勤人员最终把手榴弹和炸药包送到一线各连手中。芬军各位军官仍然认为，形势十分危急：各个支撑点仍是敌我犬牙交错，损失很大，幸存的官兵也筋疲力尽。第 3 营营长维尔库宁上尉通知旅部，他要在夜间组织反击夺回丢失的支撑点，但目前无法归还第 2 营的五个排。这意味着芬军第 2 步兵旅已经没多少预备队了。作为妥协，维尔库宁答应归还反坦克炮，因为这门炮拉不上去，对即将展开的反击没什么用。

这个加强连在反冲击中损失如此之大，其残部不得不和第 3 营合并。旅长把第 2 营配属给第 3 营，只留下一个步兵连和八名机枪手作为预备队。芬军没能在夜间夺回丢失的 K3 支撑点南部。L1 支撑点形势也不明朗。虽然交战双方谁也没有公布 L1 支撑点周围战斗的损失，但这个支撑点的争夺战一刻也没有停止。战死的苏联军队战士和芬兰士兵的尸体交错层叠，填满了整个战壕。

双方激烈的交火持续了一整夜。在2月13日清晨，芬军收到一挺英式博伊斯反坦克枪——全旅仅有这一挺反坦克枪。2月13日清晨8点10分，苏联军队在没有任何炮火准备的情况下，步兵和轻坦克协同开始新一轮冲击。10点36分，芬军撤回各个掩体和战壕，双方在各条战壕的拼杀战斗始终未曾间断，到处都是肉搏战。正如步兵第274团第2营营长科热夫尼科夫大尉在报告中说的那样，双方在K3支撑点周围进行了一整天的"激烈交火和惨烈肉搏"。

芬军第2步兵旅旅部通知第3营，最后100发迫击炮弹已经送上前线；全旅已经没有一发炮弹了。不过，芬军重炮设法驱散了沼泽地的步兵第274团攻击队形，芬军的博伊斯反坦克步枪也充分发挥了武器威力，在L1支撑点击毁了4辆苏联坦克。战斗中，苏联坦克手误把博伊斯反坦克枪当成是大口径机枪。受挫的苏联坦克手和步兵相互指责对方消极和畏缩不前。芬兰人协调炮火支援时不断遇到麻烦，炮兵前进观察员只能靠电话联系，尽管电话架线兵付出了超人的努力力求保障通信，可有线通信联络在战斗中还是每况愈下。在形势危急的情况下，芬军炮兵观察员往往用对空发射信号弹的方式呼叫炮火支援。

芬军认为形势有所缓解。傍晚，他们设法把反坦克炮拉上一线，击毁3辆苏联坦克，但对方又有4辆坦克赶来补充损失。另一方面，当苏联军队装甲车和坦克搭载步兵穿过沼泽地往K3支撑点运动时，芬军只能干瞪眼而无可奈何。次日16点整，形势再次紧张起来。主要的危险是第3营面对苏联军队撕开的突破口，已经没有预备队封堵和反击。第2步兵旅得知情况后，旅长赶紧从第1营抽调一个连赶往支援。该连在齐拉基乌斯少尉带领下，顶着苏联空军的袭扰，赶往前线。17点35分，和K3支撑点的电话联系重新恢复，萨维宁少尉报告敌我兵力对比悬殊，苏联坦克已经团团包围了支撑点。与此同时，萨维宁少尉也承诺K3支撑点将再守30分钟。齐拉基乌斯少尉奉命率1连立即赶赴K3支撑点救援。第1连穿过苏联军队猛烈的炮火封锁区，赶到了K3支撑点。他的1连几乎是在最危险的时刻赶到的K3支撑点，组织步枪速射击退了步兵第274团的又一次冲击。受挫的苏联步兵指战员撤进K3支撑点南部的战壕群，然后停攻了一整天。齐拉基乌斯少尉仍留在一线，第1连也和第2、第3两营残部合并。K3支撑点南部在苏联军队之手约72小时的时间里，苏联工兵紧急修建了一个大型坚固的土木掩体。

在当天的战斗中，芬兰第 2 步兵旅 3 营共有 81 人负伤，战死数字不明。迫击炮弹只剩 88 枚。上级承诺增援的 90 人始终没有到来。

经过 72 小时不间断战斗，双方将士都筋疲力尽。2 月 14 日清晨，气温下降到零下 31 摄氏度。芬军的形势依然吃紧，他们已经没有预备队了。利用战斗间隙，芬军各营营长清点了手下兵力，发现在 3 公里宽的正面上只有 248 人还能战斗。这已经是芬军第 2 步兵旅第 2、第 3 营全部残兵和第 1 营第 1 连合起来的兵力数目！第 2 营和 3 营营长都请求把他们残破的部队撤出战场，但 2 月 14 日 3 点 45 分第 1 步兵师拒绝了他们的请求。

2 月 14 日清晨，苏联军队恢复进攻。当天，步兵第 24 师以步兵第 274 团和步兵第 168 团在从铁路线到苏尔苏奥沼泽地东部边缘之间宽大的正面展开攻击，但冲击全部受挫。

下午，芬军决定摧毁 K3 支撑点南部的苏联军队大型土木掩体。17 点 30 分，芬军开始突击，但计划从一开始就泡汤了：由于极度严寒，迫击炮弹引信频频失效，导致大部分迫击炮弹炸不响。为实施这次突击，芬军拼凑了三个步兵班和一个工兵班，可兵力远远不够。步兵第 274 团的指战员们组织猛烈的机枪火力拦击冲上来的芬军突击队，芬军被迫叫停了进攻。得手的苏联军队反手组织冲击，但被芬军击退。

围绕 K3 支撑点周围阵地的肉搏战又持续了一整夜。2 月 15 日清晨，芬军形势再度吃紧。绝望的芬兰第 2 步兵旅甚至把第 2 营的 25 名马夫也作为援军顶了上去——第 3 营所有的马夫已经在一线连续战斗了几天。11 点 49 分，步兵第 274 团的指战员终于把芬军从 K3 支撑点周围掩体赶了出去。撤退前，芬军组织了爆破，并用"莫洛托夫鸡尾酒"烧了它。一分钟后，几乎是在排指挥部门口和冲上来的苏联军队战斗的萨维宁少尉向第 3 营报告，他已经无法再守下去了。连长卡尔特图宁立即派了四个机枪组合 25 名补充兵在 K3 支撑点背后建立新的防线。这些补充兵一上去就感到恐慌，试图悄悄开小差。

最终，芬军依靠大口径榴弹炮的一阵炮火急袭挡住了步兵第 274 团的冲击。形势再度稳住了。在一线的芬军各营奉命在 2 月 15 日傍晚撤退。在撤离前，芬军设法摧毁了所有的掩体。其中，萨维宁的步兵排，在 K3 支撑点坚持战斗了四天后，原有的 32 人只剩 11 人。

步兵第 274 团也损失了 30%~40% 的兵力，因第 3 营未能提交进攻战斗期间的伤亡数字，而没有全团的损失统计。

1940 年 2 月 11 日到 2 月 15 日，步兵第 274 团（欠第 3 营）的伤亡为：

职务	1940年2月11日实有人数	1940年2月15日实有人数
指挥员	95	41
初级指挥员	249	112
战士	1636	903

地峡中部

1940 年 2 月 11 日，苏联第 13 集团军为牵制芬兰陆军预备队，沿着整个（集团军）正面展开了攻击。步兵第 15 军和步兵第 23 军的主要突击位于卡累利阿地峡中部的穆奥兰湖和武奥克西河之间。

芬军在卡累利阿地峡中部的主要防御地带是沿奥伊纳拉—帕里卡拉—穆奥拉教堂村—基里克耶尔维湖和普恩努斯耶尔维湖之间的地峡展开。这一地区的主要防御地带仅有野战土木掩体工事。唯一例外的是穆奥拉教堂村地区，这里有四个 20 世纪 20 年代修建的旧式碉堡。剩下的混凝土碉堡都在主要防御地带背后 15 公里的中间防线。

步兵第 136 师在轻坦克第 40 和第 39 旅的支援下，向奥伊纳拉和帕里卡拉实施突击，意在夺取一个芬军排级支撑点，却在芬军的顽强抵抗下未能前进一步。苏联坦克指挥员指出，进攻前的炮火准备不够充分，没能摧毁芬军防御地带的基石——战壕和土木掩体工事群，使芬军依托工事组织防御，轻易击退了苏联军队的所有冲击。

摩托化步兵第 17 师对芬兰第 5 和第 6 步兵团把守的普恩努斯耶尔维湖和基里克耶尔维湖之间的防御地带展开攻击，突入苏联军队防御地带约 100 米，还是没能动摇芬军的防御体系。相反，这次进攻却让摩托化步兵第 17 师付出了很大代价，指挥员损失尤为惨重。

步兵第 8 师在轻坦克第 39 旅支援下，对穆奥拉教堂村实施突击。在进攻准备期间，苏联工兵成功在苏联军队阵地前沿的反坦克障碍带开辟几条通道。1940 年 2 月 11 日，教堂山突然遭到苏联军队八个炮兵营的猛烈轰击。在剧烈的爆炸声中，整座山被炮弹犁了一遍。美丽的穆奥拉教堂在12月的反复战斗中已经受到严重破坏，现在更是变成了一堆瓦砾。

步兵第151团第2营和第3营负责对教堂山发起攻击。步兵第310团第2营突击左翼。指战员们推动装甲防盾缓缓向前运动。然而，芬军精心组织的轻武器火力还是挡住了突击。根据芬军参战人员的回忆录，一名芬军中士潜伏到无人地，依托一个弹坑做临时掩体，打冲击的苏联步兵的侧翼。苏联军队的装甲防盾只能防护步兵的上半身，双腿是无防护的。苏联军队仅仅冲到反坦克花岗岩障碍带就被挡住了。

步兵第151团第3营在坦克第85营12辆坦克和独立坦克第204营3辆喷火坦克支援下冲击教堂山。坦克先用穿甲弹在反坦克花岗岩障碍带打开通道，摧毁带刺铁丝网，再用主炮、机枪和火焰喷射器猛打芬军阵地。一整天的战斗中，芬军都无法击毁坦克第85营哪怕一辆坦克。该营唯一损失仅为内务人民委员部特别部门代表、政工比利克和坦克指挥员马特金中尉。两人在离开坦克激励步兵指战员继续前进时中弹负伤。两辆苏联坦克试图迂回教堂山，开上了基里克耶尔维湖冻结的冰面。然而，冰层太薄了，两辆坦克双双沉入湖底。

战斗在傍晚趋弱，但苏联步兵仍留在反坦克花岗岩障碍带。步兵第8师师长命令组织一支侦察队，在夜幕的掩护下潜入芬军防御地带，夺取教堂山。侦察队出发了，但被芬军发现并蒙受了伤亡，被迫在2月12日清晨撤了回来。

2月12日清晨，步兵第8师各团再度攻击，但在芬军猛烈的迫击炮火力和步机枪火力打击下，苏联步兵无法立足。轻坦克第39旅坦克群只得单独冲击。8辆坦克和6辆喷火坦克冲过了反坦克障碍带，把教堂山团团包围，开始逐个摧毁山上的暴露火力点和掩体。芬军组织炮火打坏了1辆坦克和3辆喷火坦克，那辆主战坦克被留在战场上，一辆喷火坦克被烧毁。

2月13日，苏联军队开始了对教堂山决定性的突击。所有火炮再次对教堂山猛烈开火；部分火炮甚至拉到距芬军障碍带600米处进行直瞄射击。步兵第8师师长投入了预备队。这支预备队由步兵第310团第1营加上一个反坦克歼击炮兵营和两个坦克连组成。独立坦克第85营的一个坦克连和独立坦克第204营两个喷火坦克连也参加对教堂山的进攻战斗。坦克群再次迅速突破芬军反坦克障碍带，冲向山头开始摧毁芬军防御工事。喷火坦克则朝战壕喷射火龙，"烧得敌人像臭虫似的逃离战壕"。苏联坦克和战壕保持安全距离，防止被芬军用炸药包和燃烧瓶击毁。坦克群几次冲上山头，直到打光弹药，汽油所剩无几，才撤出战场返回去加油装弹。16点整，步兵第151团的步兵指战员开始在坦克群后方的攻击前出发阵地集结。步兵团团长和第3营营长也亲临一线，激励指战员们鼓起勇气对教堂山做决定性的冲击。17点25分，苏联军队开始步坦协同冲击。尽管芬军坚决抵抗，但苏联军队还是在18点整攻下了教堂山。这次进攻战斗中，苏联军队伤亡约500人，两辆坦克被芬军炮兵打坏。打下高地后，苏联步兵指战员们震惊地发现教堂山竟然没有哪怕一个大型的混凝土碉堡。

得手后，苏联军队又从教堂山继续往北朝图鲁利拉农场突击，但芬军却顽强死守，直到奉命撤到中间防线为止都没有后退一步。

在穆奥拉教堂村的战斗中，苏联步兵和坦克群排成四路纵队展开攻击。第一路纵队是坦克群和喷火坦克群，他们隆隆朝芬军防御地带冲击，停在芬军阵地前100—150米处，然后朝所有可疑的芬军反坦克炮阵地开火。与此同时，苏联喷火坦克也开到芬军阵地前喷火器的有效射距内，对战壕和掩体喷射火龙。第二路纵队是坦克搭载步兵，坦克群行进到芬军阵地跟前时，步兵跳下坦克直接冲击。待搭载的步兵跳下后，第二路纵队的坦克群直接冲上去碾压芬军战壕，并对芬军防线后方的目标开火射击。第三路纵队也是坦克搭载步兵，当坦克群冲到芬军后方，搭载步兵才跳下冲击。第四路纵队是坦克牵引着重型步兵炮、弹药车和野战加农炮行进。苏联军队采取这种四路纵队波波相连、步坦协同冲击战法攻击芬军防线。

芬军常常能有效地瓦解这种战斗队形，迫使苏联坦克在没有步兵支援的情况下战斗。然而，在1940年2月，苏联步坦协同战术有了很大的改进：吸取了1939年12月的经验教训后，苏联坦克手们再也不冲到携带炸药包和燃烧瓶的芬军爆破手有效攻击距离内，而是在芬军战壕跟前60—70米外，沉着地组织火力，逐个打掉芬军暴露的火力点。

2月14日和15日，步兵第8师在坦克群伴随下继续突击，但没能达成哪怕一个决定性的突破。2月15日16点整，在芬军接到撤退命令后，他们成功地和苏联军队脱离接触。在苏联空军微弱的航空火力袭扰下，芬军安全转移到穆奥拉湖地峡—希克涅米—萨尔门卡伊塔之间的地带。撤退期间，芬军一路烧毁了所有的建筑物，严格执行了坚壁清野的政策。

在卡累利阿地峡中部对芬军主要防御地带的进攻战斗中，苏联各步兵师损失很大，一些步兵团的伤亡率达 60%~70%。在教堂山战斗结束后，步兵第 151 团只剩一个营的战斗力。步兵第 50 师所属的步兵第 2 团在三天的战斗中伤亡 1175 人，不得不撤出一线。相比之下，步兵第 90 师在同一时期突破芬军防御地带时只损失了 1351 人。当然，芬军的损失也不小。

地峡东部：泰帕列河与苏万托湖

苏联第 13 集团军以步兵第 23 军和步兵第 15 军对武奥克西和穆奥兰耶尔维之间的地区实施主要突击。这两个军下辖步兵第 4、第 8、第 50、第 136 师以及摩托化步兵第 17 师。步兵第 62 师和步兵第 97 师正在赶往前线的路上。轻坦克第 39 和第 40 旅负责支援各步兵师。

步兵第 3 军对泰帕列的突击属于次要方向进攻。步兵第 3 军下辖步兵第 49、第 150 和第 142 师。军预备队为步兵第 4 师所属的步兵第 101 团（在泰帕列河南岸展开）。步兵第 3 军也下辖独立坦克第 14 营（装备 T-37 和 T-38 两种轻型坦克）、滑雪步兵第 97 营和独立滑雪第 4 中队。除了各师属炮兵团，步兵第 3 军还拥有六个独立炮兵营。这次作战的主力是步兵——轻型水陆两用坦克 T-37 和 T-38 仅仅装备一挺机枪，在战斗中没起到太大的作用。步兵第 49 师和步兵第 150 师所属的各个坦克营主要装备仅仅是 T-37 坦克、T-38 坦克和 1931 年型的 T-26 坦克，都只装载一挺机枪而已。

第 7 步兵师负责在哈伊泰尔马到拉多加湖之间宽大正面组织防御。该师由维赫马上校指挥。师番号以及各团番号于 1940 年 1 月初进行了调整：

部队原番号	部队新番号
第10步兵师	第7步兵师
第28步兵团	第19步兵团
第29步兵团	第20步兵团
第30步兵团	第21步兵团
第10炮兵团	第7炮兵团
第10轻兵种营	第7轻兵种营

该师还下辖奥伊瓦·萨雷莱宁（Oiva Saarelainen）少校的独立第6营，负责守备基尔韦斯梅基地段的四个支撑点。

苏万托湖地区从基维涅米到凯尔亚之间的形势较为平静：步兵第142师各部和炮兵在苏万托湖南岸的活动仅限于侦察巡逻和系统性使用炮火破坏芬军防御地带。泰帕列地区的芬兰守军形势却较为复杂。

步兵第3军也在2月11日开始参加第二次总攻击，但试探性进攻和战斗侦察从2月8日就开始了。步兵第756团打下了苏万托湖岸边基尔韦斯梅基的1号支撑点。步兵第212团一个步兵营则在泰伦特蒂莱的1号支撑点和2号支撑点之间达成突破。芬军一连组织三次反冲击，在第三天夺回了这三个支撑点。

1940年2月11日，在持续了三个小时的炮火准备后，两个苏联师发动进攻。和1939年12月15日一样，所有六个团都参加了进攻。

苏联在首日的大部分突击都被击退，仅步兵第756团在芬军防线撕开了一个小口子，再次夺取苏万托湖岸边的1号枢纽部，接着又夺取了1号碉堡。第21步兵团第1营在瓦尔德马尔·基尔佩莱宁（Valdemar Kilpeläinen）上尉的指挥下，在一阵炮击后展开反冲击。芬军第一次反冲击没有成功。芬军在第二次尝试时冲进了战壕，经过惨烈的肉搏战将苏联8营赶了出去。苏方资料声称，步兵第756团是在芬军第三次反冲击后才被迫退却的。根据其他档案资料证实，步兵第756团夜间没有派出哨兵，结果被芬军趁夜反击打个措手不及。2月11日，步兵第756团损失为47人战死，214人负伤。

整个主要防御地带又回到了芬军之手。然而，芬军为夺回主要防御地带也付出了高昂代价，独立第6营不得不撤出一线，由贝恩特·波隆（Berndt Polon）上尉的第21步兵团第3营接防。

1940年2月11日到2月14日这四天，苏联各团每天都对芬军主要防御地带实施突击，多次突入芬军第一道防线。但苏联军队并没有达成哪怕一次决定性突破。每到夜晚，芬军都组织坚决反击把苏联步兵赶出。2月12日傍晚，步兵第150师师长孔科夫（Konkov，旅级）被撤职，前步兵第138师师长帕斯特列维奇（Pastrevich，旅级）接替他，出任步兵第150师师长。

经过四天的连续战斗，参战的苏联各个步兵团筋疲力尽。彼梅诺夫上校指挥的步兵第101团不得不从预备队顶上一线。该团赶到前线的基尔韦斯梅基地区，支援步兵第 756 团。2 月 15 日，两个团并肩对 1 号碉堡展开攻击，却没能前进一步。第 13 集团军司令员格连达尔命令步兵第 3 军暂停进攻，调整各团部署，待 2 月 18 日再恢复进攻。

2 月 16 日，步兵第 101 团对 1 号碉堡的进攻情况也是大同小异。第 9 连部分兵力设法夺取了 1 号碉堡周围战壕，一个工兵排随即调往 1 号碉堡地区，但在他们安放好炸药前，芬军组织果断反冲击，把苏联军队赶了下去。

苏联军队拟在 2 月 18 日沿着宽大的正面发动新一轮进攻。除了在泰帕列河沿线展开攻击外，步兵第 123 团和第 19 团还要在沃洛苏拉渡过苏万托湖，对泰帕列河流域的芬军右翼展开攻击。由步兵第 49 师侦察营、滑雪第 97 营、航空雪橇和 T-37 轻型坦克组成的快速战斗群，穿过拉多加湖冰封湖面迂回芬军防线，打掉耶里塞维要塞炮兵连。芬军以猛烈的火力击退了苏联军队快速战斗群的迂回行动。在指挥员负伤后，快速战斗群被迫撤出战斗。

2 月 15 日，芬军也轮换了他们的前线部队。建制残废且筋疲力尽的芬军第 21 步兵团和第 19 步兵团各营被第 21 步兵师（1940 年 1 月由预备役部队组建的新编师）第 61 团和第 63 团换下。芬军第 21 步兵师的人身着白色的雪地伪装服开赴一线，胡子剃得精光，军容整洁新锐，许多人都还很年轻。一线撤下来的第 7 步兵师——胡子拉碴、肮脏不堪，身着破破烂烂的雪地伪装服——由此给新来的第 21 步兵师将士取名"陶瓷男孩"或"陶瓷师"。一线部队的换防作业始于 2 月 15 日傍晚。当晚，第 61 步兵团第 1 和第 2 营接过基尔韦斯梅基地区的一线防务。泰伦特蒂莱地段的换防在苏联的新攻势开始前尚未完成。

2 月 18 日，苏联各团恢复进攻。12 点 30 分到 13 点整，苏联炮兵群对芬军阵地群进行猛烈的炮火准备。炮火很快延伸，打到芬军防御纵深地带，各个主攻步兵连开始冲击时，彼梅诺夫上校命令他的炮兵团所有火炮伴随步兵拉上去，实施抵近直瞄射击。

一个半小时后，也就是 15 点 04 分，步兵第 101 团第 2 连剩余的指战员突入芬军阵地。10 分钟后，第 7 连和第 9 连也冲进了芬军阵地。双方随即爆发肉搏战。步兵第 101 团部战员抓了 16 名战俘，并巩固了既得阵地。新换防上来的芬兰第 61 步兵团第 1 营（营长莱米宁上尉）未能守住阵地，被迫从基尔韦斯梅基地区的所有支撑点撤退。16 点整，芬军组织反冲击，但被苏联军队击退。16点整，步兵第101团夺取了2号碉堡，并于一小时后爆破。根据苏联军队的部分报告称，一群芬军把自己锁在一个掩体里拒绝投降，这个掩体随即被苏联军队炸毁。

"陶瓷男孩"被从他们的阵地逐出了500—700米，但设法击退了苏联军队所有的后续突击。原因之一是苏联指挥员决定巩固既得阵地，在芬军第一道防线暂停了一会儿。留在基尔韦斯梅基地段担任预备队的第62步兵团第2营（营长拉尔科上尉）奉命据守后方防线的阵地。该营在开进前线的途中迷路，错误地逗留在前线的基尔韦斯梅基森林。苏联炮兵第328团的炮兵指引员罗季昂诺夫中尉立即发现了这个营，并赶紧呼叫两个炮兵营。在他的引导和修正下，苏联炮兵群对目标进行精准而致命的火力打击。榴弹炮第418团一个营也加入"屠戮"芬军第62团第2营的射击行列。在这次猛烈的炮击中，芬军第62团第2营阵亡86人，负伤57人。苏联炮兵报告说炮击完全摧毁了芬军这个营，因为"在炮击结束后，没有一个芬兰人能站起来。他们全都死了"。

虽然经历了这个不幸事件，但芬军还是继续顽强战斗，击退踏过苏万托湖冰封湖面的步兵第123团和步兵第19团的所有冲击。苏联各营经过反复冲击，仅在沃洛苏拉夺取了一个小小的桥头堡，并开始切断芬军的带刺铁丝网，试图开辟一条通道，但大部分指战员还是被芬军火力死死地压制在冰封的湖面上。2月19日，苏联军队从沃洛苏拉桥头堡全面撤退。接着，步兵第123团转移到泰帕列桥头堡。在桥头堡战斗的其他各团也因伤亡惨重，不得不取消所有的后续进攻。

1940年2月20日，步兵第49师突破芬军防线，并突入芬军后方约1公里，但仍被芬军组织的顽强反冲击打退。

经历2月18日到2月21日戏剧性的事件后，泰帕列战线总算是稳住了。2月28日和29日，筋疲力尽的苏联军队再次试图对芬军阵地展开攻击，但他们的进攻均被击退。在3月的头一个星期，第13集团军对泰帕列失去了兴趣，把目光转移到武奥萨尔米地区。

泰帕列之战成为芬兰陆军英雄主义和坚忍不拔精神的象征。陆军总司令曼纳海姆元帅，亲自向第7步兵师师长维赫马上校和参谋长阿道夫·埃姆洛特少校致谢，嘉奖他们的坚韧不拔和忠勇无畏。

对苏联红军而言，泰帕列之战和第一次世界大战联军在西线经历的噩梦如出一辙。作为次要突击方向，在桥头堡集结的坦克机械化部队只有步兵第150师和步兵第49师所属的各个坦克营以及独立坦克第14营。步兵第49师所属的独立坦克第391营在2月24日损失了所有坦克，被迫从一线撤退。反复不断的炮击和苏联步兵冲击一再受挫，损失高昂却毫无进展——这就是1940年2月的泰帕列之战的情景。

泰帕列之战也拉开了步兵第150师在第二次世界大战的漫长战斗历程。该师在1939/1940年的冬季战争中没有什么出色的表现。1945年5月1日，步兵第150师的军旗在柏林帝国大厦升起，并成为胜利的旗帜。甚至到了今天，对俄罗斯人民来说，这面旗帜仍然是伟大的卫国战争胜利最重要的象征。

放弃"曼纳海姆防线"

1940年2月15日到2月18日，芬军按计划用三天的时间撤至中间防线。芬军的撤退被发现后，梅列茨科夫立即命令组成一支坦克搭载摩托化步兵的快速集群。快速集群的任务是对芬军后方实施一次大胆的突袭，并在2月18日夺取维堡。然而，苏联军队最终没能实现目标。芬军的顽强抵抗，缺乏开阔地和苏联军队缺乏使用快速集群追击的经验，导致了苏联军队计划破产。

1940年2月21日到28日，芬军坚守中间防线，随后被迫开始撤到地峡的最后一道防线。在此，我们将描述中间防线的两个防御最坚固地区的战斗：穆奥拉（Muolaa）地峡战斗和萨尔门卡伊塔（Salmenkaita）河之战。

穆奥拉的三条碉堡线

在这一带防御的第4步兵旅经过先前屈勒莱和奥伊纳拉的战斗，目前筋疲力尽。军官的伤亡率很高，穆奥拉之战的原始文献也很少见。芬兰第2炮兵团的蒂罗宁上尉回忆道：

> 独立第1营和第2轻兵种营在第一道防线驻守着前线的碉堡。我们的前进炮兵观察组使用的各个观察哨也散布在其中。第1炮兵连的观察组在穆奥兰湖的一个旧碉堡里，第3炮兵连的炮兵观察组则在高速公路北面的

旧碉堡里，第 2 炮兵连的炮兵前进观察组则被派往穆塔兰塔。

　　独立第 2 营在穆奥拉右翼占领防御阵地，而独立第 1 营在穆塔兰塔组织防线。独立第 4 营和第 2 轻兵种营集中于阿鲁斯耶尔维湖。

　　2 月 19 日，敌人调上炮兵，把火炮拉到直瞄距离，开始轰击我军各个碉堡。我军炮兵压制了其中几门炮。次日，敌坦克在新一次进攻中踏过穆奥兰湖冰封的湖面，试图迂回我军防线。第 1 炮兵连击退了这次冲击，一辆燃烧的坦克仍停罢在冰封的湖面上。敌炮群摧毁了我军的一个碉堡，迫使我们的炮兵观察员撤进一条战壕。

芬军已经从塔肖拉梅特和韦赛嫩的防御地带撤离，并在穆奥兰湖北梢组织防御。苏方很清楚步兵第 136 师和步兵第 62 师当面的芬军拥有坚固的防线，因而打算跨过冰封的湖面，迂回穆奥拉地区芬军暴露的右翼。

　　步兵第 24 师所属的一个混编步兵营和轻坦克第 40 旅的坦克奉命执行该任务。坦克第 155 营第 3 连于 1940 年 2 月 20 日傍晚出发，执行一次侦察任务。行经湖面时被芬军击毁了 2 辆，剩余的坦克撤回西岸。侦察第 236 营的 BT 坦克于 19 点 15 分抵达湖西岸。混编步兵营搭载坦克群继续前进，步坦支队跨过冰封的湖面踏上对岸。这个特遣队被来自霍塔卡地区的猛烈炮火打中，夜间一片混乱，形势很快失去了控制。冰封的湖面有几处被炮火炸开窟窿。坦克群无法上岸。部队损失惨重，被迫撤回西岸。

　　5 辆 BT 坦克被击毁燃烧，其中 4 辆沉入湖里，只有 1 辆还停在湖面上；包括连长祖布科夫上尉在内的许多坦克手随车沉没；排长托尔戈波耶夫上尉牺牲；营政委、高级政工叶夫多基莫夫负伤。此外，还有 6 名坦克手负伤，1 名患上弹震症，5 人失踪。

　　坦克第 157 营第 1 连也参加了这次突击。两辆 T–26 坦克冲进了霍塔卡后再也没有回来，其中一辆坦克被击毁。跨过冰封湖面的迂回行动受挫的同时，苏联军队沿着东岸的正面进攻开始了。

　　步兵第 136 师以三个团的兵力一字排开，对穆奥兰湖和穆奥兰拉姆皮湖之间的地峡实施突击：步兵第 733 团在左翼，步兵第 387 团居中，步兵第 541 团在右翼。其中，步兵第 541 团得到坦克第 85 营第 1 连的加强。新近抵达的步兵第62师所属的步兵第306团从步兵第541团右翼投入战斗，攻击坎加斯佩尔托周围高地群。该团得到超重炮兵第317营和榴弹炮第375团以及一个化学坦克排和两个工兵排的加强。

芬兰第4步兵旅拟以第一道碉堡线为迟滞阻击阵地。主要战斗将围绕第二道和第三道碉堡线展开。该旅防御地段分成两部分：穆奥拉和穆塔兰塔。穆塔兰塔地段由独立第1营和"穆奥拉炮"守备。穆奥兰湖两岸和公路的穆奥拉地段由独立第2营在3门反坦克炮和独立第4营一个排加强下负责守备。第4步兵旅以独立第4营和第2轻兵种营为预备队。第2炮兵团第1营负责支援该旅。

苏联第13集团军军事委员会下令在13点30分进攻，于一阵猛烈的炮火准备后拉开帷幕。炮火准备打了2小时20分钟。炮击结束后，四个步兵团开始冲击。步兵第387团跨过穆奥兰约基河，夺取了穆奥拉村的碉堡线。

步兵第733团花一整天时间突击穆奥兰湖两岸的芬军1号和2号碉堡。芬军步兵被迫撤退，但一个芬军的炮兵前进观察组却把自己反锁在碉堡里，待了一整天。苏联军队各连几次冲击，但都被芬军炮火压制。

步兵第136师师长十分清楚芬军碉堡线很坚固。不过，他们关于芬军混凝土碉堡的最新资料还要追溯到1937年，对之后新筑的碉堡线情况一无所知。苏联重炮兵第137团的申维克上尉对这次战斗回忆道：

在距一线300—400米的战壕里，我碰上了炮兵主任。按照地图，左翼有一个湖，一条小溪流入湖中。从我战友的述说中，我很清楚这里，也就是穆奥拉一线，是芬兰陆军的主要防御地带的起点。步兵部队和坦克多次试图在没有（炮火）准备情况下冲进芬军筑垒地带，但均告失败。

"就在这里，"炮兵主任说，"在这个拐角的某处，也就是湖与河之间，有一个碉堡。你的任务就是发现它的准确位置。步兵打算踏过冰封的湖面和小溪前进，但没有成功。他们（指芬军）似乎在一个300米宽、400米纵深的地带架起了10挺机枪。我们必须不惜任何代价打掉这个碉堡。步兵称他们展开攻击的时候，发现机枪火力点在左翼。"

根据炮兵主任的通报，这些火力点正对着我军攻击部队的两翼，（我）从侧翼上去，发现了目标。

打了 15—20 弹后，终于命中了碉堡，却被弹开并在目标外爆炸，但还是炸断了碉堡顶部的一棵松树。几分钟后，又一发炮弹撕裂了碉堡顶部的保护石。我们的步兵试图从右翼包抄上去，却被密集的火力压住了。碉堡猛烈开火。最终，我们取得了一发炮弹命中碉堡装甲炮塔的战绩。我目睹芬兰人逃出了碉堡。

芬兰第 2 炮兵团的蒂罗宁上尉回忆道：

2 月 21 日 7 点整，敌人开始猛烈炮击，紧接着在 9 点 20 分对我军防线展开新一轮攻击。强大的敌军沿坎加斯佩尔托—霍塔卡公路实施突击。我们的步兵被迫从公路南面阵地向后退却，巩固他们在于尔约纳霍村的阵地。结果，约尔马·维尔塔宁少尉率领的第 1 连炮兵前进观察组在仅有一挺机枪的情况下，被包围在穆奥兰湖岸边的旧碉堡里。敌人试图夺取这个碉堡，但维尔塔宁少尉利用炮弹弹片击退了敌人的冲击。11 点整，独立第 2 营第 3 连（连长利卡伊宁）奉命组织反冲击救出被围的炮兵，但尝试没有成功。午后，敌人的 203 毫米重炮在直瞄距离对维尔塔宁的碉堡开火。在碉堡部分坍塌后，俄军步兵再次试图夺取碉堡。

这时，维尔塔宁已经烧掉了所有文件和地图。碉堡的守军击退了左翼之敌，但踏过冰封湖面冲击的俄军步兵涌上碉堡顶部，直接沿着顶壁架起机枪。炮兵观察员们还是没有放弃：他们下令全连集中火力轰击碉堡！非常手段取得了非常效果：敌人损失惨重，被迫撤出碉堡。

13 点 20 分，炮兵连收到维尔塔宁的电令："即便没有援军赶来，我们也要打到最后一个人。"

不久，敌人用直瞄炮火摧毁了碉堡左子堡，机枪也被摧毁了。接着，苏联步兵试图穿过被炸毁的侧壁破口冲进碉堡，但维尔塔宁和他的手下用手榴弹击退了敌人的冲击。刚喘口气，17 点整，敌人再次冲击碉堡，但我炮兵前进观察组引导炮兵连组织炮火击退了敌人。

我们的步兵还是没有放弃。18 点 15 分，古梅鲁斯中尉指挥的步兵连设法击退了敌人，救出了炮兵前进观察组。20 点 15 分，维尔塔宁少尉和手下在被围十小时后，撤离了碉堡。在碉堡顶部和周围，躺着约200具敌人尸体。我们炮兵连的火力打得实在太准了！

除了维尔塔宁，还有罗斯中士和帕尔塔宁中士以及伊维宁下士、科伊拉宁下士和莱潘宁下士，他们都毫发无损熬过了这一劫。

步兵第733团团长托万采夫上校报告：

傍晚，我团第3营对芬军防线展开攻击，夺取了两个土木掩体工事和一座被第9连别科托夫（现在已经是"苏联英雄"）突击队封锁的混凝土碉堡。这是一个坚固的碉堡，长35米，宽12米，共有三个子堡，三个机枪射击台和一个架设一挺机枪的金属炮塔。敌人几次试图攻击，但均被击退。

2月21日夜，当别科托夫突击队的指战员们包围碉堡的时候，工兵们也在步兵第733团参谋长斯梅塔宁少校指挥下，安放炸药并炸毁了碉堡。

步兵第541团继续前进，跨过穆奥兰约基河，夺取了5号碉堡。接着，团部转移设在该碉堡里。2月21日夜，步兵第541团侦察队和第2营继续沿着穆奥兰拉姆皮湖西岸的原野前进。2月22日拂晓时刻，他们进入了基穆梅特塞森林。部分苏联步兵抵达并占领了萨尔梅拉农场。他们这个行动完全没有被芬军发现。当时，芬军独立第1营无视上级命令，任凭基穆梅特塞森林边缘门户洞开也置之不理。步兵第541团第2营出现在基穆梅特塞森林的消息最初还是从萨尔梅拉农场撤下来的芬军报告的，他们在2月22日清晨碰上了苏联军队。接到报告，芬军赶紧投入一个排的兵力反击，接着又上了一个连。两次反击都没有成功。芬军独立第4营的科斯塔默中尉，从驻军森林的芬军各部抽调兵力组织了一个战斗群，在午后将步兵第541团第2营赶入穆奥兰拉姆皮湖西岸的原野。

在这次战斗中，步兵第541团第2营损失惨重。大部分指战员非死即伤。9点整和11点整，第2营和团部取得电台联系，请求坦克支援。轻坦克第39旅的一个坦克连，7辆坦克和5辆喷火坦克于9点整赶到第2营营部所在地。步兵第541团第3营也在坦克的掩护下开赴战场。独立坦克第18营的T-38坦克群也给步兵送来了弹药和重武器。滞留在原野的两个步兵营阵地位置极为不利。他们持续不断遭到森林方向的芬军机枪火力及左翼19、14号碉堡的火力打击。尽管如此，这些营还是停止前进，开始火力战斗。

沃多彼扬中尉的 T-38 轻型坦克群也开始搭载伤员撤出战场。轻坦克第39旅的坦克群打光了所有炮弹，被迫撤回阵地补充油弹。步兵第541团第2营指战员在战斗中不仅伤亡惨重，还丢失了森林，乱作一团，干脆随坦克撤了下去。它这一撤，引起了第3营的混乱和恐慌，部分战士也开小差。第3营剩下的指战员只得在夜间撤到团部，把伤员抛在了战场上。无奈的团长只得命令第1营在 2 月 22 日夜重返战场，收容伤员。在 2 月 21 日的战斗中，步兵第541团第2营损失了 60% 的兵力。

步兵第306团在 2 月 21 日也没能取得任何突破。苏联步兵指战员穿过反坦克障碍带和带刺铁丝网时，遭到芬军猛烈的火力压制。芬军阵地伪装良好，苏联炮兵、坦克兵和步兵根本没法判明敌人的火力究竟是从哪打来的。所有侦察确认芬军阵地位置的企图都告失败。傍晚，天气突变，开始下起暴风雪。苏联军队在当天进攻的唯一成果就是靠近了芬军防线，并在高地群上发现了两个碉堡而已。步兵第306团团长克留科夫上校决心趁夜夺取这些高地。步兵第306团的各个强击支队在深夜发起攻击，经过惨烈肉搏战，最终在清晨肃清了各个高地的芬军步兵。步兵第306团在 2 月 21 日的损失为 82 人。芬军丢失了各高地的所有碉堡、2 门反坦克炮和 3 挺机枪。蒂罗宁上尉回忆道：

> 17 点 45 分，由 10 辆坦克支援的两个步兵连的冲击迫使我独立第 2营第 2 连从预设防御地带撤到高速公路北面。第 3 炮兵连的炮兵观察员塔米宁中尉在战斗中负伤。
>
> 在穆塔兰塔地区，敌人于 9 点整开始猛烈炮击。随后，敌人于 12 点整在坦克支援下展开攻击。该地区的战斗打了一天。我们丢失了一个被摧毁的碉堡以及 1 门反坦克炮和 2 挺机枪。17 点 15 分，该地区指挥官征得上级允许，撤往卡伊瓦恩托地区的主要防御地带。这些丢失的阵地，从一开始就仅是迟滞阻击阵地而已。该地区的主要防御地带还处于施工状态——独立第 4 营正在该地修筑防御工事。

从表面上看，参战的苏联四个步兵团都取得了令人瞩目的胜利，突破了芬军碉堡线，剩下的事情就是追击败退的芬兰人。但苏联指挥员并不知道，芬军还有第三道，同时也是最坚固的碉堡线。围绕第三道碉堡线的血战持续了六天，从 2 月 22 日一直打到 2 月 27 日深夜。

主要突击方向是位于苏联军队进攻地带中央的步兵第 387 团区域。其他各团继续在左右两翼向芬军防线压进。

步兵第 306 团继续往北朝卡伊瓦恩托地峡和 15 号碉堡挺进。这个碉堡掩护着穆奥兰拉姆皮湖和雅拉佩耶尔维湖之间狭窄的地峡。这个地峡的宽度约 200 米。碉堡周围由两湖之间地带的一条防坦克壕和带刺铁丝网保护。

该团的任务是夺取碉堡，控制凯恩涅米山，然后右转，从背后突击伊维斯村的芬军防御阵地。步兵第 306 团的各个强击支队于 2 月 22 日试图靠近碉堡，但芬军集中机枪火力射击，粉碎了苏联军队的冲击。

克留科夫上校命令步兵第 306 团第 1、第 3 营从东面包抄碉堡，跨过雅拉佩耶尔维湖，组织一次朝科尔普拉村的突击。两个营徒步踏着深厚的积雪前进，各班排成一路纵队。尽管上级一再命令，但指战员们拒绝保持战斗队形前进。

各营前出到距北岸约 200 米处时，芬军发射猛烈的机枪和迫击炮火力，战士被压制。指挥员们没能鼓励战士们起身再度冲击，许多战士在昨晚的战斗中筋疲力尽，一些战士甚至靠在湖边的干草堆上呼呼大睡，尽管此时芬军的射击仍持续不断。两个营以密集的队形在冰雪原野上挨了一整天打，随后撤回了穆塔兰塔。两个营总的损失为 13 人战死，86 人负伤。芬兰国内各大报社无不夸张报道在雅拉佩耶尔维湖周围雪原摧毁了来犯的苏联军队各营，毙敌 800 人。

随后，克留科夫上校又命令第 3 营的强击支队突击碉堡。突击于 2 月 23 日开始。步兵第 306 团第 2 营也跨过雅拉佩耶尔维湖面，反复突击科尔普拉村。这一次，克留科夫上校严禁各营以密集队形前进和集团冲锋。

第 2 营再次被芬军火力钉死在湖面上，战士们拒绝起身，并于傍晚撤了回去。第 3 营的强击支队当天也没能靠近碉堡。接着，一个坦克连冲击碉堡。独立坦克第 368 营的 7 辆坦克和步兵第 306 团坦克连的 2 辆坦克以及 2 辆喷火坦克冲到防坦克壕前，对装甲炮塔发射密集火力。芬军步兵和机枪手放弃了碉堡，然而第 2 炮兵团第 1 连的一群炮兵前进观察员还待在碉堡里。坦克在狭窄的地峡肩并着肩，芬军的迫击炮予以命中。这是他们唯一能做的，因为芬军在这一地区没有反坦克炮。芬军的炮击炸断了其中一辆坦克的履带，炸伤了另一辆坦克的负重轮。指挥坦克的基尔日尼尔上尉命令坦克群散开，继续组织火力打击碉堡。接着，他又命令坦克群从左翼绕过反坦克壕，开过穆奥兰拉姆皮湖冰封湖面。喷火坦克排的排长叶戈罗夫中尉对碉堡喷火，使用喷火器连续打出10条长长的火龙。与此同时，坦克连连长波列维奇中尉和基尔日尼尔上尉的坦克以及罗德涅夫中尉的喷火坦克绕过防坦克壕，直扑碉堡。他们对碉堡机枪射击台和碉堡出口大门实施射击，接着攻击15号碉堡北面的各个土木工事。在此期间，由师工兵主任萨格扬少校指挥的一个工兵班冲上碉堡顶部，炸掉了这个碉堡。防坦克壕南面的步兵立即跳上剩下的坦克，驶向碉堡。

第一次爆破摧毁了碉堡的装甲炮塔。步兵和坦克团团包围碉堡，以保障工兵安全作业。午夜，工兵第93营的指战员们又在碉堡安放了大量炸药并炸毁了碉堡。工兵排排长巴维尔·费多尔楚克中尉和工兵连的军士长博伊斯·库兹涅佐夫在这次行动中表现出色。他们站在防坦克壕深及腰部的积水里，把一箱箱炸药递给碉堡的工兵们。接着，他们带着排里全体工兵指战员穿过满是积水的反坦克壕。这两位勇敢的工兵最终都获得了"苏联英雄"荣誉称号。

部分芬兰资料声称，地峡里的苏联红军在1940年2月23日花一整天的时间疯狂饮酒作乐，庆祝苏联红军建军22周年。烂醉的歌声和酒后胡言乱语甚至传到了芬军阵地。不过，这种情景并没有发生在穆奥拉。在这里，苏联各步兵连还在顽强的前进，正在步步蚕食更为顽强抵抗的芬军阵地。

步兵第733团沿着穆奥兰拉湖东岸实施突击，却被10号碉堡和16号碉堡的芬军火力所阻，无法前进一步。步兵第541团第1营和第2营在坦克和喷火坦克的支援下，再次对基穆梅特塞实施突击，但被伊维斯村周围碉堡的侧射火力击退。结果，各营不得不撤回穆奥兰拉姆皮湖西岸的树丛和灌木丛中，就地组织环形防线。该团直到1940年2月27日才继续前进。

2月23日傍晚，步兵第387团第3营设法包围了阿尔霍拉农场的两个碉堡（14号碉堡和19号碉堡），但芬兰守军拒绝投降。苏联步兵只携带了100千克炸药。炸药引爆后，步兵们失望地发现碉堡表面连爆破的痕迹都没有。碉堡里的芬军还是拒绝投降。23点前后，苏联一个工兵排在伸手不见五指的夜色中赶到碉堡群，带上来约 500 千克炸药。工兵排长同意各位步兵连长的意见，那就是在下令"点火！"后各连才后撤。然而，步兵连连长们忘了这个约定，撤退过早。芬军发现了这一点，再次占领了碉堡周边的战壕。工兵没能做好爆破碉堡的准备，也不得不撤出战场。一气之下，步兵第 733 团团长托万采夫下令不惜一切代价打下这些碉堡群。第 3 营冲了上来，再度突击 14 号和 19 号碉堡。这一次，芬兰人早有准备，给冲击的第 3 营编织了一道密不透风的火力网。在蒙受重大损失后，第 3 营被迫撤退。更糟糕的是，托万采夫上校的各营还在 2 月 23 日和 2 月 24 日两次遭到友军火力，也就是步兵第 136 师炮兵群的误击。

接着，托万采夫又让第 2 营投入战斗，任务还是夺取 14 号和 19 号碉堡。在战斗最危急的时刻，第 5 连连长牺牲，连指导员 V.F. 奥夫奇尼科夫亲自率部突击，冲进了其中一个碉堡。激烈的战斗持续了一整夜，一直打到第二天。2 月 24 日 14 点整，第 2 营最终打下了其中一个碉堡。

蒂罗宁上尉回忆道：

> 2 月 24 日清晨，敌人把越来越多的坦克投入战斗。除了大量坦克外，喷火坦克也投入战斗，他们通过喷射火龙穿透机枪射击台来歼灭一个碉堡的全体守军。守在碉堡里的我方将士们只能尽量卧倒压低身子。

芬军炮兵第 1 连的炮兵前进观察员图利库奥拉中尉也回忆道：

> 黑色的混凝土碉堡耸立在稀疏的森林里，周围没有任何交通壕或战壕。战士们根本无法忍受在这种碉堡里战斗，每个人都得准备随时撤离。尽管造价不菲，但它们就像令人绝望的老鼠洞，我不明白为什么敌人没能干掉它们。如果这些碉堡都装备反坦克武器的话，那么大家一定可以自卫并打掉敌坦克。但实际上，我们所有人只能坐在碉堡里，等待一辆坦克冲上来，然后任由它肆虐。

独立第 4 营机枪排和独立第 2 营的半个排在 14 号碉堡找到了自己的归宿。步兵第 387 团第 2 营强击支队、坦克第 85 营的坦克、一辆喷火坦克和工兵消灭了14号碉堡和里面的所有人。初级指挥员布拉托夫参加了这次行动：

我们带上200千克炸药出发了。我们绕过碉堡，从背后靠近它。突然间，我们发现我方坦克正在接近机枪射击台。坦克靠近时，芬兰人从机枪射击台投出了几个燃烧瓶。其中一个燃烧瓶砸在坦克后装甲后起火燃烧。我们试图示意驾驶员逃离。与此同时，我们的战士楚宾、苏哈列夫和萨佐诺夫冒着敌火冲到着火坦克旁，抓起雪就往坦克后装甲上撒，试图扑灭火焰。不一会儿他们就成功了。

在此期间又驶来一辆坦克。来者是我们排长戈尔迪乌绍夫上尉，他给我们送来了更多炸药。

我向排长报告说，从侧面爆破碉堡将会十分困难。聪明的做法是从顶部爆破——首先摧毁装甲炮塔，然后再把一个插有短引信雷管的炸药箱扔进去震慑守军。我们决定就这么干。我们在装甲炮塔安放了75千克炸药，激发引信，然后是一声巨响，但装甲炮塔仅是破裂而已。

接着，我们决定用其他方法对碉堡组织爆破。我们准备了多个炸药包。一名工兵坐在一辆喷火坦克的炮塔后部，这样他可以给坦克手打信号，示意坦克手何时喷火烧炮塔，何时停止喷射。因此，当我们的人隐蔽在坦克炮塔后时，他下令："喷火！"

坦克喷射火龙。芬军担心被活活烧死，躲到碉堡深处。接着，我决定离开坦克，听一听碉堡里的敌人到底在干什么。我听到他们在开会。太好了！我爬上碉堡大喊："快投降，你们这帮混蛋！"

但里面的人默不作声。接着，我将一枚手榴弹扔进破坏后的炮塔。它爆炸了，手榴弹点燃了芬兰人准备用来烧我们坦克的燃烧瓶，碉堡也起火燃烧。我听到里面一阵惨叫和奇怪的声音。

坦克手们接到信号，朝碉堡机枪射击台开火后立即停止射击。他们准确执行了命令。接着，我们闪电般冲到机枪射击台，在两个台上各安放两箱炸药，然后点燃了雷管引信。一阵猛烈的爆炸后，机枪射击台被炸开一个个宽大的口子。喷火坦克立即毫不停顿地冲上去对准破口喷射火龙，工兵们手持冲锋枪和手榴弹在碉堡出口做好准备。芬兰人无处可逃了。

在坦克停止射击后不久，我们又往碉堡抛进了四箱炸药。我们建议坦克手们离远点。一阵猛烈的爆炸震撼了碉堡，整个炮塔和大门被炸飞，碉堡里一阵死寂。随后，我们向指挥员们报告碉堡已被炸毁。

碉堡里躺着 15 具芬军尸体。

芬军第 2 炮兵团的考库·蒂利中尉从芬兰角度描述了碉堡和守军的最后一刻：

守军中的一名幸存者赶到了我们的指挥所，向我们述说了碉堡防御的情况。碉堡并没有被完全炸毁，不过机枪射击台的铁扇窗被炸飞。如果敌人在屈勒菜投入喷火坦克的话，我们在这里拿什么来挡住他们呢？守军准备用石头和湿枕头堵住机枪射击台，防范喷火坦克的攻击。同时，他们还在碉堡里的各个墙面洒水，保持湿润。

突然间，碉堡方向升起一枚红色信号弹，一阵巨大的烟幕直冲云霄。我们的心中充满了没法帮助战友的愧疚感。不久，一名浑身焦黑、湿润和充斥汽油味的人冲进我们的掩体："我是从那里出来的唯一生还者。"

从他的声音中，我们可以听出他刚刚经历了一场强烈的震撼。他向我们描述一辆喷火坦克是如何冲上碉堡，然后朝碉堡里喷射火龙。石头和湿枕根本没用，燃烧的汽油就像汤一样喷射进碉堡里。他记得的最后一件事就是他站在出口的两个射击台，火龙直接从两个射击台喷射进来。他双手紧紧抱头，设法扑灭了头发上燃烧的火苗。当火龙突然消失时，他认为坦克掉头走了。他从机枪射击台看到坦克又朝碉堡的另一侧驶去，因此他赶紧往出口撒腿狂奔！花了好长时间才摸到出口，他冲出碉堡时看到坦克仍在那里。坦克用一挺车载机抢朝他开火。不过，他已经借助森林的掩护溜出了碉堡："其他人都没走，一共 11 个。"他说道，他的头还在不停地颤抖。有人注意到他还是流血不止。事后得知，坦克机抢实际上打中了他的屁股，但撒腿狂奔中的他完全没有意识到。接着，一名军官朝碉堡看了看说："我们应该在出口安排一名哨兵，至少有人可以看看（碉堡）里面到底出了什么事。"他平静地说道……

经历了这次劫难后，芬军只要看到苏联坦克群冲过来都会立即撤离碉堡。库尔加诺夫上尉的坦克排带着2辆坦克和1辆喷火坦克，在没有任何步兵伴随支援下对13号碉堡展开攻击。芬军看到坦克冲过来，立即撤离了碉堡群。坦克群迅速对碉堡机枪射击台和碉堡出口急速射击。接着，坦克兵离开坦克群，从碉堡出口和机枪射击台往里面扔手榴弹。芬兰步兵试图组织反击时，他们立即返回坦克，用车载机枪火力击退芬军的反扑。不过，坦克仍拿碉堡混凝土墙没有办法，打出去的穿甲弹都陷在墙里，无法贯穿。

围绕芬军第三道碉堡线的血战不分昼夜地进行。步兵第387团每天都要突击芬军阵地。苏联喷火坦克群每天都将芬军步兵赶出他们的战壕，将他们逐入森林。每当夜晚来临，芬军就会积极组织反击，恢复原防线。由于芬军只有1门反坦克炮（由芬兰第2猎兵营的猎兵中士瓦萨马指挥），无法掩护整个防御地带，因此苏联坦克在战场上毫无敌手，如入无人之境。

步兵第306团在卡伊瓦恩托地峡使用强击支队前进，于2月24日开始对制高点——凯恩涅米山发起攻击。芬军顽强打了三天，最终步兵第306团在2月26日傍晚夺取了凯恩涅米山。由于坡面陡峭和巨石嶙峋，苏联坦克群无法爬坡支援强击支队冲击。在围绕该山的战斗中，步兵第306团仅有9人战死，82人负伤，显示出了小型强击支队攻坚战术的效能。

夺取凯恩涅米山后，该团向西转，朝萨尔梅拉农场扑了过去，从背后威胁了伊维斯村的芬军碉堡线。芬军在撤退过程中炸掉了萨尔梅拉的大桥，但大桥仍留下两节完好的桥面。步兵第306团各营迅速过桥，和步兵第541团取得联系。

数日的战斗令苏芬双方都损失惨重。步兵第387团第2营和第3营各连兵力下降到原有编制的30%。2月22日霜冻到来和2月23日的大雾天气，令双方战士不得不一边相互厮杀，一边和寒冻天气作斗争。双方都在痛苦中煎熬。

至2月27日清晨，步兵第387团各营失去了战斗力，团里大部分指挥员非死即伤。仅有第4连在格鲁别夫中尉率领下，于2月27日清晨突击了芬军阵地。第7连和第9连残部也参加了突击，但被打得狼狈溃逃。在当天的战斗中没有指挥员带领（第7、第9连）冲击，也无法控制部队，两个连剩下的尉官和士官花了好长的时间才收拢战士，让部队恢复秩序。结果，孤立无援的第4连几乎被芬军包围，损失惨重，参加突击的57人共有20人伤亡。第5连和第 6 连的兵力也只剩 30 多人，没法支援第 4 连冲击。当天的进攻以失败告终。

重炮兵第 317 营所属的 203 毫米加农炮群，于 2 月 27 日下午用直瞄火力轰击芬军碉堡群，击毁或重创了大量碉堡。由于苏联炮兵指挥员娴熟的指挥，203 毫米加农炮群以零损失的代价，出色完成炮击任务。他们和步兵、坦克兵密切配合。荣获"苏联英雄"荣誉称号的塔拉索夫中尉请求坦克手在他的加农炮群两翼各放两辆坦克掩护。这些坦克就像一面盾牌，保护炮兵免受芬军侧射火力威胁。步兵也在加农炮群附近展开，防范芬军步兵可能的反击。对此，芬兰第 2 猎兵营反坦克排的埃伊诺·海尔穆宁（Eino Hermunen）于报告中写道：

> 我们反坦克炮兵的日子真不好过——我们必须得击退穆奥兰湖高速公路和雅拉佩耶尔维的敌坦克冲击。虽然我们多次命中敌人的许多坦克，但无人地（两军战线中间）太狭窄，敌人趁夜拖回了被打坏的坦克，有时甚至在白天也来拖。因此，我们只能打中坦克，实际无法彻底摧毁它们。
>
> 敌人的航空火力和炮火突击也十分猛烈，我们不得不把火炮拉进掩体依托混凝土墙掩护。如果我们的火炮被打掉，那么一切就糟了。我们的防御地带没有任何其他反坦克炮组，我们不得不在整个防御地带往返奔波。敌空军朝碉堡群投下密集的炸弹，并用大口径炸弹把整个战场犁了一遍。10 号碉堡的装甲炮塔被一枚炸弹直接命中，当场被毁。在炮塔警戒的哨兵失去了知觉。我随后才发现装甲炮塔遭到多发炮弹／航弹命中后已完全被炸飞，碉堡自身也如在海浪中飘摇的一叶孤舟。
>
> 由于极度缺乏睡眠和自身筋疲力尽，我们都变得麻木。我们很清楚自己撑不了多久了，生理崩溃正闪电般向我们袭来。但我们还是咬紧牙关，坚持战斗。一周就这么过去了，或许我们还要再撑两周。我们已经没什么时间概念了，也不清楚今天到底是星期几，或者到底是 2 月还是已经迈入 3 月时节。我们只清楚一点：夜去昼来，我们还活着。大地在不停地颤抖和呻吟，战争还在继续，但随着尾声的接近，战争变得越来越残酷。

1940 年 2 月 27 日傍晚，芬军最终奉命从穆奥拉地区撤退。撤退行动立即开始。

　　2月27日深夜，苏联各个强击支队在丝毫没有遇到抵抗的情况下冲进了芬军碉堡群，并将其统统炸毁。步兵第387团损失极为惨重，以致根本没有步兵留下来参加强击支队。斯涅维赫上尉的第6连因步兵太少，不得不从团属各个炮兵营抽调炮兵志愿者补充进来凑足了60人。爆破了芬军碉堡群后，他们才意识到芬军已经撤退，并开始小心翼翼地前进。

　　步兵第23军指挥部发现芬军从穆奥拉的阵地群开始撤退后，立即准备让轻坦克第39旅实施一次快速突击，切入芬军防御地带后方打乱芬军的部署。这次突击却因沿线周围公路的地雷、森林障碍、深厚的积雪和芬军巧妙而娴熟的迟滞战斗而未能成功。苏联侦察第232营的坦克群和伴随步兵在海伊库里拉遭到芬军伏击。苏联步兵很快被密集的火力压制，只能就地组织还击和芬军对射。苏联侦察第232营的一名连长瓦西里·莫伊谢耶夫（Vasily Moiseev）上尉爬出他的坦克，亲自带工兵队排雷。他起出芬军地雷时，被芬兰人射出的一粒子弹击毙。牺牲后，他被追授列宁奖章。在鲁宾斯克的家里，他留下了一位妻子和四位年幼的孩子。他的孙子，一名在莫斯科的工兵伊戈尔·莫伊谢耶夫在采访中述说了这个军人世家的故事：

　　　　奶奶始终受不了爷爷牺牲的打击，1945年也去世了。他俩都深爱着对方。四位小孩进了不同的孤儿院。年纪最大的姐姐玛雅随后把所有年幼的兄弟姐妹都接到她所在的孤儿院照顾。我的父亲列昂尼德追随祖父的足迹，成为一名空军飞行员。我追随父亲的足迹，我的孩子鲁斯兰也选择当职业军人。我希望我的孙子迪米特里也能考进军校。这就是我们的故事。

　　1940年2月29日中午，芬军迟滞部队也撤了下来，苏联坦克群在步兵的协助下，夺取了海伊库里拉，接着，苏联军队小心翼翼地朝芬军最后一道防线摸去。战争还将持续两个星期。在战争结束时，步兵第387团只剩编制兵力的10%~30%。

萨尔门卡伊塔河

　　根据撤到中间防线的计划，芬兰第6步兵团于2月16日傍晚从主要防御地带撤了下来。2月17日清晨，芬军全体部队都撤到了萨尔门卡伊塔河北岸，芬军工兵于9点整炸掉了河上各座桥梁。

第6步兵团以所属的三个营占领防御阵地：第1营在库萨—埃伊雷佩公路展开，第3营在瓦里克森屈莱村设防，第2营要守住海因约基—劳图铁路桥。防御地带正面宽度约4公里。在这一带，芬军共修建了三十五个混凝土碉堡。

萨尔门卡伊塔河北岸和南岸是宽大的原野。芬军旧式碉堡修在北岸；新修的侧射火力碉堡距河200—300米。苏联指挥员这样描述战场地形："敌人在此拥有一片视野开阔的原野，我们不得不跨过原野冲击。"在对芬军防线冲击的过程中，摩托化步兵第17师的指战员们首先要越过河南岸的开阔地，踏过冰封湖面，然后才能对碉堡线实施突击。河南岸的苏联防线优势在于有一条在原野南部森林密覆的山脊。苏联的炮兵指引员可以从山上有效俯瞰沿河两岸地带，大口径火炮都部署在山脊上，对沿河周围目标进行直瞄火力打击。

2月17日到19日，芬兰第6步兵团一边侦察地形，一边在各个碉堡做好战斗准备，一边扫清射界。按照战斗条令，各个步兵连在战壕展开，各机枪连于碉堡内架设他们的马克沁重机枪。期间，苏联一支侦察队试图在装甲防盾掩护下迫近20号碉堡，却在和芬军的近战中被歼灭。2月19日夜，苏联军队又组织一支侦察队试图跨过冰封的河面，却闯进一片雷场。2月20日清晨，苏联炮兵对芬军防御地带实施炮火袭扰。10点整，苏联军队加大了炮火轰击力度，芬军步兵立即进入战壕，准备迎击苏联军队的冲击。摩托化步兵第17师和步兵第50师于当天抵达河南岸。摩托化步兵第17师三个团一字排开，以摩托化步兵第55团为左翼、摩托化步兵第271团居中、摩托化步兵第278团为右翼，并肩展开攻击。步兵第50师所属的步兵第359团和步兵第2团，在摩托化步兵第17师右翼展开，负责对武奥克西河南岸的芬军3号和4号碉堡实施突击。

13点整，苏联军队以连规模的兵力对芬军第6步兵团第2营防御地带实施火力侦察攻击。苏联军队这个连设法在河北岸打下一个桥头堡，却在傍晚被芬军反击赶过了河。摩托化步兵第271团属炮兵一整天都在开阔地对芬军障碍带实施火力打击。当天傍晚，苏联军队对芬兰第6步兵团第2营展开宣传攻势。

下午，大群苏联空军战机临空，对芬兰第6步兵团整个防御地带狂轰滥炸，歼击机也用机载火力扫射芬军阵地。不过，苏联炮兵观察机才是最让芬兰人头疼的。这些低速的双翼机一旦发现任何目标，都会立即引导炮火轰击。它们以每小时40—50公里的速度懒洋洋地盘旋在芬军防线上空。它们的存在让芬军炮兵只能"沉默不语"，因为芬军炮兵指挥官也担心炮群暴露被苏联炮群打掉。傍晚，苏联军队的炮击密度越来越大——第6团第3营在瓦里克森屈莱村遭到了如雨点般落下的炮弹轰击，苏联军队的主攻方向立见分明。芬军观察到，苏联军队拥有比以前更多的大口径火炮。两个旧式碉堡被炮火炸坏。

当天，苏联炮兵把几门火炮拉到南岸，对芬军碉堡群进行直瞄射击。芬军炮兵没法实施炮火压制。因为苏联军队有炮兵观察机和强大的炮火轰击，再加上电话线故障——这一切都使芬兰炮兵只能选择静默不语。

2月21日8点30分，苏联炮兵突然对芬军整个防御地带实施猛烈炮击。不过，苏联炮兵还是不清楚芬军大部分碉堡位置，因此弹着点散布在广大地区内。12点30分，摩托化步兵第17师发起冲击。摩托化步兵第55团第1营和第2营跨过冰封河面，依托装甲防盾掩护靠到芬军阵地跟前，和芬兰第6步兵团第9连交火。一个小时后，苏联军队各连夺取了公路上的科伊维科涅米（也叫比尔奇角），迫使芬军一个排退却。16点15分，苏联军队大量兵力跨过了狭窄冰封的河面，激烈的战斗持续不断。

步兵第359团各连包围了比尔奇角的芬军旧式3号和4号碉堡。尽管苏联军队信使一再靠近呼吁芬兰守军投降，并用机枪射击碉堡出口大门，但都没有奏效。傍晚，苏联军队炸毁了3号和4号碉堡，10名芬军被活埋，仅有2人生还：佩尔托拉下士在苏联军队突击前赶往后方求救，帕尔科宁列兵在碉堡出口警戒。苏联军队进攻开始时，帕尔科宁试图撤进碉堡，却发现门已经锁了，他的战友不让他进来了。帕尔科宁只得隐蔽在雪地里，直到黄昏碉堡被炸毁后，他跟跄逃到36号碉堡，然后被战友送到一个包扎所治疗腿上的冻伤。

摩托化步兵第278团第1营在15号和36号碉堡前方的原野拉开散兵线。芬军等散兵线进入有效射程的铁丝网地带时，突然对位于铁丝网的苏联军队组织猛烈的侧翼火力打击。15号碉堡的机枪群不间断地打了一整天，把苏联军队各个步兵连压制在带刺铁丝网地带，一些战士转移到公路桥以东的卢赫塔萨里（Luhtasaari）树林。其他苏联进攻部队也被芬军火力所阻。

下午，战场下起暴风雪。摩托化步兵第17师师长巴扎诺夫（旅级）决定利用恶劣天气做掩护实施新一轮突击。三个团于2月21日傍晚再次组织冲击。摩托化步兵第278团第1连残部和第3连在指导员谢涅契金带领下跨过原野，再次冲击15号碉堡和36号碉堡。傍晚，他们包围了15号碉堡。然而，苏联军队的胜利到此为止：其他各连在猛烈的火力打击下根本没法冲到芬军碉堡前。在当夜对碉堡的冲击中，第1连损失惨重，被迫撤回河边。摩托化步兵第278团第1营2月21日的损失为死伤200人。

傍晚，摩托化步兵第271团第1营也展开攻击，但营政委在剪断芬军铁丝网时不幸战死，高级指导员佐托夫也战死沙场，第1营营长卡赞斯基上尉于几小时后负伤。摩托化步兵第55团跨过冰封河面，一度打下了芬军旧式9号碉堡，却被芬军组织的一次反冲击打回南岸。

第6步兵团团长命令第1营和第2营各派一个排去讨堵苏联军队的突破，并向师里请求增派战术预备队实施反冲击。师长命令第26步兵团给芬兰第6步兵团派去哈卡拉赫蒂中尉的加强连。该连由三个步兵排、一个机枪排和一个反坦克班组成。第5步兵团派了一个整营去萨尔门卡伊塔地段。2月22日清晨5点整，芬兰第5步兵团第1营组织了反冲击，于9点整将苏联军队逐往河边。然而，芬军没能把苏联军队赶到河面——被毁的3号碉堡和4号碉堡仍在苏联军队手里。第5步兵团第1营营长汉斯特伦认为他的兵力薄弱，无法守住防线而没有继续进攻。在这次反击中，芬军抓获8名战俘，缴获12挺机枪。

2月22日，苏联军队继续展开攻击。炮击力度加强，集中在暴露的芬军碉堡上。对15号碉堡的直瞄火力尤其凶狠，碉堡侧壁连中三弹，第四发炮弹炸飞碉堡的装甲炮塔。苏联炮兵也在轰击13号和37号碉堡，多为直瞄射击。

摩托化步兵第278团团长科里洛夫少校派第2营突击碉堡线。该营搭载坦克抵达河面，然后不得不跳下坦克，徒步冲击。当天，坦克群没有过河。步兵设法占领了15号碉堡起150米内的芬军交通壕，夺回了比尔奇角。在这种情况下，芬军的埃洛兰塔少尉决定带他的第8连撤进36号碉堡，只在15号碉堡里留下机枪手。14点15分，步兵第359团的指战员从鲁赫塔萨里教堂方向继续冲击，包围了芬军6号碉堡，但他们没能坚持包围多久，也无法摧毁碉堡。

芬兰第6步兵团团长命令哈卡拉赫蒂的步兵连立即跑步赶往第3营指挥

所，他也请求独立第5营营长紧急调一个连给团部。摩托化步兵第278团继续对15号碉堡实施冲击，芬军不得不把所有的预备队都投入第3营方向。傍晚，一个营抵达团部，充当6团预备队（营长莱佩拉克斯上尉）。

摩托化步兵第17师左翼的摩托化步兵第55团以一个连的兵力实施突击，但在损失惨重后被芬军猛烈的机枪火力击退。

2月22日昼间，气温回升，雪开始融化，所有人浑身都湿透了。2月23日清晨，风向转变，冷空气到来，温度骤然降回零下10摄氏度。所有军服——军大衣、毡靴、手套都冻结了。摩托化步兵第278团3营的通信兵阿纳托利·捷列维涅茨对当时的感受描述道：

> 我们的军大衣在雪水里泡湿了。第二天凌晨那几个小时气温骤降，指战员们休息睡眠时，军大衣都被冻结了。许多指战员在夜间站着睡着了，他们的大衣被冻结得硬邦邦的。我们就在这种可怜的状况下前往后方。

尽管天气恶劣，但摩托化步兵第17师还是在2月23日继续冲击。芬军击退了左翼的摩托化步兵第55团和第271团，以及右翼的步兵第359团的进攻。摩托化步兵第278团在芬军主要防御地带中央的15号碉堡周围展开极为激烈的战斗。3辆坦克首先冲击碉堡，却被芬军击毁2辆。傍晚，苏联军队一个强击支队靠近碉堡，用一个炸药包将其炸毁。芬军被迫撤退。

2月23日傍晚，芬军组织反冲击，夺回鲁赫塔萨里森林和15号碉堡，缴获2挺轻机枪和1挺重机枪。

2月24日清晨，苏联炮群继续在直瞄距离猛烈射击，打掉了13号碉堡的装甲炮塔。摩托化步兵第278团于12点30分在6辆坦克支援下再度冲击，2辆坦克陷进了芬军的反坦克花岗岩障碍带。18点50分，芬军从15号碉堡废墟和兰塔拉农场撤离。期间，芬军换下了第6步兵团第8连，调遣第9连又一个排的兵力在夜间对苏联军队实施新一轮反冲击。21点整，芬军将苏联军队赶出兰塔拉农场废墟，4点整又从森林继续往东南攻击前进。

四天四夜的战斗令苏芬双方都筋疲力尽。摩托化步兵第278团损失惨重。芬军的伤亡虽小，不过第6步兵团还是注意到：

将士们极度疲惫。夜间，他们必须修复破损的战壕，白天他们还得准备战斗。他们只能待在地堡和地下掩蔽里——如果他们还受得了煎熬的话。

苏联炮兵的系统性作业开始生效，该地区的大部分碉堡中弹受损。

摩托化步兵第278团于2月25日从一线撤出。该团的伤亡率超过50%。在作战日志里，摩托化步兵第278团对所部状况描述如下：

2月25日，我团第1营和第2营撤出前线。一线只留下了加强警戒哨。我师师长巴扎诺夫（旅级）于当天视察我团。全团部战员排队集合并报数。

第1营剩余兵力：

机枪第1连19人

摩托化步兵第2连21人

摩托化步兵第3连56人

摩托化步兵第4连32人

反坦克排15人

迫击炮排15人

营长是维索茨基大尉；营政委谢涅契金同志身患重病，已送往后方医院救治。

第2营仅剩60人，由扎哈罗夫中尉指挥。

第3营战斗力最强：

通信排27人

侦察排15人

摩托化步兵第7连78人

摩托化步兵第8连62人

摩托化步兵第9连75人

反坦克排16人

迫击炮排25人

营长是普里亚尼科夫中尉；营政委是科斯特洛夫同志，他曾是通信连指导员。

　　师长巴扎诺夫师级指挥员下令指战员们要点燃篝火，让士兵的生活环境温暖、干燥，井井有条。

阿纳托利·捷列维涅茨对这一刻描述道：

　　撤到后方时，我们原打算点起篝火烘干我们的军大衣，但我们接到命令到团部挥部帐篷集合。师长开着他的装甲车莅临团部时，看到我们的军容简直糟糕透了，不过他并没有感到吃惊。身材微胖的他身着一件白色羊皮大衣，脸颊剃得光鲜而红润，肩上扛着一支芬兰冲锋枪。师长鼓励我们去消灭敌人，并通知说我们面对的正是"曼纳海姆防线"。团部帐篷边上躺着一堆躯体。

　　我们开始还以为那是尸体。但实际上，那是前几次冲击碉堡的摩托化步兵第271团的指战员。他们夜间从一线撤下来，倒头在雪地中睡着了。

摩托化步兵第278团团长科里洛夫少校对在萨尔门卡伊塔奋战的各营的情况描述道：

　　在某些情况下，我们犯了先前在普恩努斯耶尔维河战斗中犯过的错误。攻击战斗队形太拥挤，指战员们毫无掩护。指挥员们过于蛮勇，暴露地走在攻击队形前面，让自己成为敌人显眼的目标。这也使敌人可以如愿把握战机，打掉我们的指挥员和政委指导员。部队只采取正面反复冲击和集团拥挤队形。虽然没用过装甲防盾，但我们的前进速度还是很缓慢。

阿纳托利·捷列维涅茨的评论也附和道：

　　全团只剩一位营长——第1营营长维索茨基大尉。芬军狙击手极为执拗且成功地猎杀我们的指挥员，维索茨基充分意识到了这点。他上一线都是身披列兵的军大衣，扛着一支步枪，没有任何指挥员军衔。我猜，这就是他为什么能成为我团唯一幸存的指挥员的根本原因。他是一个好领导，他指挥的第 1 营损失也从没有其他营那么大。不过，就像他终日酗酒那样——他的脸庞也因经常痛饮伏特加而涨红。

摩托化步兵第 271 团和摩托化步兵第 278 团组成的混编支队于 2 月 25 日，在一阵强大的炮火掩护下再次对芬军主要防御地带实施突击。摩托化步兵第 278 团第 2 营和第 3 营残部也再次展开攻击。摩托化步兵第 271 团第 2 营和第 3 营在他们背后跟进。再一次，芬军被迫放弃 15 号碉堡废墟和兰塔拉农场。15 号碉堡的芬兰守军残部撤进了 36 号碉堡。傍晚，芬军的反击以失败告终。

苏联空军也对芬兰陆军后方进行了几次空袭。一枚炸弹击中了芬兰第 6 步兵团的包扎所，炸死 3 名军医。苏联空军歼击机终日扫射芬军后方公路网。

指战员们用夺取的 15 号碉堡作为下一步进攻的跳板，再接再厉，连续突击 13 号、14 号、34 号和 36 号碉堡。摩托化步兵第 278 团第 7 连剩余指战员在徐进弹幕掩护下，冲到了 36 号碉堡跟前，然后爬上碉堡顶部，把红旗插了上去。第 7 连指导员科斯特洛夫亲自率部参加这次冲击。芬军立即涌出碉堡，双方在碉堡顶部爆发了激烈的肉搏战。然而，普里亚尼科夫中尉的第 3 营没法支援科斯特洛夫的突击队，冲上碉堡顶部插旗的第 7 连英勇的指战员们最终都倒在了芬军的刺刀下。在战斗中牺牲的指导员科斯特洛夫和博伊佐夫事后被追授"苏联英雄"称号。芬兰第 2 炮兵团的军官们在战斗结束后发出这样的感慨："俄国人冲上我们的碉堡群，唱着军歌把红旗插到碉堡顶部。这怎么可能？"

苏联军队向西朝 13 号、14 号和 34 号碉堡的突击获得了更大的胜利。苏联军队一个强击支队在一辆坦克支援下，于短促炮火准备后，对 14 号碉堡实施冲击。芬军设法挡住了苏联步兵。苏联军队被迫驻足 14 号碉堡和 34 号碉堡之间的战壕。尽管如此，苏联坦克手还是没有放弃，在没有步兵伴随的情况下单独冲击碉堡。在距碉堡约百米处，那辆坦克开始来回挪动，始终待在芬军近距离反坦克武器射程外。接着，坦克使用主炮和所有车载机枪对芬军碉堡机枪射击台和碉堡出口大门进行急速射击。7 名芬军机枪手被困其中。海克凯宁下士试图爬出碉堡，却被苏联坦克火力射杀。碉堡里剩下的将士有 4 人负伤，只有 2 人无恙。黄昏，芬军悄悄撤离了碉堡，芬军步兵也设法击毁了失去步兵掩护的苏联坦克。同一天，苏联炮兵火力摧毁了 19 号碉堡顶壁。

当天，摩托化步兵经努力奋战打下了13号碉堡，但芬军在夜间组织反击，于2月27日4点整夺回了兰塔拉农场废墟。2月28日夜，芬兰第6步兵团奉命撤至最后一道防线。

摩托化步兵第17师于2月27日往萨尔门卡伊塔河北岸投入了更多的兵力，准备发起一场决定性的突击。炮兵不断以直瞄火力轰击芬军各个碉堡群。看起来，芬军所有的碉堡位置都已在苏联军队的掌握之下。

对芬军碉堡线的最后进攻始于2月28日清晨，芬兰第6步兵团第3营报告苏联军队于8点整在马特蒂拉农场撕开了一个小小的口子。当时，所有芬军配属部队都已经拆除了电话线，并正往卡累利阿地峡的芬军最后一道防线转移中。芬军已经没有预备队协助第3营击退苏联军队的进攻了。马特蒂拉农场被撕开口子后，芬兰第6步兵团第3营不断急电报告苏联军队的突破情况，第6步兵团团长格鲁恩十分怀疑第3营能否把阵地继续守下去。在他的命令下，第1营和第2营紧急赶往苏联军队突破口两翼，防止苏联军队继续扩张。

2月28日，尽管危机不断加深，芬兰第6步兵团还是成功脱离战斗，撤到武奥克西河。从萨尔门卡伊塔一线撤退后，芬军指挥官对摩托化步兵第17师和步兵第50师以及配属这两个师作战的苏联炮兵作战情况评价总结道：

> 在萨尔门卡伊塔，敌人企图迅速发现我们的碉堡，确定这些碉堡的射界。在徐进弹幕的掩护下，在坦克群、机枪和炮火同时打击我们碉堡和机枪射击台的支援下，敌步兵靠近我军阵地。敌步兵以密集的队形投入战斗，直到最后突击阶段才拉开散兵线。通常，他们在极为强大的火力掩护下直接投入战斗。敌步兵基本不使用步枪支援自身冲击。
>
> 敌人自动武器的支援火力非常棒，特别是机枪，通常布置良好。
>
> 敌人的炮兵在萨尔门卡伊塔打得很积极，他们的技术很棒，这全赖他们占据了良好的地形，可以有效观察正面和纵深范围较大的目标群，以及炮手们冷静地抵近直瞄和射击我军碉堡群。直瞄炮火对碉堡内的人员影响效果很大，我们的士气受到了沉重打击。

撤退期间，被芬军炸毁的一座桥梁。（作者供图）

芬军撤退时放火烧毁了维堡南部市区。（叶夫根尼·斯克沃尔佐夫供图）

红军战士墓碑。（作者供图）

埃伊雷佩教堂
的废墟，1942
年。(作者供图)

驻维堡的苏联
红军军属炮兵
第267团加农
炮　群，1940
年3月。（叶
夫根尼·斯克沃
尔佐夫供图）

红军炮兵指挥
员们在泰里约
基合影，1940
年4月。(纳塔
里亚·菲利普瓦
供图)

战争结束后，苏联军队志愿滑雪部队载誉而归，列宁格勒，1940年春。（圣彼得堡国立档案馆供图）

泰帕列地区芬军无名战士墓，1943年。（作者供图）

叶夫根尼·斯克沃尔佐夫中校，1945年摄。冬季战争后，他又参加了伟大卫国战争，在柏林迎来了战争结束。（叶夫根尼·斯克沃尔佐夫供图）

20世纪20年代，在佩尔克耶尔维夏令训练营，芬兰陆军炮兵和一门122毫米榴弹炮合影。（作者供图）

20世纪20年代，在佩尔克耶尔维德夏令训练营，重型150毫米加榴炮正在进行射击训练。这些加榴炮于1940年2月13日在莱赫德被苏联军队缴获。（作者供图）

芬兰独立第4重炮兵营一门1915-1917型号重型法制152毫米加榴炮。（作者供图）

泰帕列桥头堡，从西南面俯瞰。（帕维尔·穆萨申夫通过拜尔·伊林切耶夫供图）

凯尔雅圣诞战场，从南面俯瞰。（帕维尔·穆萨申夫通过拜尔·伊林切耶夫供图）

基维涅米，从南面俯瞰。（帕维尔·穆萨申夫通过拜尔·伊林切耶夫供图）

从西面俯瞰埃伊雷佩山岭群。（帕维尔·穆萨申夫通过拜尔·伊林切耶夫供图）

芬兰空军一架侦察机对苏马村的航拍图。照片中的黑点是被炸毁的碉堡和掩体。（芬兰国家档案馆供图）

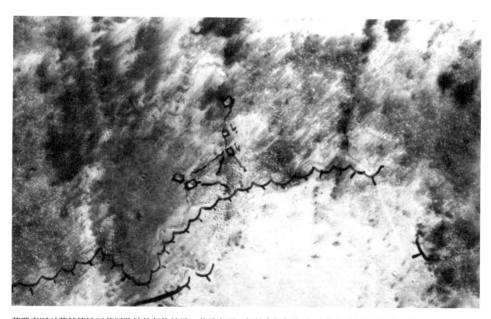

苏联空军对莱赫德地区芬军阵地的轰炸效果。芬兰空军一架侦察机航拍照。（芬兰国家档案馆供图）

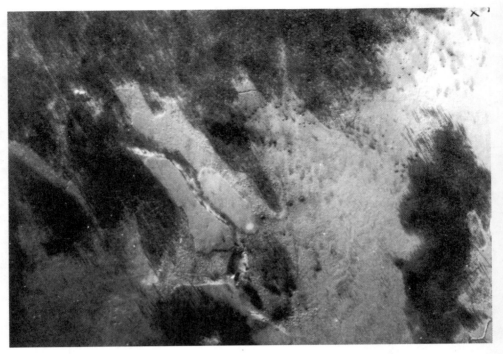

1940 年 2 月的"曼纳海姆防线"之塔肖拉梅特地段。芬兰空军一架侦察机航拍照。（芬兰国家档案馆供图）

索尔涅米地区芬军战壕。（俄罗斯联邦军事档案馆供图）

索尔涅米地区芬军战壕内景。（俄罗斯联邦军事档案馆供图）

穆奥拉河畔的芬军碉堡群。（俄罗斯联邦军事档案馆供图）

尼基莱地区的6号碉堡。（俄罗斯联邦军事档案馆供图）

托普拉要塞的芬兰造诺登菲尔德反登陆海岸加农炮。（俄罗斯联邦军事档案馆供图）

芬军炮兵前进观察员的瞭望塔。苏联红军指战员经常将其误认为狙击哨位。（俄罗斯联邦军事档案馆供图）

苏马村的 2 号碉堡前沿带刺铁丝网群。（俄罗斯联邦军事档案馆供图）

萨尔门卡伊塔
地区的15号
碉堡。(俄罗
斯联邦军事档
案馆供图)

从红军角度观
察的尼基莱地
区1号碉堡。
(俄罗斯联邦军
事档案馆供图)

芬军掩体废
墟。(俄罗斯
联邦军事档
案馆供图)

索尔涅米地区的一处未名芬军碉堡。(俄罗斯联邦军事档案馆供图)

尼基莱地区的一门芬军假炮。(俄罗斯联邦军事档案馆供图)

苏马村的芬军
防坦克壕。(俄
罗斯联邦军事
档案馆供图)

尼基莱地区的
7号碉堡门前
站岗的一名苏
联哨兵。(俄
罗斯联邦军事
档案馆供图)

拆除引信的
芬兰反坦克
地雷。(俄罗
斯联邦军事
档案馆供图)

萨尔门卡伊塔地区 10 号碉堡被摧毁的穹顶。（俄罗斯联邦军事档案馆供图）

被炸飞的装甲穹顶。（俄罗斯联邦军事档案馆供图）

索尔涅米地区的3号碉堡大门射击孔。（俄罗斯联邦军事档案馆供图）

萨尔门卡伊塔地区的11号碉堡残骸。（俄罗斯联邦军事档案馆供图）

苏马村的芬军2号碉堡被击毁的装甲穹顶。（俄罗斯联邦军事档案馆供图）

萨尔门卡伊塔地区的10号碉堡。（俄罗斯联邦军事档案馆供图）

一名高级苏联军队将领正在检查一处芬军碉堡废墟，地点不明。（俄罗斯联邦军事档案馆供图）

别利亚耶夫师级指挥员，苏联第139师部挥员。在红军服役期间，不幸经历了托尔瓦耶尔维冰湖惨败。1948年，他以1940年同样的军衔——少将军衔退役。

第六章
1940 年 3 月：卡累利阿
地峡的最后一战

    1940 年 2 月 28 日，芬兰陆军完成了往卡累利阿地峡第三道防线的撤退。根据苏联西北方面的作战计划，苏联步兵第 10 军和步兵第 34 军要前出到乌拉斯（Uuras）岛，穿过维堡湾，然后协助苏联第 50 军和第 19 军夺取维堡。芬兰陆军在第三道防线的顽强抵抗，迫使苏联第 7 集团军司令员梅列茨科夫另寻他策。他从苏联第 7 集团军和最高统帅部预备队抽调几个步兵师出来，组建步兵第 18 军。该军下辖摩托化步兵第 86、第 173 和第 91 师。该军奉命穿过冰封的维堡湾，从西面包围维堡。步兵第 34 军和步兵第 50 军要突破芬军第三道防线，从东面对维堡构成包围态势。

    战前，芬兰陆军对维堡湾的防御计划主要围绕夏季进行。芬军对维堡湾的防御计划仅限于反制苏联海军红旗波罗的海舰队，歼灭胆敢在维堡湾沿岸抢滩登陆的苏联红海军步兵。1939/1940 年冬季的极寒天气，使步兵第 18 军可以在冰面上自由机动，并将坦克和火炮这类重武器带过冰封的海湾，这完全出乎芬兰人意料。突然间，整个维堡湾海岸线都成了前线！已经没有预备队来应付这一局面了。图普拉和拉万萨里的海岸要塞火力不够击退苏联三个摩托化步兵师的冲击。萨塔马涅米和里斯蒂涅米的各个海岸炮兵连对战役进程的影响微乎其微。结果，维堡湾沿岸主要由缺乏实战经验和训练的水手和补充兵组成的各个独立营，得独立面对苏联军队三个新锐的摩托化步兵师和步兵第 70 师。

    3 月 2 日和 3 日，苏联军队夺取了图普拉岛和泰伊卡里岛。图普拉要塞守军打光了储备的所有 6 英寸炮弹，只能作为步兵投入战斗。起初（3 月 1 日），苏联军队夺取了图普拉要塞北部的库尼恩卡恩萨里岛，切断了图普拉要塞芬兰守军最近的撤退通道。芬军拼命组织反击，但均被击退。摩托化步兵第86师和志愿滑雪兵在坦克群支援下，团团包围了图普拉岛。3月2日傍晚，图普拉要塞守军开始撤退，部队很快失去组织，演变成了溃退。800名将士只有650人抵达芬兰湾北部海岸。在突击图普拉岛的战斗中，摩托化步兵第86师和志愿滑雪兵伤亡320人，其中60人战死。3月2日，泰伊卡里岛的芬军也击退了苏联军队所有的冲击，但被迫在3月2日傍晚撤退。

在库洛契金（旅级）的率领下，步兵第18军的全面进攻于3月4日清晨打响。摩托化步兵第86师在坦克第28团支援下，引领大军攻击前进。步兵第70师在摩托化步兵第86师右翼跨过冰封湖面冲击。苏联军队很快在维拉涅米角和海莱恩潘涅米角建立了桥头堡。步兵第70师在基尔波诺斯（旅级）的带领下夺取了泰伊卡里和梅兰萨里岛后，继续朝陆地上的尼萨拉赫蒂村实施突击。摩托化步兵第173师在马津科维奇（旅级）的率领下，穿过冰封的芬兰湾，支援步兵第70师。

芬军对苏联桥头堡组织的反冲击均告失败。芬军投入营连规模兵力对得到坦克和炮兵加强的苏联各团反击，结果这些反击除了白白蒙受重大伤亡外，一无所获。瓦尔科少校的芬军独立第7营在3月7日战死75人，在遭到苏联军队伏击蒙受惨重损失后，被迫退却。

3月9日，苏联军队推进中的各团切断了维堡—哈米纳公路。缺乏训练的芬军各个独立营无法抵挡苏联军队各团的打击。显然，维堡湾芬军防御体系的全面崩溃已是时间问题。

对芬兰人来说，维拉涅米东面的形势不那么危急。作战经验丰富的第4步兵师自1939年12月起就在前线奋战，防御该地段。依靠丰富的作战经验，他们轻松击退了步兵第113、第43和第42师的冲击。不过到战争结束时，第4步兵师各步兵团还是被从乌拉斯岛逐往芬兰北部海岸。为挡住苏联军队的进攻，芬兰陆军甚至把包括步兵训练中心的学生兵在内的最后预备队投入到维堡湾方向的战斗。

在维堡东面对芬军主要防御地带实施突击的苏联军队是步兵第34军和步兵第50军。步兵第50军从塔里火车站往尤斯蒂拉实施突击，而步兵第34军突破塔米苏奥的芬军防御地带，前出到萨伊马海峡，然后穿过蒙雷波特公园，从芬军的侧翼和背后发起攻击。这意味着苏联军队将对维堡的芬军形成一个大包围圈。这一作战计划于3月11日获得大本营最高统帅部批准。3月13日，步兵第123师各团在重坦克第20旅的支援下，抵达波尔廷霍伊卡地区。步兵第84师和步兵第100师继续朝凯尔斯蒂莱恩耶尔维湖攻击前进。3月13日清晨，在维堡东面的所有苏联军队进攻都被芬军的顽强抵抗给挡住了。

芬兰第2军长哈拉尔德·厄奎斯特中将对苏前线事态十分担心。他清楚地判明了苏联军队多路向心突击的意图，那就是要把维堡市内的芬军团团包围。在这种情况下，他一次又一次向上级请求允许从维堡撤退。卡累利阿地峡野战军司令海因里希将军却一再拒绝他的请求。厄奎斯特对苏芬两国正在莫斯科举行的和平谈判一无所知。迟至3月12日，厄奎斯特中将才获准撤至第三道防线。第三道防线沿海港—炮兵山—铁路仓库展开。厄奎斯特立即命令部队撤退。第3步兵师除了以一个团的兵力守住炮兵山外，主力撤离维堡，在蒂恩哈拉的萨伊马海峡对岸占领防御阵地。第7步兵团和第3轻兵种营在维堡市内占领防御阵地。第8步兵团在拉克索宁少校指挥下，于3月13日拂晓从维堡南郊撤离，并在撤退前把市区内剩余的木质结构房屋全部焚毁。3月13日清晨，苏联第7师以所属的三个团兵力继续对维堡展开攻击，很快在炮兵山与芬兰第三道防线接触。莫斯科时间12点整，冬季战争在那里结束了。

维堡市区仍在芬军之手。芬兰第2军长哈尔拉德·厄奎斯特中将在维堡城堡的内庭院最后一次检阅了自己的部队。在冬季战争的105天时间里都高高飘扬在城堡塔尖上的那面芬兰国旗，以一种隆重的军礼仪式从圣奥拉夫塔上徐徐降下。3月14日清晨，芬军撤离了已如鬼影一般死寂的维堡市，开始踏着沉重的步伐撤往新的边界线。

武奥克西河之战

从萨尔门卡伊塔的中间防线撤下来，芬军转移到卡累利阿地峡的最后一道防线。这条最后的防线沿着武奥克西河南岸，在埃伊雷佩山岭展开。芬军设法和苏联红军脱离了接触，迅速撤至第三道防线，并成功巩固了在山岭的新阵地。部分芬军迟滞阻击部队被留在后面。第三道防线筑垒碉堡工事很少，绝大部分地段芬军只能在没有既设碉堡工事的情况下组织防御战斗。

2月29日，步兵第15军先头部队抵达芬军第三道防线。在步兵第15军左翼，步兵第97师仍在里斯特塞帕拉村北部边缘和芬军迟滞阻击部队交火。一连三天，从3月1日到3月3日，苏联各个步兵军以及筋疲力尽的摩托化步兵第17师和步兵第4师徒劳地反复冲击屈莱帕科拉和埃伊雷佩的芬军防线。芬军依托山岭的自然地形组织顽强防御，使苏联各个步兵团的损失逐日攀升。阿纳托利·捷列维涅茨又回忆道：

在一个多云的夜晚，战斗停下来的时候，我们，一小撮人，聚集在一个被烧毁的芬兰农场石墙后。我们的思绪也像夜空那样黯然无光。我连的几名好友都已牺牲，这其中就有巴尔斯基，一个又高又胖的帅小伙子。还有瓦尼扬茨，一位既高又略微肥胖的学生，他的父亲是一名上校，也不幸牺牲了。尽管他的父亲是高级指挥员，却从来没有想过给自己的儿子谋特权。瓦尼扬茨在试图扶着一位负伤的连长撤退过程中起身站立的时候被芬军射出的一发子弹夺去生命。雷若夫，我们连里最高的战士，也负伤了。

我们全都静静地坐着，各自在沉思。突然间，指导员安德列伊科打破了宁静。他从第2营调来我连，该营因损失惨重刚刚解散。"你们知道的，我要说的这点，"他说道，"这个世界上还有哪支军队可以做到这一切——在严寒中持久卧倒在冰雪里，或冲击敌人的防线，喝着冰冻的伏特加，常常还要睡在野外，绝大部分情况下甚至没有点篝火？芬兰人进行的却是完全不同的战争：朝我们开枪以后，他们可以进温暖的房屋（工事）中休息和睡觉。仅仅靠步兵去打这些几乎无懈可击的碉堡线是什么结果呢？——碉堡群没有被摧毁，他们几乎毫发无损。当然，我们的指挥员们都是蠢货，他们就知道不停地正面冲击。不过，我们最终还是能战胜一切。"

"你在这里搞宣传吗，指导员？你没看到我们付出了多大的损失吗？"

"我不是代表指挥员找你们谈话，我是以一位普通战士的身份说话。"

"战争并没有结束，朋友。"所有人再次沉默。

"难道我也要死在这儿吗？"安德列伊科说道，他似乎是在自言自语，"我的儿子刚刚出生。这是我的妻子。"他从口袋里掏出了一张照片。

当指导员说"难道我也要死在这儿吗？"这些话的时候，我感到颤抖。这是我们每个人的想法，但没有人敢说出来。

我们凑过去看看这张照片，上面是一个抱着婴儿的青年妇女，是他的妻子和他的儿子。我突然冒出了这样的想法：如果安德列伊科牺牲，那么他还有一个儿子，至少他在世界上还有留下痕迹。那我们会留下什么呢，学生时代的清纯，还是仅仅一张家庭生活照？我想到这一切，感到很压抑。春天已经悄然而至。铁路线后面是一条山岭，我们要不惜一切代价攻下它。在山岭的某个地方隐蔽的敌人正紧盯我们，他要杀掉我们任何一人。

3月4日，步兵第39和第220团对埃伊雷佩山岭实施多次突击，打下教堂山，将芬军第23步兵团第1营赶了下去。虽然芬兰第23步兵团第2营顽强守住了教堂山和浮桥点之间的地带，但营长卡洛·西赫沃（Kaarlo Sihvo）上尉阵亡。

教堂山是当地的制高点，拥有良好的观察视野和朝向武奥克西北岸的芬军阵地以及瓦西卡萨里岛的开阔射界。芬军很清楚这个锁钥之地的重要性，急需夺回它。说得容易做得难，该地区的芬军已经没有预备队了。劳里拉中校的第23步兵团三个营都卷入了战斗。目前，只有莱奥·海维莱（Leo Hävlä）上尉指挥的第8轻兵种营配属给第23步兵团。该营刚刚从较为平静的凯基涅米地区调到劳里拉中校麾下。反击预定在3月4日到5日的夜间开始，最终拖到3月6日拂晓时刻才打响，但天色已经放亮。第8轻兵种营各中队在没有任何地形地物隐蔽的情况下，徒步投入战斗。苏联军队机枪手巧妙地让芬军上山，放近到50米才开打。顷刻间的功夫，芬军就在苏联军队猛烈火力打击下战死42人，进攻受挫。第8轻兵种营的将士绝大部分来自芬兰中部的努尔默村。而今，在努尔默公墓区留下了三十八个刻着埃伊雷佩地区的教堂山之战当天死亡日期（1940年3月5日）的墓碑。

芬军反冲击失败后，苏联各团继续攻击，夺取了瓦西卡萨里岛。突击浮桥点的步兵第220团再次被芬军火力所阻。该团在3月初头四天里伤亡惨重。总计损失1233人，其中战死317人，负伤752人，失踪175人。第8步兵师投入瓦西卡萨里方向战斗。芬军第101团残部也从泰帕列转移到埃伊雷佩地区。

经历了 2 月攻势灾难后，芬军第 101 步兵团不得不重组。第 1 营和第 3 营损失惨重，每个营只剩 300 人和两个机枪排，第 2 营缩编到只剩一个步兵连和一个机枪连。

苏联军队继续展开攻击，又在瓦西卡萨里的武奥克西河北岸打下一个桥头堡。3 月 9 日，芬军连续组织了两次反击，但均告失败。芬军各个步兵部队损失率高达 40%~70%。各营平均兵力下降到 100—250 人。芬军竭尽最后一口气死守阵地。3 月 11、12、13 日，双方继续围绕武奥克西河展开殊死搏杀。一天之内，苏联军队的进攻和芬军的反击相互交替多次。虽然芬军的防御体系摇摇欲坠、濒临崩溃，但还是顽强地维持到了战争结束时刻。

战争结束的最后时日

1940 年 3 月 13 日，莫斯科时间正午 12 点整，冬季战争正式结束。在战争结束前的最后时刻，苏芬双方都竭尽所能地朝对方拼命倾泻火力。

莫斯科时间 12 点整，所有的射击突然停止。战争结束了。在整条战线上，从前的敌人在两军中间的无人地会晤，讨论实现停战协定的具体措施。军官们交换雷场地图，讨论军队调防，相互合影留念。

从战争到和平这突如其来的急剧变化震惊了所有人。双方的老兵都用"难以置信"来形容这一刻。突如其来的和平和鸟儿的鸣叫取代了以往震耳欲聋的枪炮声，阿纳托利·捷列维涅茨回忆道：

> 我奉命负责第 1 营营长维索茨基大尉的电话接听。营长是一位高大而帅气的男人，但显然他（酒）喝得太多，脸涨得通红，处理业务需要人帮助。他和反坦克营营长魏施坦热烈交谈，不时还举起一杯伏特加一饮而尽，两位营长都拿了一些烤肉做零食。天花板上缠绕的闪闪发光的电话线照亮了掩体。我不停地和其他部队的电话接听员交谈的目的仅仅是为了保持清醒。突然间，我听到远处某个角落正在讨论和平。通话质量糟糕透了，我听不太清楚那些交谈声。
>
> "你听到他们在说什么了吗？"我问团里的电话接听员。
>
> "我听到了。"他回答，"但我听不太清楚，通话质量太差。他们似乎

在讨论和平还是什么的。"

"你能不能再听一听？"

"我可以试一下。我猜，师部正在开会。"

我开始仔细听师部的会议。通话质量还是很糟，但我可以听清他们在说什么。是真的，就在今天，3月13日，正午停止一切敌对行动。

我打断了营长和反坦克营长的讨论："营长同志，和平快来了。战争将在今天12点整结束。"

"谁告诉你的？"

"我听到了师部开会的内容。"

"给我听筒。"师部证实了我的话。"真是不可思议！"他惊叫道，接着补充道，"现在，游戏结束了。"

我不明白他的意思。他要么缺乏纪律和训练，要么就是伏特加喝多了酒后失语。魏施坦变得欣喜若狂，开始规划他和平时期的生活。我立即联上所有电话接听员，把这个消息传达给他们。一开始，没有人相信这场毁灭性的冬季战争即将结束。但很快我就听到各个电话线里都传来爽朗的笑声。所有人都试图分享和讨论这个令人愉快的消息："战争就要结束了！"

在这个阳光明媚的早晨，一开始还是稀疏零落的交火，11点左右，整个大地似乎开始颤抖，双方用所有武器一齐射击，榴弹炮、加农炮、迫击炮、步机枪等所有的武器齐声怒吼。各条电话线立即被炸断了，营长下令："马上架通电话线！"

我离开电话机，朝（掩体）出口走去。排长也走出来看看情况。整个大地似乎都在燃烧。几发炮弹在我们的掩体附近爆炸。我们往后一退，一发炮弹又在掩体前面爆炸，摧毁了出口。巨大的气压把我们的灯震灭了——电线给烧了。

一大块冻土打到我身上，砸断了两根肋骨。他们说在最后一小时就打掉了相当于两日份的炮弹。

隆隆的炮声丝毫没有减弱的迹象，直到正午时分，一切都完全沉默下来。和平终于到来。好一个阳光明媚的春天啊，它是那样的温暖。强烈的硝烟呛味仍在空气中弥漫。我们都离开了掩体。伤员的哀号甚至在很远的地方也能听到。

离岸不远处，冰封的河面有一个裂口。显然，这是用来取淡水而凿开的裂口。一名身着芬兰滑雪装的年轻人躺在那里，他的头颅不翼而飞。一个雪橇从芬军战线一侧滑到了我方战线，雪橇上站着一名军官和三名士兵。军官请我们允许他们收容这具遗体，我们团的政委答应了这个请求。

我尝试着和一名芬兰士兵交谈。他看起来很有文化，后面得知他在战前的职业是老师。我用蹩脚的德语和他交谈，才得知那名死者是这名军官的好友。他们曾一起在沙皇俄国军队中服役，并肩参加了第一次世界大战。

尸体被装上雪橇的时候，这名年长的芬兰军官不避嫌地号啕大哭。雪橇迅速离开了，朝着一个芬兰村庄驶去。周围一下子变得寂静无声，这是我们在战争中最难忘的平静时刻。在明媚的阳光照耀下，白雪闪闪发光。恐惧和压力都已消失。冬季战争结束了。

芬兰第15步兵团3连的托伊沃·阿霍拉回忆道：

1940年3月13日的拂晓美丽而令人陶醉。我们走出地下室时，明媚的阳光洒遍大地。我们的位置在第二道防线，也就是有名的老鼠洞支撑点后面。我们的阵地设在稀疏的松树林，这里根本算不上防线。我们听到枪炮声越来越密集，但还没有到顶峰。一名传令兵跑来向连长递交了营部的一份书面命令，也是连长在第二道防线接到的最后命令。

1940年3月13日11点整[①]，双方必须停止敌对行动。时间一到，再也不准进行任何射击。我连从当前战线后撤1公里，等待进一步指示。

我看了一下手表——现在是上午8点，我们还要再守三个小时。我记起了安德森少尉的话："莫斯科正在进行和平谈判。"我一刻不停地盯着自己的手表，指针移动的速度慢得让人痛苦。战争还是没有结束。

在我们营左翼的塔米苏奥火车站，敌人猛烈攻击了一个上午。马特

---

① 作者注：这是芬兰当地时间，对苏联军队来说是莫斯科时间12点整正式停火。

蒂·马尔特拉少尉的步兵排也被切断了和营主力的联系。我们奉命全力以赴支援马尔特拉他们。我们迅速组织了一个小战斗群，由安德森少尉带领，攻击敌人的侧翼，把他们的注意力从马尔特拉步兵排的身上吸引开来。然而，说起来容易做起来难，因为我们得穿过一片开阔地展开攻击，能否成功谁也没底。10点——离战争结束还有一个小时！幸运的是，猛攻马尔特拉步兵排的敌人撤走了，他的步兵排也和营部再度恢复了联系。我们奉命撤到第二道防御地带。抵达时，指针已经走到10点45分的位置。

　　快11点了。突然间，一切射击停止。在我们耳边回荡了三个半月之久的死亡交响曲结束。整个战场完全陷入沉寂，只有俄国飞机的引擎轰鸣声不时打破宁静，但它们不再投弹，不一会儿就转弯掉头，消失在空中。射击停止后，伊万们疯狂地欢呼雀跃。我们芬兰人沉默得像冰封的湖面一样。

　　根据命令，我们后撤1公里。全连只剩45人，刚好到原来编制的人数的三分之一。不过，我们还是把敌人阻止在了维堡一线，尽管他们在战争最后几天的时间里竭尽全力要夺取该市。我们进了一座玻璃窗全部破碎的屋子，但壁炉还是完好的。我们点火生炉，让自己烤烤火，暖一下。虽然已是3月中旬，但天气还是很冷。下午，三名俄国战士走进我们的屋子，要和我们拉拉家常。可是我们谁也听不懂对方说什么，没法交流。

　　从我的角度来说，自己从战时状态转入和平生活问题不大。可有些芬兰人在战后仍没法进入状态——不少人还是先喝个酩酊大醉才去工作。我上班前从不喝酒。春耕才刚刚开始，我回家帮忙务农给双亲很大的宽慰。我的长兄刚刚结婚搬出去住，而我年轻的弟弟刚刚伤愈出院，正在休息。

芬军机枪排长托伊沃·苏奥尼奥回忆道：

　　一名传令兵滑雪下山朝我们奔来并兴奋地通告："和平！终于和平了！11点整停火！"我们都惊呆了。这不是真的吧！机枪连连长帕尔科拉中尉第一个反应就是："把他抓起来！他已经疯了，把他抓起来，千万不要让恐慌情绪扩散。"

但没有人上去抓这位传令兵佩卡·马特蒂宁，他沿着整个防御地带向各部传达这个重要的消息。这是真的吗？

一个雪橇出现在路上，上面拉着不少迫击炮弹。驾驶雪橇的是吉普赛人维莱·尼曼，他是帕尤卡里中尉迫击炮连的一名驾驶员。迫击炮群在山岭上架设完毕，射击准备已做好。我们走到迫击炮阵地的时候，苏罗宁中尉和帕尤卡里中尉正在那里，他们都很清楚11点整停火，我们还有不到一个小时！

昨夜迫击炮连打光了炮弹。而现在，我们已经有了足够的炮弹。在武奥克西冰原及其后方还有几十个目标等着我们去打。敌人在最后一刻还会再次攻击吗？

俄军炮兵正在朝辛托拉山岭开炮。苏罗宁爬上一座小高地引导我军炮火。他大声下令："听我的命令！炮兵连，打！"迫击炮群开始急速发射。"小伙子们，打得太快了！"苏罗宁站在高地上喊道，"亲爱的祖国！"我们的机枪始终打个不停，听声音似乎机枪手们在不断打掉一条又一条弹链，他们在没有受到任何压制的情况下，持续射击打得俄军步兵在冰雪上抬不起头——他们离前线太近了，俄军的炮火也担心误伤自己人。

交火越来越猛烈。许多俄国的妇女在冬季战争的最后一刻成了寡妇，我们也在敌人炮火打击下损失了很多人。我看了看苏罗宁手上的表，他似乎也在看着秒针滴答滴答地走动，突然间他喊了起来："停止射击！"我们难以相信，这地狱般的战争就这样在11点整到来的那一刻结束了。但没有什么是不可能的：表上的时针指到11点整时，大地完全恢复了平静。我们听到了河边森林里的鸟鸣声，那一刻真的难以用言语形容，似乎时间也停止了。

不一会儿，刚刚还被压制在冰雪里的俄军指战员起身朝我们走来。两架飞机沿着河低空飞来——一架俄国飞机和一架芬兰飞机！这一幕让我们相信和平真的来了，我们已经有整整两个月没有见过一架芬兰飞机了。

我走到第7连连部了解详细指示。我的机枪奉命配属给该连连长库哈宁："带上所有机枪撤离小岛，退往大陆。"他命令道，"但不要告诉其他人，我下这道命令是冒了很大风险的。我听说撤到新边界的撤退计划

（日程）安排是很紧的。"

我返回机枪阵地时，俄国人已经到那儿了，他们都是一群年轻而帅气的小伙子。我听说，他们都是列宁格勒各个军事学院的军校学员。

我们机枪中有一挺苏式机枪，是一个战利品，我们刚刚把它的军徽涂装成白色。俄国人会向我们要回它吗？他们没这么做，甚至协助我们把机枪装上我们的雪橇。

一位年轻的俄军中尉朝我走来。他用芬兰语对我说："你就这么点人吗？"他感到很惊讶。

我试图向他解释说在武奥克西北岸还有许多我们的士兵。但事实上那里没有人。我能说什么，我们只剩下一小撮饥寒交迫的士兵。

一名来自雅莱马的芬兰士兵，肩膀上扛着一支缴获的苏式步枪。俄军中尉走到他跟前，抓着这支步枪说："这是一支苏联步枪！"这位小伙子转身离开，双眼警惕地盯着俄军中尉，把手中的枪握得更紧了，用他会的所有俄语说道："我是一名芬兰士兵！"那名俄国中尉微笑着，拍了拍我们战士的背，说了一声："你是一名出色的战士！"然后他爽朗地笑了。这就是和平。

苏军独立迫击炮第68连，前进观察排排长维克托·伊斯克洛夫中尉回忆道：

突然间，电话铃声响起。我们的迫击炮连连长维努科夫大尉给我打来电话。在电话里，他对我说道："维克托，你还在这里战斗吗？你还有射击计划吗？""是的！"我坚定地回答道。当时，我精神振奋："曼纳海姆防线"已被突破，我已经看到起火燃烧的维堡——我到现在都记忆犹新。往左边看，我们可以望见烟火正从城市各个建筑中不断涌出。"看样子，战争结束了。"他告诉我。我答道："想得美！我们要杀到瓦萨！我们仅仅是突破了一道坚固的防线而已，现在我们应该扩大战果，打下瓦萨和其他地区！"营长索科洛夫知道战争就要结束了。维努科夫上尉通过电话告诉我："你要在这里继续战斗下去吗，维克托？不过，我要上发射阵地，我不准你们乱打一发炮弹。战争已经结束了，他们昨天就签字了。"我问索科洛夫是否真有其事。他接通团部，然后给我明确答复："是的，确实如此。取消所有火力射击任务，战士们待在战壕里，不准跨出战壕一步，等待进一步指示。"他还告诉我，"这就是战争的结局，中尉。"我答道："好吧，你说对了。"

所有的射击都停止。既没有步枪也没有机枪，更没有迫击炮或榴弹炮射击，我们听到了鸟鸣声——你能想象吗？突然间，我们看到一个人身着白色大衣从树上跳下来——一名脸色红润的芬兰人，他疯狂地喊道："战争结束了！战争结束了！"芬兰人走出卡里萨尔米村，一边拿着伏特加酒瓶一边喊道："俄国人，过来和我们一起痛饮伏特加吧！过来和我们喝一杯啊！"我请示索科洛夫，让他问一下上级该怎么做。索科洛夫答复说我们奉命坐在战壕里，避免挑衅。因此，我们仅是坐在战壕里而已。芬兰人看到我们没人走出来和他们痛饮，只得悻悻走回村子。接着，一切恢复了平静。

凯基涅米要塞的芬兰第3海岸炮兵团的阿尔马斯·帕亚宁回忆道：

3月13日清晨，我们接到了停火的命令。起初，我们没人相信，但我们还是开始拆卸火炮。蒂卡少尉按约要走到冰封的湖面中央，把地雷分布图交给俄国人。他走到湖中央时，俄国人也向他走来。我们都很担心他的安全，警惕地盯着俄国人。我们认为这可能是一个陷阱，但一切都很顺利。傍晚俄国人邀请我们一起喝伏特加，但我们谁也没有心思参加这个战地聚会。

我们空空如也的要塞和被炮火耕犁的土地留给了敌人。曾占地两公顷的一片美丽松树林完全消失了。傍晚，我们把火炮运到萨普鲁学校和索尔塔拉赫蒂。在那里，我们了解了和平约的内容，所有人都感到很气馁。第二天清早，我们的好友去请示指挥官，能否让他们最后看一眼自己的家园，答案是否定的。我亲自找到蒂卡少尉，问他能不能这么做："这些和我一起在泰帕列之战出生入死的兄弟，很多都牺牲了。我还是你的指挥官。给他们48小时的时间吧，别让我失望。"最终，向战友和故土道别后，所有人都离开了，48 小时后如约归队。

3 月 14 日中午我回到家。我绕着房子走了一圈，四下看了看。一切都是空荡荡的，所有东西都被拿走了。凌晨 2 点，我锁上门，把钥匙藏在我儿时就知道的一个秘密地点。接着，我朝家园周围的山头走去，穿过莱波因马基，抵达希尔坎梅基。在那里，我再度驻足，回头望了一眼自己的家园。

我看了看冰封的卡赫维尼特桑雅尔维湖和周围的村庄。我的房子和我所有的童年记忆都留在了湖的对岸。夜空还是漆黑一片，下起了雨雪。似乎低垂的云层也在为卡累利阿地峡人民的悲惨命运而哭泣。我站了很久，脑海里想了很多。尽管我的脸颊已经被泰帕列的严寒冻伤，尽管一切人类情感都因为战争而沉默，一滴眼泪还是流过我的脸庞。我走向了未知的未来。

后记
战后余波和谢幕

1940 年 3 月 13 日，持续了 105 天的冬季战争终于结束了。战争中所有的战役战斗、冲突和袭击过程仅用一本书是无法完全描述的。苏芬双方的海战和空战、外交和其他许多事件，本书都未涉及。关于这人类历史中短短的 105 天，能写出这么多东西，真是不可思议。

我希望这本书能够满足读者的期望。我已竭尽所能从中立客观的角度来描述这次战争的进程，并在书中就传统宣传中关于冬季战争的神话和误解进行了客观的分析讨论。我也希望这本书能让西方的读者更好地理解俄罗斯和芬兰。俄罗斯和芬兰的许多国民特性在这次战争中显露无遗。

这次战争中的每一次战役和战斗都值得更全面地研究。这本书仅对冬季战争各次地面战役战斗进行了一个总的概述。我也希望如有可能，这本书将是苏芬战争研究新方向的起点。

1941—1944 年，苏联和芬兰再次爆发战争，但那是一个完全不同的故事了。在 1944 年停止敌对行动后，芬兰陆军总司令曼纳海姆元帅于 1944 年 9 月 22 日签发了第 132 号作战公报，对芬军全体将士的忠勇无畏和顽强奋战表示感激和钦佩。老元帅在作战公报中写道：

芬兰陆军的勇士们！

那场三年前就该结束的战争，那场让我们无数将士献出生命的战争，在 1944 年 9 月 19 日终于画上了一个句号。我们经历了各种痛楚之后，我们看到与睦邻国家建立友好信任的关系，是未来和平生活的基石。

从 1944 年起，恪守中立不结盟原则的芬兰成了苏联和俄罗斯最为密切的欧洲伙伴和睦邻国家。让我们共同期望，这两个国家之间的和平将永不再被打破。

附录

附录1：典型的苏联步兵师和芬兰步兵师编制对比

苏联步兵师（约17000人）		芬兰步兵师（约14200人）	
步兵团 （约4000人）	三个步兵营	步兵团 （约3000人）	三个步兵营
	团属炮连 （4门76毫米加农炮）		炮连（4门37毫米反 坦克炮或野战炮）
	侦察连		
	团属反坦克连 （6门45毫米反坦克炮）		迫击炮连 （6门81毫米迫击炮）
榴弹炮团 （约1300人）	36门榴弹炮	炮兵团 （约2400人）	36门火炮
炮兵团 （大约1890人）	36门加农炮和榴弹炮		
独立坦克营	可能装备T-37或T-38两栖坦克，T-26轻型坦克或化学坦克，一般出动10—40辆坦克		
独立反坦克营	18门45毫米反坦克炮		
独立侦察营 （328人）	骑兵连	轻兵种营 （约500人）	骑兵连（约180人）
	摩托连		自行车连（约190人）
	装甲车连		机枪排
	坦克连		
独立信号营		独立信号连	
独立工兵营		两个独立工兵连	

附录 2：苏芬双方军衔对照表

芬兰陆军	苏联红军	苏联红军政委职务	红军职务备注
战时元帅	苏联元帅	—	高级指挥员和政委
—	一级集团军级	一级集团军政委	—
步兵上将	二级集团军级	二级集团军政委	—
中将	军级	军级政委	—
—	师级	师级政委	—
少将	旅级	旅级政委	—
上校	上校	团级政委	—
中校	—	—	—
少校	少校	营级政委	—
上尉	大尉	高级指导员	中级指挥员和政委
—	上尉	指导员	
中尉	中尉	初级指导员	
少尉	少尉	副指导员	
士官			初级指挥员

附录 3：苏联红军轻坦克第 40 旅在 1939 年 12 月的损失（欠配属作战部队）

日期	触雷	被炮火打坏
1939年12月1日	3	—
1939年12月2日	2	—
1939年12月3日	2	1
1939年12月8日	—	12
1939年12月11日	—	8
1939年12月13日	—	4
1939年12月14日	—	2
1939年12月15日	—	1
1939年12月16日	—	1
1939年12月17日	4	7
1939年12月18日	—	1
1939年12月19日	—	9
1939年12月20日	—	1
1939年12月28日	—	6

附录 4：1939 年 12 月苏军重型坦克第 20 旅损失表

日期	触雷	职务	烧毁	遗弃在战场上
1939年11月30日	1辆T-28	—	—	—
1939年12月1日—12月2日	6辆T-28	3辆T-28	1辆T-28	—
1939年12月13日	—	—	3辆T-28	—
1939年12月14日	—	3辆T-28	—	—
1939年12月16日	—	3辆T-28	—	—
1939年12月17日	4辆T-28和1辆BT	8辆T-28和2辆T-26	5辆T-28	8辆T-28
1939年12月18日	1辆T-26	4辆T-28和1辆T-26	1辆T-26	9辆T-26
1939年12月19日	—	13辆T-28和2辆T-26	4辆T-28	7辆T-28和1辆SMK
1939年12月20日	3辆T-28	3辆T-28	1辆T-28	—

附录 5：苏联和芬兰在冬季战争的俚语

俚语	含义
鬼炮	暗指从佩尔克耶尔维火车站朝维堡轰击的苏联红军大口径轨道加农炮
银色香肠	暗指苏联红军炮兵观测气球
跳跃者	暗指芬兰陆军使用的1877年沙皇俄国所造的要塞炮，这种火炮在发射的时候没有任何驻退系统
石墙	暗指苏联红军的T-28中型坦克
危险的水柜	芬兰人对BT坦克各种型号的统称
懒惰男孩	暗指低速飞行的苏联炮兵观察机
蝙蝠	暗指一种苏联军队双翼炮兵观察机
邻居	暗指苏联军队
鞭炮	暗指抵近射击的苏联军队45毫米加农炮或团属76毫米加农炮
邮政专列	自苏联坦克第91营的T-28遗弃在战场上，芬军从里面搜出了91坦克营全体指战员的月薪和信件后，特地给T-28新取了这个"雅号"
维克斯坦克	芬军对苏联军队T-26坦克起的绰号
芬兰狙击手	按照苏联军队的描述，芬兰狙击手一般埋伏在树上射击。不过，芬军狙击手实际上从上不上树，倒是炮兵观察员经常上树观察目标，引导炮群射击
卡累利阿雕塑者	由于芬军对苏联军队直瞄射击的大口径加农炮破堡威力印象深刻，故而给它取了这么一个绰号
士兵坦克	暗指苏联军队战士的装甲防盾
死亡之谷	指萨尔门卡伊塔南面原野和莱赫德战线部分地区

档案文献

芬兰国家档案馆文献

芬兰第15步兵团作战日志，档案号：SPK1071-1075

芬兰第5步兵团第2营作战日志，档案号：SPK1095-1097

芬兰第15步兵团1营作战日志，档案号：SPK1093，1094

芬兰第15步兵团机枪1连作战日志，档案号：SPK1087，1088

芬兰第15步兵团机枪2连作战日志，档案号：SPK1089

芬兰第15步兵团1连作战日志，档案号：SPK1076，1077

芬兰第15步兵团3连作战日志，档案号：SPK1078，1079

芬兰第15步兵团4连作战日志，档案号：SPK1080

芬兰第15步兵团5连作战日志，档案号：SPK1081

芬兰第15步兵团6连作战日志，档案号：SPK1082，1083

芬兰第15步兵团机枪连作战日志，档案号：SPK1101

芬兰第5炮兵团第2营作战日志，档案号：SPK1938

芬兰第6步兵团作战日志，档案号：SPK911

芬兰第6步兵团1营作战日志，档案号：SPK936

芬兰第6步兵团第2营作战日志，档案号：SPK938

芬兰第6步兵团3营作战日志，档案号：SPK945

芬兰第6步兵团机枪3连作战日志，档案号：SPK930

芬兰第6步兵团7连作战日志，档案号：SPK926

芬兰第6步兵团8连作战日志，档案号：SPK928

芬兰第6步兵团9连作战日志，档案号：SPK929

芬兰第16步兵团2连作战日志，档案号：SPK1116

芬兰第7步兵团第2营作战日志，档案号：SPK959

芬兰第7步兵团3营作战日志，档案号：SPK962

芬兰第7步兵团7连作战日志，档案号：SPK952

芬兰第7步兵团机枪3连作战日志，档案号：SPK954

芬兰第24步兵团1连作战日志，档案号：SPK3476

芬兰第24步兵团1营作战日志，档案号：SPK1190

芬兰第24步兵团3营作战日志，档案号：SPK1197

芬兰第24步兵团作战日志，档案号：SPK1187

芬兰第2炮兵团1营作战日志，档案号：SPK1890

芬兰第4步兵旅参谋三科作战日志，档案号：SPK2770

芬兰第 4 猎兵营作战日志，档案号：SPK1806，1807

芬兰陆军总参谋部筑垒相关档案选集，编号：T17764

托伊沃·阿霍拉下士回忆录

帕沃·凯伊宁中尉回忆录

俄罗斯联邦军事档案馆文献

坦克部队

重坦克第 20 旅各部战役战斗报告。第 34980 全宗，第 11 目录，第 138 号文件

第 138 文件重坦克第 20 旅作战日志。第 34980 全宗，第 11 目录，141 号文件

重坦克第 20 旅装备编制表。第 34980 全宗，第 11 目录，156 号文件

轻坦克第 35 旅作战车辆保有状况和保有量统计表。第 34980 全宗，第 11 目录，250 号文件

轻坦克第 40 旅部作战报告，旅作战损失统计表。第 34980 全宗，第 11 目录，第 294 号文件

冬季战争的轻坦克第 39 旅作战报告。第 34980 全宗，第 11 目录，第 275 号文件

苏联红军各个步兵团和炮兵团

步兵第 245 团作战日志。第 34980 全宗，第 12 目录，410 号文件

步兵第 255 团作战报告。第 34980 全宗，第 12 目录，439 号文件

步兵第 255 团牺牲和失踪指战员统计表。第 34980 全宗，第 12 目录，449 号文件

步兵第 272 团伤亡统计表。第 34980 全宗，第 12 目录，472 号文件

步兵第 274 团战役战斗报告。第 34980 全宗，12 号目录，474 号文件

步兵第 85 团作战日志。第 34980 全宗，12 号目录，184 号文件

步兵第 331 团作战日志。第 34980 全宗，12 号目录，525 号文件

1939 年到 1940 年苏马村筑垒防御工事航空拍摄图。第 34980 号全宗，12 号目录，527 号文件

步兵第 355 团，参加波兰战役和芬兰战争简况，作战日志、计划和地图。第 34980 全宗，12 号目录，552 号文件

摩托化步兵第 55 团作战日志。第 34980 全宗，12 号目录，870 号文件

摩托化步兵第 271 团作战日志。第 34980 号全宗，12 号目录，870 号文件

步兵第 278 团作战日志。第 34980 号全宗，12 号目录，890 号文献

步兵第 387 团作战报告。第 34980 号全宗，12 号目录，591 号文件

步兵第 541 团作战报告。第 34980 号全宗，12 号目录，718 号文件

步兵第 541 团作战日志。第 34980 号全宗，12 号目录，720 号文件

步兵第 733 团作战报告和其他报告。第 34980 号全宗，12 号目录，807 号文件

步兵第 364 团作战日志。第 34980 号全宗，12 号目录，571 号文件

步兵第 364 团副指导员雅 .V. 维诺格拉多夫日记。第 34980 号全宗，12 号目录，572 号文件

步兵第 461 团作战日志。第 34980 号全宗，12 号目录，672 号文件

炮兵第 354 团作战日志。第 34980 号全宗，12 号目录，1528 号文件

步兵第 101 团作战报告。第 34980 号全宗，12 号目录，198 号文件

军属炮兵第 24 团作战日志。第 34980 号全宗，12 号目录，989 号文件

重型军属炮兵第 21 团弹药消耗报告。第 34980 号全宗，12 号目录，975 号文件

步兵第 609 团战斗要报。第 34980 号全宗，12 号目录，736 号文件

步兵第 212 团作战日志。第 34980 号全宗，12 号目录，第 350 号文件

各个步兵师

1939 年 12 月 7 日到 9 日，步兵第 90 师在凯基涅米渡口战斗要报。第 34980 号全宗，10 号目录，1562 号文件

步兵第 90 师各部作战报告。第 34980 号全宗，10 号目录，1572 号文件

步兵第 62 师战斗要报。第 34980 号全宗，10 号目录，1051 号文件

第 13 集团军，步兵第 23 军，步兵第 8、136、142 师作战报告。第 34980 号全宗，10 号目录，1040 号文件

步兵第 70 师作战日志。第 34980 号全宗，10 号目录，1117 号文件

步兵第 44 师文献汇编。第 34980 号全宗，10 号目录，659 号文件

步兵第 163 师各部作战报告。第 34980 号全宗，10 号目录，3117 号文件

步兵第 139 师师部作战报告。第 34980 号全宗，10 号目录，2572 号文件

步兵第 164 师战斗要报。第 34980 号全宗，10 号目录，3209 号文件

红旗步兵第 90 师对芬兰白军战争的作战报告。第 34980 号全宗，10 号目录，1591 号文件

步兵第 123 师作战报告。第 34980 号全宗，10 号目录，2095 号文件

俄罗斯军事档案馆其他资料选编

卡累利阿地峡筑垒防线简述。第 36967 号全宗，1 号目录，414 号文件

步兵第 150 师师史。第 34912 号全宗，1 号目录，79 号文件

参考书目

芬兰方面书籍

[1] 哈卡拉·亚克,桑塔武奥里·马尔特蒂. 苏马村 [M]. 奥塔瓦出版社出版, 1960

[2] 海梅莱伊宁·瓦尔德. 苏马村之战的芬兰陆军文职人员 [M]. 鲁伊马出版社, 1976

[3] 全国抗战——口述回忆 [J]. 赫尔辛基: 萨诺马帕伊诺出版社, 1976-1985

[4] 我们的家园苏马村 [M]. 科蒂普林特出版社, 2000

[5] 奥卡萨宁·埃基. 苏马村的战士 [M]. 于维屈莱: 古梅鲁斯 – 基尔亚帕伊诺出版社, 1984

[6] 帕尔穆宁·埃纳尔. 冬季战争中的塔姆佩雷团近卫营 [M]. 哈梅恩林纳: 卡里斯托出版社, 1963

[7] 佩尔克耶尔维—卡累利阿地峡的十字路口 [M]. 哈梅恩林纳: 卡里斯托出版社, 1988

[8] 波赫亚默·埃诺. 血战场: 冬季战争中的独立 7 营 [M]. 哈梅恩纳: 卡里斯托出版社, 2005

[9] 劳尼奥·奥里,基林·尤里合著. 冬季战争的战役战斗 [M]. 奥塔瓦, 2007

[10] 乌伊特托·安泰洛,古伊斯特·卡尔·弗雷德里克. "曼纳海姆防线"——冬季战争中的列宁格勒 [M]. 于维斯屈莱: 古梅鲁斯 – 基尔亚帕伊诺出版社, 2006

[11] 乌恩托·帕尔塔宁. 炮兵博物馆的 78 门火炮 [M]. 屈门 – 帕伊诺图奥泰出版社, 1988

[12] 索尔科·基默. 苏万托湖之锁 [M]. 奥塔瓦, 2004

[13] 冬季战争史,1-4 卷 [M]. 现代军事科学出版社, 1977

[14] 从哈特亚拉赫蒂湖到维堡湾——冬季战争中的第 11 步兵团 [M]. 赫尔辛基: 芬兰文学会文艺出版社, 1940

[15] 约乌克·鲁奥斯托. 胜利之路 [M]. 1940

[16] 安蒂拉·奥拉维. 第二次世界大战的芬兰 [M]. 基尔亚维泰拉尼特出版社, 1992

[17] 蒂默·维哈瓦伊宁,安德烈萨哈洛夫. 鲜为人知的冬季战争内幕: 苏联秘密警察档案 [M]. 埃迪塔出版社, 2009

[18] 考基·蒂利. 冬季战争的炮兵指挥官 [M]. 赫尔辛基: 内伊洛尔 – 库斯坦努斯出版社, 2006

俄罗斯方面书籍

[19] 巴拉绍夫. 我们来了,美丽的芬兰——冬季战争资料选编 [M]. 圣彼得堡. 1999

[20] E. 巴拉绍夫,V. 斯特帕科夫. "曼纳海姆防线"和卡累利阿的芬军筑垒防御地带 [M]. 圣彼得堡, 2000

[21] 芬兰之战,回忆录选集 [M]. 莫斯科: 军事出版社, 1941

[22] 芬兰之雪,回忆录选集 [M]. 莫斯科, 1941

[23] 瑙卡. 芬兰战争 1939-1940: 约瑟夫·斯大林和芬兰战役 [M]. 莫斯科, 1999

[24] 军事编年史 [J]. 2005 年第 5 期,莫斯科, 2005

[25] 战地摄影集: 多炮塔 T-28 和 T29 坦克 [M]. 莫斯科，2000

[26] P. 波里扬, N. 索博尔. 两次战争和两个群岛: 大战边缘的孤独人 [M]. 莫斯科: 罗塞彭出版社，2007

[27] 瓦格里乌斯. 卡尔·古斯塔夫·曼纳海姆回忆录 [M]. 莫斯科，2000

[28] P. 彼得罗夫, V. 斯特帕科夫, D. 弗洛夫. 北极战争 1939-1940 年 [M]. 赫尔辛基俄罗斯和东欧研究院，2002

瑞典书籍

[29] B. 吉列. 冬季战争的泰帕列 [M]. WSOY，1941

[30] 雅尔利·加仑. 第 10 步兵团 [M]. 瑟德尔斯特勒姆斯出版社，1940

[31] 苏马村的掷弹兵 [M]. 雅科布斯塔德，2001

[32] 哈尔拉德·厄奎斯特中将. 我亲历的冬季战争 [M]. WSOY，1949

英文资料

[33] 威廉·特洛特尔. 冬季战争: 冰冻的地狱 [M]. 纽约，1991

网络资料

www.iremember.ru 拜尔·伊林切耶夫 / 阿尔乔姆·德拉布金合作的老兵视角下的冬季战争

www.narc.fi 第二次世界大战芬兰陆军伤亡统计表

www.mil.fi 芬兰国防军官方网站

www.obd-memorial.ru 苏联红军二次大战伤亡统计表，俄罗斯国防部

www.winterwar.karelia.ru 冬季战争伤亡统计网，彼得罗沃茨克州立大学和尤里·基林制作

www.winterwar.com 萨米·科霍宁的冬季战争网站

www.warheroes.ru 国家英雄网站，记载了全体"苏联英雄"荣誉称号获得者的事迹